ПОСВЯЩАЕТСЯ

Моим прекрасным детям
Армену и Иванджелин.
Пусть вам и вашим детям
всегда светят мир и свобода!

В ЧЕСТЬ

Моих стойких и замечательных
родителей – Норика и Ирины
Аствацатуровых. Вы не просто
подарили мне жизнь.

ПАМЯТИ

Всех армян, тех, что погибли, и тех,
чья жизнь бесповоротно изменилась
в результате азербайджано-
карабахского конфликта и
азербайджанской агрессии.

Анна Аствацатрян-Теркотт

Изгнание.
В Никуда

Ереван
Издательство ДЕ-ФАКТО
2016

УДК 821.111 (73)(=19)-94 Аствацатрян-Теркотт
ББК 63.3 (7 Сое = Арм) - 4
А 910

Anna Astvatsaturian Turkotte
Nowhere a Story of Exile

Под редакцией Татула Соненц-Папазяна
Перевел с английского Арам Оганян

Аствацатрян-Теркотт Анна
А 910   Изгнание. В никуда. А. Аствацатрян-Теркотт.- Ер. ДЕ-ФАКТО,
2016.- 304+12 с.

Если попытаться определить литературный жанр этой книги, то, пожалуй, наиболее удачным в плане соответствия и форме ее, и содержанию представляется жанр «Дневника школьницы с ее же комментариями во взрослой жизни». Книга Анны Аствацатрян-Теркотт «Изгнание. В Никуда» (в английском варианте «Nowhere», что в буквальном переводе означает Нигде) это действительно дневник девятилетней девочки, которой в течение трех последующих лет жизни предстоит пройти некое «хождение по мукам», осваивая уроки мужества, крепости духа, стойкости характера, дерзновенной бескомпромиссности, отчаянного отстаивания себя как личности. Те самые качества личности, которые не многим взрослым удаются приобрести даже на протяжении всей жизни. О том, как это получилось у маленькой девочки из некогда родного ей города Баку - столицы советского Азербайджана, рассказывается в книге, которую смело можно назвать Повестью изгнания. Изгнания в Никуда. Далеко от родного очага на чужбину, которая, как известно, родиной стать не может. Но в том-то и весь парадокс жизни героини этой повести, что именно на чужбине она прибрела покой и счастье, а не в родном Баку, который причинил ей много зла.

УДК 821.111 (73)(=19)-94 Аствацатрян-Теркотт
ББК 63.3 (7 Сое = Арм) - 4

ISBN 978-99930-974-8-8

ОГЛАВЛЕНИЕ

ПРЕДИСЛОВИЕ

Давно это было – 31 января 1992 года. Мне было тринадцать лет, и я вместе со своей семьей – папой, мамой, младшим братом и с немногочисленной родней – дядя, две тети и кузены, летела самолетом в Соединенные Штаты Америки. Мы летели туда с несколькими чемоданами и с отчаянной и, возможно, безграничной надеждой, что страна эта примет, приютит и защитит нас. Пролетая над Нью-Йорком, все нетерпеливо и взволнованно глядели в овальные иллюминаторы, высматривая где-то внизу статую Свободы.

Я уже вторые сутки не смыкала глаз. В самолете, от долгого ожидания в аэропорту у меня отекли ноги, но больше всего меня терзали раздумья: что нас ждет в стране, которую мы собираемся назвать новым домом? Я леденела при одной только мысли об этом.

Первые месяцы в Америке прошли в каком-то смятении. Я привыкала к языку, обычаям, пестроте тамошней жизни и изобилию всего, о чем когда-то можно было только мечтать. К лету я окончила восьмой класс, летние месяцы провела на курсах английского языка и осталась наедине с собой и своими мыслями – одна в своей комнате. В четырнадцать лет у меня впервые появилась своя комната.

Я спрашивала себя: какое будущее ожидает меня в Америке? Кем мне суждено стать? Когда я не писала друг за другом письма, родным и близким мне людям, которые остались там, или не слушала местные радиостанции, чтобы подучить английский, то думала о своих еще не родившихся детях. Я хотела, чтобы они, мои будущие дети, не только узнали о событиях, которые привели их маму в Америку, но и прочувствовали мои и моей семьи переживания в те, казалось бы, уже далекие, годы. Поэтому я стала переводить мой дневник с русского на английский в форме хроники. «Ведь,– подумала я,– мои дети будут американцами, и они не смогут разобрать мой русский текст»..

Отсюда и начался мой путь к этой книге, которая сначала увидела свет на английском языке. В свободное время я начала переводить дневник от руки на разрозненных листах линованной бумаги. На своем все еще ломаном английском я заполняла дневник самыми разными подробностями. За пару лет собралась внушительная стопка рукописных листов с воспоминаниями – их я спрятала в свой шкаф, посчитав, что выполнила свою миссию: разложив в хронологическом порядке события, оставшиеся в прошлом. «Там пока им место»,– решила я, и сосредоточилась на своей адаптации к новой американской действительности и академической успеваемости.

Повзрослев и став матерью, я поняла, что проделанная мною работа преследовала две цели. Это – хроника воспоминаний подростка о череде трагических событий армянского народа, рассмотренных сквозь призму истории одной отдельной семьи – нашей семьи. И еще – это способ преодолеть боль горя в семье, в которой не было принято распространяться на эту тему.

Незадолго до поступления в Университет Северной Дакоты я ввела рукописный текст в компьютер. Именно тогда, после обсуждения рукописи с моим школьным учителем английского Джоном Уоллом, а затем – с университетскими преподавателями английского языка и художественного творчества, я впервые задумалась о публикации текста. Во время учебы на юридическом факультете я часто посещала армянские организации в районе Бостона. К примеру, Армянское общество помощи или газету «Армениан Уикли». Там я познакомилась с талантливым армянским писателем и поэтом Татулом Соненц-Папазяном, который стал моим другом. Он внимательно и заботливо отредактировал книгу, бережно сохранив в ней голос ребенка.

Это подлинная история. Однако некоторые имена в книге изменены в интересах защиты частной жизни и безопасности этих людей.

Анна Аствацатрян-Теркотт

ЧАСТЬ 1

1988 год

ГЛАВА 1

– Бабушка, бабушка!

Ответа нет. Почему она не отвечает? Отчего не замечает меня? Но ведь только бабушка способна вразумительно объяснить мне, что происходит. Попробую еще раз:

– Бабушка, бабушка!...

...Обычный бакинский ветреный февральский вечер 1988 года. Неполная, словно ущербная, луна и звезды едва просматриваются на небе сквозь сгущающиеся тучи. Одиннадцать часов вечера. Ужин давно съеден. Наша семья собралась у телевизора. Смотрим новости из Москвы – государственную программу, которую централизованно транслировали по всему СССР. Мои родители не могут оторваться от экрана. Я не понимаю, что происходит. «Чем они так напуганы? – думаю я про себя. – Почему перешли на шепот?» Словно позабыв о моем существовании, они приклеились к экрану, слушая разноречивые и сбивающие с толку новости. Я пытаюсь хоть что-то понять, но тщетно. Родители, кажется, недовольны и волнуются. С чем-то они не согласны, отчего и растеряны. И тем не менее внимательно прислушиваются к речи дикторов на экране. Как бы то ни было – это их единственное окно во внешний мир.

Страх перед неведомым закрался и в мое сознание. Смысл происходящего непостижим для меня. Мне девять *лет, и многое мне пока непонятно. И все же необъяснимая, ползучая опасность бросает меня в дрожь. Я никогда раньше не видела своих родителей такими озабоченными и озадаченными. Единственный выход – спросить бабушку.*

Люда Кащеева – мамина мама, была учительницей русского языка и литературы на пенсии. Она вырастила мою маму и дядю в одиночку после того, как развелась с моим дедом Яковом Адамяном, когда маме было всего шесть лет. Бабушка была русской, а дедушка, которого я почти не помню, армянином. Всю жизнь бабушка трудилась не покладая рук, чтобы вырастить своих детей. Она больше не вышла замуж и посвятила свою жизнь воспитанию детей.

Когда я была маленькая, то часто спрашивала ее, сколько ей лет, и она неизменно отвечала:

– Тридцать шесть.

Столько ей было, когда она разошлась с дедом. Но в феврале 1988 года ей было 66 лет.

Каждый год я задавала ей один и тот же вопрос, прекрасно зная наперед ее ответ. Но я все равно спрашивала, просто так, ради заведенного мною же ритуала. И каждый раз я замечала в ее усталых глазах тот же огонек и улыбку, после чего раздавался ее неповторимый смешок, который запомнился мне навсегда.

А мой дед проживал в Латвии. После развода с бабушкой он женился и разводился еще несколько раз. В 1988 году он жил сам по себе и в свое удовольствие в латвийском городке Даугавпилс.

Дети склонны задавать трудные вопросы, и я не исключение. Я была бойкая, но и воспитанная, поэтому, несмотря на любопытство, из-за моих страхов не стала никого донимать. Нарастающая тревога в глазах родителей внушала мне тихий леденящий ужас, я мучилась вопросами. В то же время мне не хотелось, чтобы они меня обнадеживали ради моего спокойствия.

– Бабушка, что говорит эта тетя по телевизору? Что случилось?

Не глядя на меня, она жестом велит мне помолчать. Я делаю вторую попытку:

– Бабушка, почему мама с папой так взволнованы? И что такое Карабах?

– Рано тебе еще задавать такие вопросы, Аня,– отвечает она наконец. – Сиди тихо и дай нам послушать.

Неудовлетворенная таким ответом, я перехожу на шепот.

– Бабушка, мне не рано! – шепчу я. – Я пойму… В марте мне исполняется десять. Я не маленькая. Ну, пожалуйста, скажи.

– Хорошо,– отвечает она также шепотом, положив руку мне на голову. – Я тебе скажу, а сейчас веди себя тихо. Я хочу дослушать новости.

Ее рука остается на моей макушке, поглаживая ее.

Я успокаиваюсь, молча сижу на диване, придвигаясь к ней как можно ближе, пока не засыпаю под монотонный выпуск новостей.

До 1985 года мои родители, мой брат Миша и я жили в двухкомнатной квартире вместе с тетей Норой, бабушкой Тамарой, дядей Новиком, его женой и их двумя дочерьми. Десять человек, заточенные в пару комнат с одной ванной и крохотной кухней, рано или поздно начинают действовать друг другу на нервы, что и не замедлило случиться. К 1984 году, после рождения Миши мои родители более не могли переносить нарастающее напряжение. Папина мама, бабушка Тамара, у которой был диагностирован рак груди, пыталась пресекать постоянные семейные дрязги изо всех оставшихся у нее моральных и физических сил. Но бабушкины дни были сочтены, и надежды на улучшение ее состояния не оставалось.

В 1985 году наша семья переехала к моей другой бабушке, Люде (Людмиле Кащеевой).

У бабушки Люды мы занимали две комнаты, которые находились на противоположных концах серповидного здания. Миша, бабушка и я спали в той комнате, что попросторнее. В полукружие, образованное зданием, был вписан двор с деревьями, теннисным столом, скамейками и дорожками. Мои родители занимали комнату по другую сторону двора. При каждой комнате была своя маленькая кухня. Общая для всех жителей ванная находилась в смежном здании. При ней была и прачечная. Душ с ванной находился в углу прачечной. Каждой семье был выделен свой день пользования прачечной. Дом-полумесяц был обращен фасадом на насыпь с садами и железнодорожным полотном наверху. С другой стороны находились большие железные ворота, которые по вечерам запирались.

Удивительно, как люди приспосабливаются к любым жилищным условиям! Приспособились и мы. Никто не жаловался, потому что иного выбора не было и недовольствовать не имело смысла.

Я готовлюсь уснуть, когда входит бабушка. Комната небольшая, но в ней умещаются три кровати, круглый стол посередине, три комода, книжные полки, письменный стол и старинная швейная машинка. Я, дожидаясь бабушки, сажусь на раскладной диван, который служит мне кроватью.

– Аня,– говорит она с укоризной. – Почему ты не спишь?

– Бабушка, пожалуйста, расскажи, что говорила тетя по телевизору. Я уже тебя спрашивала.

– Ладно! – говорит она нетерпеливо и нехотя. – Постараюсь объяснить.

Она присаживается на край моей постели и смотрит на меня.

– Ты знаешь, где находится Армения?

Название страны вызывает у меня улыбку.

– Конечно, знаю, бабушка. Папа обещал свозить меня туда. Я же армянка и хочу побывать на своей родине. Знаю еще, что она очень красивая.

Она выдавливает из себя печальную улыбку, но я не умолкаю:

– Бабушка, а ты бывала в Армении? Я знаю, что Армения – самая живописное место в мире. Так ведь?

И кладу голову на подушку.

– Да, милая. Я бывала в Армении. Прекрасные там горы. Но я не армянка. Ты помнишь? Я русская.

– Я знаю,– шепчу я. – А папа отвезет когда-нибудь меня в Армению?

– Конечно, Аня. А теперь я попытаюсь объяснить тебе, что происходит. Затем ты будешь спать.

Она смотрит на меня с довольной улыбкой.

– Много лет назад,– начинает она,– до начала двадцатого века, область под названием Нагорный Карабах принадлежала Армении. Но в 1923 году Советское правительство решило передать эту землю Азербайджану.

– Но почему, бабушка? – перебиваю я. – Почему?

Она смотрит на меня и качает головой.

– Я не знаю, почему так случилось. Но теперь Армения хочет вернуть Карабах, а Азербайджан не желает его возвращать. Азербайджанцы говорят, что теперь он принадлежит им.

– Но так нечестно. Это несправедливо, правда?

Заметно возбужденная, я хочу сказать больше.

– Ш-ш-ш, Мишу разбудишь! – тихо, но строго говорит бабушка.

– Но ведь это неправильно. Так, бабушка? – спрашиваю я, переходя на шепот.

– Я уже не знаю, что правильно, что неправильно, моя милая. Только не распространяйся об этом в школе, и, вообще, нигде. Договорились?

Бабушка посерьезнела.

– Хорошо. А почему я не должна об этом говорить?

– Потому что,– перебивает она,– в Азербайджане полно таких, кому не по душе, что Карабах некогда был армянской землей!

Она тянет на меня одеяло.

– А теперь спать. Ты сделала домашнее задание?

– Да,– пробормотала я: глаза мои уже слипались.

Посреди ночи я слышу разговор мамы с бабушкой. Их голоса вплетаются в мой сон. Я слышу, как мама говорит:

– А они подумали о нас, там в Армении? ... Как мы будем выкручиваться... что нам делать?... А дети?...

Слова уплывают, и я возвращаюсь в страну снов, странствуя по мирному Зангезуру на солнечном Армянском нагорье.

Армения мне снилась редко, но я часто думала о ней – древней, легендарной и мудрой родине моих предков. Как я ею гордилась! Я хотела научиться говорить по-армянски. Я слышала армянскую речь только от родственников, главным образом, пожилых: на свадьбах, днях рождения и прочих разных событиях. Норик, мой папа, иногда обращался к бабушке Тамаре по-армянски. Но сама я так и не научилась говорить по-армянски, потому что после кончины бабушки Тамары, в 1986 году, папа со своей родней говорил только по-армянски, а с нами – только по-русски. С мамой он никогда не говорил по-армянски по той простой причине, что она не знала армянского.

Диалекты армянского языка, на которых говорили армяне в Азербайджане, отличались от того языка, на котором говорили в Армении. Я хотела научиться говорить на чистом, свободном от диалектизмов родном языке и с нетерпением ждала поездки в Армению. Мне хотелось увидеть армян на родной земле и посмотреть, отличаются ли они от нас. Я представляла их всех прекрасными, умными и одаренными людьми, и поэтому хотела быть, как они.

Смерть бабушки Тамары была самым трагическим событием в моей детской жизни. Может, оттого, что я жила с ней с самого моего рождения и до 1985 года, отчего испытывала к ней бо́льшую привязанность, нежели к бабушке Люде. Все утверждали, что я как две капли воды похожа на нее в молодости. Мне очень ее не хватало.

В восемнадцать лет бабушка Тамара вышла замуж за моего деда Егише, которого в семье называли Мишей. Он был старше бабушки на пятнадцать лет. Это был его второй брак. С первой женой, родившей ему сына Рудольфа, он развелся в 1945-ом, когда вернулся с войны. В 1945 году, когда Егише вернулся с войны, обнаружилось, что его жена живет с другим мужчиной. После развода родителей, Рудольф остался жить со своей матерью в Ереване, столице Армении. А дедушка Егише приехал в Баку на заработки, тогда же он и сменил армянское окончание своей фамилии Аствацатрян на более русифицированное – Аствацатуров. В детстве дед Егише пережил зверства, учиненные в Баку в 1918 году, против армян. Армян убивали, и многие спаслись бегством. Вернувшись снова в Баку, он понял, что вопреки искусственно насажденному Советской властью «мультикультурализму», или, как принято было тогда говорить – «интернационализму», напряженность никуда не делась, поэтому дедушка принял необходимые меры предосторожности, русифицировав свою фамилию. В Баку он встретил бабушку Тамару. У них родилось трое детей. Первенцем был Норик, мой отец. Потом родился дядя Новик и тетя Нора, самая младшая. Рудольф, папин сводный брат, стал главным кардиологом одной из крупных клиник Еревана.

Дед Егише слыл искусным шеф-поваром, за которым охотились многие рестораны, поэтому семья процветала. В случае необходимости он щедро поддерживал деньгами свою родню. Он даже профинансировал строительство дома для одного из своих двоюродных братьев, но вот о будущем своей семьи заботился меньше. Семья все еще жила в перенаселенной квартире, когда у него на работе разразился конфликт. В 1950-х годах он остался без работы и сбережений. Перспектива остаться без средств к существованию ужасала бабушку Тамару. Чтобы облегчить положение, папа, Новик и Нора с кузенами были отправлены к деревенской родне в Армению и Нагорный Карабах, где было больше продовольствия, чем в городе. Семья не бедствовала, но начались затруднения.

Дед Егише умер от рака в 1979 году, когда мне было всего годик. Я не помню его. Папа всегда восторженно отзывался о нем. Тогда же у бабушки Тамары обнаружили рак молочной железы и ее то укладывали в больницу, то выписывали.

– Она поправится,– твердила я про себя. – Не может же она вечно болеть.

25 февраля 1986 года. Я учусь во втором классе, и мама ведет меня в школу. У нее на глазах слезы. Мне неловко оттого, что на нас смотрят люди. Я поднимаю глаза и, дернув за мамин рукав, шепчу:

– Не плачь, мама. Почему ты плачешь?

Она не отвечает и отворачивается от меня. Затем она неожиданно смотрит на меня и говорит:

– Бабушка Тамара умерла сегодня утром.

Внешне я никак не реагирую. Шагаю и смотрю вперед. В школе ни с кем не разговариваю. Занятая своими мыслями, я брожу как призрак по коридорам, никого не замечая и не слыша ничего, кроме холодной пустоты.

Не могу, не хочу верить маминым словам, ведь всего пару дней назад я была у бабушки Тамары. «Она не могла умереть»,- думаю я про себя.

В последний раз при встрече я с трудом узнала ее, настолько она была измождена: говорила так тихо, что я еле слышала, но была жива. Почему же она умерла?

Никто ничего мне не объясняет. Несколько дней я нахожусь в состоянии оцепенения, потом не выдерживаю и несколько часов безостановочно рыдаю.

Наутро после нашего разговора с бабушкой Людой относительно программы новостей я пошла в школу. В тот день и в последующие несколько дней было тихо – почти как обычно. Но я ощущала перемену атмосферы. Только не могла выразить ее словами. Как всегда, я спорила с девочками из нашего класса, которые пытались перетянуть меня в свою группировку. Но, как всегда, благодаря природному остроумию и бойкому языку, мне удалось от них отделаться,.

Я ходила в одну из лучших школ города, которая называлась «английской школой». Обучение английскому языку здесь начиналось со второго класса, а не с четвертого, как в обычных школах, и велось оно по усиленной программе. Учиться в такой школе было престижно. Здесь царили строгие порядки, а учителя были лучшими в городе. Мама была одной из них. Она преподавала девочкам рисование и домоводство.

В феврале 1988 года я училась в четвертом классе и считала себя взрослой. Теперь уже не один-единственный учитель нам преподавал всю школьную программу, а разные учителя по каждому предмету. Мы, подобно остальным старшеклассникам, переходили из кабинета в кабинет и учили алгебру, геометрию, биологию и рисование.

До окончания школы мне предстояло учиться еще шесть лет.

По окончании Бакинского университета я собиралась заняться журналистикой. Однако не раз потом меняла свои планы. Сначала я мечтала стать балериной. В первом и втором классах я ходила на занятия по балету и много читала о знаменитых советских балеринах. Затем я перестала ходить на занятия и потеряла интерес к балету. Вторая моя мечта была – стать учительницей, как мама и бабушка Люда. Я хотела не просто учить маленьких детей читать и писать, но и быть им другом. Только эта мечта тоже рассеялась. Кажется, я хотела от жизни большего.

Постепенно меня стали все больше привлекать новостные программы на телевидении. Я постоянно следила за последними новостями – вместе с родителями, и без них. По нескольку раз смотрела, как репортеры из разных стран берут интервью у известных людей. Мне хотелось быть похожей на них. Я хотела жить интересной, насыщенной жизнью, полной риска и опасности и не бояться ничего; хотела выучить много языков, чтобы беседовать с людьми во всем мире.

Но каким бы не рисовалось в мечтах мое будущее, Город ветров – Баку неизменно зримо присутствовал в нем. Несмотря на мой возраст, я уже успела побывать во многих городах: каждое лето всей семьей мы выезжали в Москву или другие города России, а также в Латвию. Тем не менее, я не могла представить свою жизнь в другом городе, кроме Баку. Свое будущее я видела только там, иное исключалось. Я мечтала вечно жить в Баку. Раскинувшийся на берегу Каспийского моря, с мягким воздухом, величественными деревьями он и сегодня для меня самый прекрасный город в мире. Архитектура города создает ощущение исключительной основательности и спокойствия.

Однако мне вскоре предстояло узнать, что ничто не пребывает в состоянии вечного покоя, равно как и в жизни человека нет ничего совершенно белого или черного.

ГЛАВА 2

Спустя несколько недель после нашего разговора с бабушкой о Карабахе, вновь случилось нечто поначалу для меня непонятное.

Обычный февральский день. Я пришла домой, поела и приготовила уроки. Затем, по своему обыкновению, вышла погулять. Я играла во дворе, когда мой слух уловил что-то непривычное: приглушенный расстоянием шум, доносившийся издалека, был похож на истошные вопли, вырывающиеся одновременно из тысяч глоток.

Я побежала домой и спросила маму, что случилось. Она вышла во двор, прислушалась и сказала, что крики доносятся с Бульвара.

Город гордился Бульваром, который простирался на многие километры вдоль побережья, и бакинцы любили долгие прогулки по нему в теплое время года. Вдоль Бульвара выстроились правительственные здания, выходящие на огромную Площадь Ленина, на которой по советским праздникам проводились многолюдные демонстрации.

Мама пошла обратно, и тут я снова ее спросила, что означает весь этот гвалт.

– Там демонстрация,– отвечает она непринужденным голосом.

– А кто там проводит демонстрацию? Ведь сегодня не Первомай и не 7 ноября…

Я озадачена.

– Нет,– отвечает она. – Это не такая демонстрация. Эти демонстранты кричат и протестуют. Они ничего не празднуют.

– Что они кричат? – спрашиваю я, глядя в сторону кустарников, деревьев и садов, которые нас окружают, откуда доносится гул.

– Они хотят, чтобы мы убирались из Азербайджана. Навсегда,– говорит она, заходя в подъезд и оставляя меня одну.

Мне нравилось бывать во дворе и играть в прятки с друзьями. Когда нам это надоедало, мы играли в пинг-понг и крутили хула-хуп. Лет с шести-семи я дружила и играла с мальчиком по имени Виля. Мы играли почти каждый день. Он был выше меня ростом, худющий, с оливковой кожей, иссиня-черной шевелюрой и темными миндалевидными глазами.

Родители Вили были в разводе, и он редко виделся со своим папой. Виля жил на втором этаже нашего дома со своей мамой Жанной и бабушкой Лилей. Их квартира была относительно большой по сравнению с остальными в нашем доме: с двумя спальнями, просторной кухней и, в отличие от соседских квартир, с отдельным санузлом. Мы с Вилей почти все делали вместе. Он был на несколько месяцев старше меня и любил напоминать мне об этом чуть ли не каждый день. Мы учились в разных школах, и я виделась с ним только после занятий в нашем сквере.

Вилин папа был армянин, а мама – наполовину армянка и азербайджанка. Жившая с ними бабушка, мама Жанны, тоже была армянка. Виля был почти стопроцентный армянин. В тот день я побежала рассказать ему о том, что армян выгоняют из Баку. Он заявил, что с ним и с его семьей ничего такого не случится, потому что они частично азербайджанцы. Я не успела ответить, как Вилина мама позвала его обедать. Он ушел, я же осталась стоять в мрачных раздумьях о надвигающейся буре. Двор опустел, мне не с кем было играть, и я отправилась в свое любимое местечко – в сад.

Сад принадлежал нашему соседу-алкоголику, который никогда за ним не ухаживал. Поэтому наша семья взяла на себя обязательство по уходу за садом. Большую часть работы делал папа. На одном конце сада находился длинный стол со скамейками. Папа покрасил их вместе с забором, который отделял сад от других участков. Он украсил стены и забор сухой виноградной лозой, посадил также виноградную лозу, чтобы образовался навес, и, когда виноград созрел, гроздья свисали бы над столом и скамейками.

Летом мы проводили бо́льшую часть времени в саду. Мы там часто накрывали стол, особенно, когда отмечали дни рождения. Почти каждые выходные мы принимали гостей и угощали их каким-нибудь особым блюдом – шашлыком или люля-кебабом.

Сад находился на склоне холма, по которому проходило железнодорожное полотно, и поезда ежедневно и ежечасно, шли из морского порта в разные пункты назначения по всей стране. Жильцы нашего дома так привыкли к этому, что даже не замечали оглушительного грохота от большой скорости и вибрации многотонных стальных вагонов. Большинство гостей приходило от этого в ужас, не понимая, как мы это выдерживаем.

Поезда никогда мне не мешали. Я любила перестук колес на рельсовых стыках. Даже, когда стены и двери дома содрогались от проходящих поездов, я никогда не просыпалась. Поезда стали неотъемлемой частью моей повседневной жизни.

Зимой деревья оголялись. Я гуляла, поглядывая на растительность, и прислушивалась к шепоту ветра в обнаженных ветвях деревьев. Ветки были влажными, как и почва. Зимой у нас ветрено и дождливо. Снег – редкий подарок. Земля была устлана жухлыми виноградными листьями.

Я посмотрела на железнодорожные пути. Граница между рельсовыми путями и садом вся поросла кустами шиповника, который цвел крупными белыми и розоватыми цветками. Из плодов шиповника мама заваривала чай. Но теперь ветки были голыми...

Из-за того, что сад находился на склоне, он был разбит на террасы. На первом уровне соседи хранили инструменты и всякий скарб. На втором, самом широком, папа установил стол и скамейки, в окружении розовых кустов, здесь же возвышалось абрикосовое дерево, которому, поговаривали, было с полсотни лет. Там же мама выращивала овощи. Моим любимым было гранатовое дерево, которое давало белые сладкие плоды. Третий уровень был весь в колючках. Четвертый, и самый высокий, прилегал к рельсам. Продраться сквозь дикую колючую поросль, населенную пауками и утопавшую в паутине, было невозможно. Все четыре террасы соединялись старыми каменными ступеньками.

Я обожала этот сад. Он был чудесным местом посреди двухмиллионного города. В теплую погоду я сидела за столом и читала приключенческие книги. Я читала взахлеб под сенью листвы, сквозь которую пробивались солнечные лучи,– в мире и спокойствии. Читала часами до наступления темноты, пока не начинался лягушачий концерт.

❖❖❖

Каждый год я с нетерпением ждала своего дня рождения. Это была возможность увидеться с нашей многочисленной бакинской родней, с которой мы редко встречались. С родственниками, проживавшими в Армении, мы виделись еще реже, только на свадьбах и похоронах.

Приглашались все, и мы отмечали мой день рождения в саду с шашлыком. Меня, конечно же, волновали подарки, однако настоящая причина моего взволнованного состояния была в ощущении того, что я взрослею.

Этот день рождения обещал быть особенным. Мне исполнялось десять лет. Я думала: «Какое замечательное, круглое число»! В своем классе я была не самой младшей, но моложе большинства однокашников, и поэтому изо всех сил старалась их нагнать.

Наступило 14 марта. У нас множество гостей. Они удобно устроились в нашем саду. Это родственники, друзья и соседи. Папа подготовил мясо и овощи для шашлыка. По ступенькам мама поднимает в сад блюда с различной снедью. Немного ветрено, но никто на это не обращает внимания, потому что ветер – бесплатное приложение к любому мероприятию в Баку.

Мама позволяет мне распустить волосы, что делать раньше никогда не разрешалось. Обычно мои волосы собраны в одну толстую косу, ниспадающую на мою спину. Я чувствую себя повзрослевшей.

Пришла семья дяди Новика. Его дочери – мои любимые кузины, потому что мы очень сблизились, прожив с ними бок о бок целых восемь лет. Родственники со стороны мамы и папы стекаются в наш сад. Приходят и друзья мо-

их родителей, которые нам, как родственники. Для меня они, как дяди и тети.

Моей троюродной сестре Лене, дочери папиного кузена Толика, ровно столько же, сколько мне. Мы хорошие подруги.

Мама дяди Толика – сестра дедушки Егише. Ее зовут Мария – она пожилая, невысокого роста, и с длинными седыми волосами. Она заплетает их в косы и укладывает узлом, а затем прячет под косынку. Тетя Мария напоминает мне бабушку Тамару, и хотя совсем на нее не похожа, в ней есть что-то от бабушки. Обе армянки, старинные подруги и говорят по-русски с выраженным армянским акцентом. И манера одеваться у них тоже особенная: темные шерстяные шали, завязываются на затылке, как принято у пожилых армянок.

Я жду дядю Толика, его дочерей и тетю Марию, как я ее называю. Все готово для начала застолья и празднования.

– Где дядя Толик и тетя Мария? Разве они не приедут? – спрашиваю я у мамы.

– Нет, джана, (по-армянски это означает «душенька»),– отвечает она. – Разве ты не знаешь, что они переехали в Россию?

– Нет, не знаю,– отвечаю я в полном замешательстве. – Мне никто не сказал. А куда они поехали?

Мне еще невдомек, что дядя Толик, его семья и мама, тетя Мария, окажутся первыми из нашего рода, кто покинет Баку.

Только потом, из разговора взрослых, я узнала, почему они уехали первыми. Дядя Толик работал инженером в промышленном азербайджанском городе Сумгаит, который находился на каспийском побережье. Он проводил там несколько недель, а потом приезжал домой, чтобы побыть пару-тройку дней с семьей, после чего снова возвращался в Сумгаит. В феврале, когда он вновь приехал на работу в Сумгаит, он увидел то, что изменило его жизнь окончательно и бесповоротно.

Улицы были завалены обломками мебели и тряпьем – он оказался там вскоре после резни, учиненной над армянским населением города; провел там несколько дней и услышал свидетельства очевидцев погрома. Когда впоследствии дядя Толик рассказывал об этих событиях моим родителям, им казалось, он говорит о каких-то неслыханных, неправдоподобных вещах – такое не могло происходить с нами, в наш век и в наши дни!

В моем воображении всплывает леденящая кровь история юной армянки, которую раздели, изнасиловали и выбросили с третьего этажа. Азербайджанские мужчины избивали ее искалеченное, лежащее на мостовой обнаженное тело арматурными прутьями, а потом все еще живую бросили в костер под ликующий вой озверевшей толпы.

– Хуже всего то, что армия, которой полагалось защищать армянские семьи от беснующихся толп, стояла и безучастно смотрела, как грабят и вышвыривают людей из собственных жилищ, избивают, насилуют, убивают, сжигают заживо,– рассказывал дядя Толик моим родителям незадолго до отъезда из города вместе со своей семьей. – Резня продолжалась и после полудня…

Потом, после наведения порядка, Михаил Горбачев из своей кремлевской резиденции, извратив факты, станет лгать на всю страну о том, что войска опоздали на три часа, в то время, как они были молчаливыми свидетелями зверств в Сумгаите.

Произошедшее не укладывалось в голове моих родителей. Действия дяди Толика были внезапными и незапланированными. У нас не принято переезжать с насиженных мест. Сумгаитское насилие представлялось моим родителям абсурдным, и потому они сочли его из ряда вон выходящим инцидентом, который никак не может повториться в нашем цивилизованном Баку.

Этот день рождения отличался от остальных. Мы веселились и наслаждались хорошей едой, но чего-то, помимо того, что на нашем празднике впервые отсутствовала милая нашему сердцу семья, не хватало. Царила совершенно иная, напряженная и тревожная атмосфера – смутное ощущение, что за нами следят.

То же самое я чувствовала и в школе, хотя, казалось бы, внешне ничего не изменилось. Может, все это плод моего воображения? Но в воздухе, действительно, витало что-то враждебное, дожидаясь своего часа.

Бывало, однако, я отвлекалась от тягостных мыслей. Однажды на уроке физкультуры нас выстроили в одну шеренгу. Учитель сказал, что сейчас будет сделано объявление.

Пришла рослая крупная русская женщина лет двадцати пяти. Учитель физкультуры сообщил нам, что она тренер женской волейбольной команды, в которую набирает девочек из местных школ.

Она немного рассказала об этом виде спорта и назначила часы тренировок. Многие пришли в восторг, потому что раньше в четвертом классе ничего такого не бывало. Мне же не хотелось записываться в команду, потому что я ничего не смыслила в волейболе.

Однажды утром на перемене ко мне подошла Наташа Тараян и говорит:

– Почему ты не пришла на тренировку? Было так здорово! Приходи обязательно!

Наташа Тараян слывет снобкой и вертихвосткой. Я могу говорить с ней только тогда, когда поблизости нет ее мещанских подружек. В их же присутствии она превращается в дрянную, бессердечную, бесчувственную девчонку. Наташа наполовину армянка, наполовину русская. Иногда у меня не укладывается в голове, как человек, пусть даже частично армянского происхождения, может быть таким вредным и подлым.

Я раздумываю над ее предложением, взвешивая все за и против, а затем иду за советом к своим лучшим подругам – Лусине и Емеле (Емельяне).

Лусине тоже наполовину армянка, наполовину русская. Ее отец армянин. Он развелся с ее мамой и съехал. Лусине живет со своей мамой и двумя братьями в высотке неподалеку от школы. Мы никогда не ссоримся. Она – само совершенство: уравновешенная и незлобивая. Лусине мне вместо сестры.

Емеля – моя вторая лучшая подруга. Она на год моложе меня и года на два моложе остальных в нашем классе. Емеля -единственный ребенок двух университетских профессоров, которые считают ее способности выдающимися. Они и определили ее на один класс выше ее возрастной группы.

И ошиблись. Емеля получает очень низкие оценки и не интересуется школой. Она очень избалованная, но свойская девчонка. У Емели беззаботная жизнь. Она может исчезнуть на много часов и даже не задуматься о том, что в это время ее родители сходят с ума от волнения. Она – полная противоположность Лусине.

Но я обожаю их обеих и жду не дождусь, когда смогу рассказать им про волейбол! Когда я нашла их, они стояли в коридоре.

– Пойдем на тренировку по волейболу в среду? – спрашиваю я.

– Как? – удивляется Емеля. – А я думала, тебе не хочется!

– Сначала не хотелось, но Наташа говорит, что там здорово.

– Какая Наташа? – спрашивает Лусине.

– Тараян? – спрашивает Емеля. – С чего это она снизошла до того, что стала разговаривать с тобой? Я думала, она слишком аристократична для этого.

– Ладно,– перебиваю ее я. – Наташи Сергеевой рядом не оказалось, вот она и подобрела.

– Подобрела? Вот так перемена! Сергеева тоже в волейбольной секции? Если да, то я туда ни ногой,– говорит Емеля.

– Спорим, она записалась в секцию, лишь бы понравиться учителям. Она бы не стала этого делать просто потому, что ей это нравится. Ей ничего не нравится,– говорит Лусине.

Наташа Сергеева – русская, богатая и бесцеремонная – слыла «принцессой» нашего класса. Ее отец был капитаном корабля. Она была стройной блондинкой, хотя и не красавицей. Блондинки редкость в южных республиках Советского Союза, и каждый мальчик в нашем классе какое-то время находил ее симпатичной, пока не всплыла ее истинная сущность – упертость и невыносимая самовлюбленность.

Большинство девочек в классе брали с нее пример и готовы были прислуживать ей, лишь бы состоять в ее «свите». Они старались ей подражать и угождать во всем. Я не могла взять в толк, почему она обладала над ними такой властью. Мне она казалась очень слабой.

Емелю удалось уговорить пойти со мной на первую тренировку. Там оказался чуть ли не весь класс. Но со временем многие поняли, что волейбол – не развлечение, а игра, требующая полной отдачи и терпения, и бросили это занятие, в том числе, Тараян, Сергеева, две особы из ее «свиты» и Емеля.

Я же осталась. С несколькими другими девочками я ходила на тренировки каждый вечер и приходила домой с наступлением темноты. На тренировки я ходила пешком, потому что они проходили недалеко от нашего дома, и я не особенно опасалась выходить по вечерам. В наших окрестностях я знала все закоулки.

Учебный год почти закончился. В начале мая мы готовились к годовым экзаменам. Все были напуганы, потому что до нас доходили слухи, будто эти экзамены будут самыми строгими. Предстояло сдать экзамены по русскому языку и литературе.

В день экзамена мы вытянули по экзаменационному билету, которые, чтобы скрыть их номера, были разложены на учительском столе оборотной стороной вверх. Мне достался билет №3.

Сидя за партами, все ждали своей очереди тянуть билет. Я повернулась и прошептала: «номер три». Все посмотрели на меня. Я не знала, какие там вопросы, но, судя по завистливым взглядам одноклассников, догадалась, что они легкие. Некоторые с досады даже показали мне язык.

Я села, вспомнила ответ на вопрос номер три. Оставалось записать кое-какие правила грамматики, предложения и прочитать наизусть стихотворение перед классом. Нам приходилось выучивать к экзаменам множество стихотворений, не зная наперед, какое придется декламировать.

Те, кто сдал экзамен, выходили из класса и ждали тех, кто еще сидел на экзамене. Когда все сдали экзамен, наша учительница зачитала имена и оценки каждого ученика в алфавитном порядке. Я перенервничала, ожидая, когда она прочтет мою фамилию, третью по счету. И когда она произнесла: «Пятерка!» – это высшая оценка, я была на вершине счастья.

Мама выискала меня в толпе, чтобы узнать, как я сдала, и гордо заулыбалась, когда я сказала ей, что́ получила.

Наконец все позади. Можно отправляться на летние каникулы. Мама купила мне мороженое в киоске на углу, и мы пошли домой, болтая и смеясь.

ГЛАВА 3

Каждое лето наша семья ездила в Москву или в Латвию, где жил дедушка Яков. Мы бы оставались на лето в Баку, если бы не жара и большая влажность.

В этот год мы собирались поехать в Москву. Папа остался дома, потому что ему нужно было выполнить множество заказов дизайнерской компании, в которой он работал. Он оформлял рестораны, государственные учреждения и гостиницы: занимался чеканкой по металлу и слыл лучшим в своем деле.

Папа решил, что Миша тоже останется дома, и пока он будет на работе, за ним присмотрит бабушка. Папа и мама объяснили мне, что Миша еще маленький для такого путешествия. Ему всего три с половиной годика.

Так мы с мамой отправились в Москву одни.

Вечером перед отлетом мама еще укладывает чемоданы. Я в постели. Время от времени мое полудремотное состояние нарушалось разговором мамы и бабушки:

— Тебе не повредит отдохнуть от этого напряжения, — говорит бабушка.

— Да, а как же ты? Ты справишься? — спрашивает мама.

— Конечно. Тебе с Аней нужно развеяться. Дать нервам передышку.

Затем голоса затихают.

Кажется, прошло всего несколько минут, а уже пора вставать и ехать в аэропорт.

В Москве мы обычно останавливались на квартире друга нашей семьи – Эсмы, бывший муж которой, Карен, был папиным лучшим другом еще со школьной скамьи. У Карена и Эсмы две дочери. Несмотря на их развод, мои родители сохраняли хорошие отношения с обоими бывшими супругами. До начала восьмидесятых годов Эсма с детьми жила в Баку, а потом переехала к своей маме в Москву.

И Карен, и Эсма – армяне, но их дочери, прожив столько лет в Москве, в какой-то степени ассимилировались. Мы все говорили по-русски, но с разными акцентами. Они приобрели московский акцент и говорили, как русские, а у нас был характерный бакинский акцент. Девочки родились в Баку, но за это время растеряли характерные южно-кавказские особенности поведения. Они лишились армянского духа и бакинского шарма.

В Баку Карен жил неподалеку от нас. Он всегда расхваливал своих дочек и говорил, какие они смышленые и одаренные, и что мне следует брать с них пример и не пачкаться, играя в прятки и лазая по деревьям. Дядя Карен – близкий друг моих родителей, был нам как родня. Я любила его, но терпеть не могла его нравоучений. В то лето, когда мы жили у Эсмы, я не застала там девочек, чему была очень рада. Они уехали в другой город погостить у родственников. Мать Эсмы умирала, отчасти, именно поэтому их и отослали в другое место.

Москва мне никогда не нравилась. Для мамы это был город мечты: с музеями, площадями и утопающими в зелени проспектами. Для меня же Москва была городом ужасов: с нескончаемыми очередями, переполненным метро и озлобленными людьми.

В Москву, обычно, ездили за покупками. В московских магазинах можно было купить товары, о которых слыхом не слыхивали в провинции. Летом в Москву устремлялись за одеждой, едой, обувью, импортом и бытовыми товарами. За тем же ехали и мы. По крайней мере, так говорила мама.

Почти каждый день мы выходили утром и возвращались вечером, нагруженные сумками. Мы покупали товары на всю семью. Часами простаивали в змеящихся очередях за такими пустяками, как леденцы и карамель. Мне были ненавистны московские магазины, забитые людьми. От толкотни и крика в больших торговых центрах у меня кружилась голова, и рвало на мраморные полы. Но мама продолжала повсюду водить меня с собой, потому что не хотела оставлять одну у Эсмы.

Мы вернулись в Баку в середине лета. Время, оставшееся до начала школьных занятий, я проводила беззаботно, бегая по двору с утра до позднего вечера. Иногда, когда мне это надоедало, я часами читала в саду. В то лето моей целью было осилить «Тома Сойера». В папиной библиотеке насчитывалось около двух тысяч книг, и я хотела все это прочитать.

Когда я не читала и не играла с Вилей, мне нравилось болтать с нашей соседкой Людой. Ей было чуть больше двадцати. Она недавно переехала к нам с мужем и новорожденной дочуркой. Люда была смешливая, внимательная и, на мой взгляд, очень симпатичная. Она работала в салоне красоты и приносила оттуда красивые флаконы из-под лосьона. Они с мужем подружились с моими родителями. Мы нередко вместе ужинали в саду. Иногда я помогала Люде присматривать за их дочкой Лианой – милейшей крохотной девочкой, которую я любила, как сестренку. Лиана тоже меня любила, чем я безмерно гордилась.

В конце лета у нас появились новые соседи – азербайджанская семья, состоявшая из двух девочек и их родителей. У них были дети и постарше, которые жили отдельно. Девочки были близняшки и на два года старше меня. Они не были похожи друг на друга. Тунзала была повыше и симпатичнее. У нее были красивые темные глаза и широкая улыбка кинозвезды. Гюльнара была ниже ростом, смуглая и с врожденным дефектом – короткими вывернутыми руками. А вот глаза у Гюльнары были такие же красивые, как у сестры, что было единственной приятной чертой ее внешности.

Они учились в другой школе, которая находилась дальше моей и состояла из двух отделений – азербайджанского и русского. Много лет назад в этой школе было отделение, где обучение велось и на армянском языке, но его неожиданно прикрыли. В их школе был новый огромный спортзал, где и проходили наши волейбольные тренировки.

Тунзала тоже играла в волейбол, причем неплохо, благодаря длинным ногам и сильным рукам. Она играла в старшей группе девочек, поэтому я, никогда до того, как они переехали в наше здание, не видела ее.

Гюльнара была хорошей ученицей, всегда что-то учила. В отличие от Тунзалы, она была серьезной и тихой. Тунзала не интересовалась уроками, предпочитая болтать о мальчиках и носить красивые платья.

Поначалу их семья никак себя не проявляла. Никто из них не говорил по-русски, а в нашем здании на нем говорили все, за исключением еще одной азербайджанской семьи, в которой было двое маленьких детей. Их мать Рахиба была вдвое выше и вдвое худее своего мужа. Муж был тучный, невысокого роста и имел связи с разными влиятельными чиновниками в правительстве. Как только они переехали в наше здание, то начали ремонтировать и расширять квартиру. Они пристроили себе одну комнату прямо на тротуаре, и никто не мог им ничего сказать.

Родители Гюльнары и Тунзалы поначалу завязали знакомство с этой семьей, но вскоре охладели к ним. Семья Тунзалы, полагая, наверное, что они ни с кем не смогут подружиться, так как все жильцы в округе либо армяне, либо русские, не стала скрывать злости по отношению к нам.

Люда, жившая в смежной с ними квартире, знала азербайджанский язык. Она рассказывала нам, что Анагис, мамаша этих близнецов, каждый раз, проходя мимо нее, бросала в ее адрес какую-нибудь мерзость на азербайджанском языке, не подозревая, что Люда все понимает.

Однажды вечером, после их переезда, я вышла во двор и увидела, что девочки сидят на пороге и разговаривают. Они въехали в квартиру между Людиной и бабушкиной квартирами. При моем появлении они замолчали и уставились на меня. Я подошла к ним и спросила по-русски:

– Как вас зовут?

Они не ответили, а только заулыбались. Их что-то смутило или даже напугало. Я не совсем поняла, что означала улыбка, и спросила:

– Вы говорите по-русски?

Они покачали головами, и Тунзала ответила на ломаном русском:

– Мало-мало.

Я обрадовалась, что они меня поняли, потому что было неловко от того, что я стою и разговариваю, будто сама с собой.

– Меня зовут Анна, – сказала я и ткнула в себя пальцем. – Аня. А вас как зовут?

Они засмеялись, обрадованные тем, что понимают мои слова, и назвали свои имена. Мы еще немного посмеялись и начали разговаривать, если, конечно, это можно назвать разговором. Мы пускаем в ход слова, жесты и мимику. Они знают больше русских слов, чем можно было ожидать, что облегчает дело.

То обстоятельство, что Тунзала играет в волейбол, сближает нас. Мы смеемся и болтаем. Гюльнара менее разговорчива, и на налаживание отношений с ней уходит больше времени.

В 8:30 вечера Люда уложила Лиану спать. Она выходит на площадку, и не верит своим глазам – мы сидим и болтаем. При виде нее Тунзала и Гюльнара умолкают. Люда улавливает их реакцию и говорит им что-то по-азербайджански, но я ничего не понимаю.

Азербайджанский язык нам преподавали со второго класса, но проку от этого никакого, поскольку в нем нет нужды: все члены нашей семьи, родственники, друзья и соседи говорят по-армянски и бегло по-русски. Я учу наизусть стишки на азербайджанском языке только ради хороших оценок, уверенная, что он мне никогда не пригодится. У меня более сильная мотивация: поступить в хороший университет с преподаванием на русском языке, и мой единственный путь в счастливое будущее – совершенствовать свой русский.

Видимо, Люда сказала им нечто приятное, ибо Тунзала и Гюльнара заулыбались друг другу и, обменявшись удивленными взглядами, побежали домой. Мы с Людой перегля-

нулись и пожали плечами. Через мгновение девочки появились, таща за руку свою мамочку. Они взволнованно что-то ей сказали, и та обратилась к Люде. Люда улыбнулась и тоже что-то ей ответила. Мне неловко из-за того, что я единственная, кто не понимает происходящего. После слов Люды Анагис говорит что-то дочкам, из чего я едва понимаю следующее:

– Она говорит чисто и без акцента, как настоящая азербайджанка.

Наконец, я догадываюсь, что происходит: Анагис и ее дочки выяснили, что Люда понимала все, что Анагис говорила ей, но не отвечала из уважения к ее возрасту.

Оказавшись в неловком положении, Анагис извиняется перед Людой за свои слова. Теперь настает черед взрослых говорить без умолку. Мы с близняшками удивленно смотрим, как это они умудряются тараторить без устали. Люда рассказывает им о своей маленькой Лиане и обещает показать ее утром. Уже поздно, и бабушка зовет меня домой спать. Мне не хочется уходить, оставлять близнецов и их маму. Я хочу болтать с ними, но Анагис говорит, что ее дочкам тоже пора в постель.

В тот год в Баку лето выдалось жаркое, как обычно. Наш тротуар был устлан липким приторным ковром из шелковицы, на который слетались тучи мух. Папа постоянно поливал тротуар близ нашего подъезда из шланга, смывая ягоды и время от времени поливая нас – детвору.

Как правило, летом, хотя бы раз в неделю, мы все ходили на пляж. Мы запасались провизией и проводили там целый день за играми. В отличие от Черного моря, пляжи Каспийского моря песчаные, без гальки и ракушек. Некоторые пляжи чище других, что зависит от их расположения. Чем дальше от города, тем они чище. Корабли в гаванях загрязняют воду мазутом и мусором. На пляжах, до которых полчаса езды на автобусе, вода подернута черной пленкой, которая не смывается с кожи. Большинство пляжей, которые находятся в двух часах езды от нас, гораздо чище.

Этим летом мы так и не поехали на море. Каждый раз, когда я спрашивала маму и папу, почему мы не едем на пляж, они отвечали, что либо время неудобное, либо они заняты. Затем мало-помалу я поняла, что были случаи убийства армян на пляжах. Говорили, что азербайджанцы затаскивали их в воду и топили.

Меня потом неделями неотступно преследовали видения утопленных армян. В моем сердце поселился страх. Это был страх не перед монстрами в темноте и не перед дикими зверями. Это был самый невинный детский страх за себя – из-за того, что я армянка.

Демонстрации, начавшиеся в конце лета, были не последними. Они участились. Тысячи людей бесновались и вопили. Наша улица была магистралью, которая вела к Площади Ленина, где находились правительственные здания. Демонстранты-азербайджанцы хотели выгнать нас из страны и требовали, чтобы «Армения отказалась от своих притязаний на Нагорный Карабах», так как считали, что «земля эта не армянская, а азербайджанская». С каждым разом демонстрации становились многочисленнее, враждебнее и истеричнее.

Начало 1988–1989 учебного года таило в себе неопределенность. Я училась в пятом классе, но не думала о школе, хотя машинально заучивала наизусть стихи, формулы и пополняла запас английских слов.

Все стало непредсказуемо и зыбко. В ту осень мама не разрешила мне играть во дворе и лазить на оливковое дерево на нашей улице. Маслины шли на маринад, и мы каждый год собирали их вместе с Вилей. Мама считала, что это привлечет слишком много внимания к нашему дому и ко мне. Школа тоже не отправила учеников на оливковые плантации собирать урожай. На улице оливковые деревья ломились от плодов, но к ним нельзя было притрагиваться – только смотреть на них из окна.

В ноябре из разных источников и от знакомых до армянских семей стали доходить сообщения о погромах и злодеяниях против армян в далеком Кировабаде, втором по величине городе Азербайджана. Убивали, насиловали и калечили стариков, мужчин и женщин. Мы не смели верить во все это. В новостях об этом ничего не сообщали. Потом мама отмахнулась от этих вестей, как от небывальщины, которая никогда не случится в населенном интеллигенцией интернациональном Баку.

Однажды в декабре 1988 года, вернувшись из школы, я застала всех дома. Последующие события стерли из памяти все, происходившее в тот день в школе. Демонстрации в тот день затмили свой агрессивностью все предыдущие.

Мы все собрались на квартире у бабушки: мама, папа, Миша, бабушка и я.

Мы запираем изнутри все двери и окна, выключаем свет. Папа велит мне и Мише говорить только шепотом. Папа вынимает из кухонных ящиков все ножи и складывает в кучу перед собой на обеденном столе, готовясь к худшему. Он твердит: «Если они вломятся, я возьму нескольких с собой на тот свет».

Мы боимся громко разговаривать. Если нужно, мы перешептываемся, но изредка. Мама сидит на диване с Мишей на коленях, погрузив свое лицо в его светлые кудряшки, бабушка – на стуле. Она сосредоточенно, смотрит на свои морщинистые руки, покоящиеся на ее старомодном хлопчатобумажном платье. Сквозь открывшиеся не в добрый час щели в ставнях мы видим людей, носящихся по улице с зелеными флагами. Демонстрантов так много, что их плечи протирают стены нашего здания. Мы видим наспех сшитые черные флаги, символизирующие «смерть» и «месть». Демонстранты носятся взад-вперед мимо нашего дома. Горланят, визжат и орут по-азербайджански.

Сквозь щель я вижу человека в черном пальто. Он перед толпой. Шагает назад, лицом к толпе, и что-то кричит ей по-азербайджански. Издалека мы не понимаем, что говорит этот человек... Такое впечатление, будто он пытается их задержать. Но они вопят еще громче и напирают, как бы давая понять человеку в черном, что он им не указ. Они отталкивают его в сторону, и несколько демонстрантов заходят в скверик дома рядом с нашим. Они кричат, чтобы армяне выходили. Хорошо известно, что в этом доме проживает несколько поколений армян. Есть и смешанные русско-армяно-азербайджанские семьи. Папа оттаскивает меня от окна.

Демонстранты воют и вопят. Однако никто не собирается их впускать, и они начинают швырять в окна камни. Слышны звон, возня и крики. Неожиданно они возвращаются на главную улицу и бегут на Площадь Ленина в поисках развлечений. Кажется, они не обратили внимания на наш дом, который стоит слишком близко к железнодорожному полотну и не так хорошо виден. Ворота в скверик затенены ветвями деревьев.

Позже мы узнаем, что армяне Нагорного Карабаха пытаются выйти из состава Азербайджана и воссоединиться с Арменией.

ГЛАВА 4

В тот день многие районы подверглись нападениям. От друзей мы услышали об актах насилия, учиненных над бакинскими армянами. К счастью, в соседнем «армянском» здании никто не пострадал.

В соседнем доме у меня было много друзей. Одного из них, моего одноклассника, звали Азим. Его мама была армянка, а отец лезгин. Я дружила с Азимом со второго класса. Он и Виля были моими приятелями, но Азим всегда считался более близким другом, чем Виля, потому что мы были еще и одноклассниками. Азим был полноват, ниже меня ростом, волосы прямые, черные, глаза маленькие, карие, лицо широкое и дружелюбное.

В тревожные моменты Азим составлял мне компанию, стараясь развеять мои страхи и поддержать мой моральный дух. Он делал мне подарки на день рождения и на Восьмое Марта – Международный женский день. Он был спокойный, серьезный и почти всегда рядом со мной. Вместе мы возвращались домой; он встречал меня в нашем дворе, когда наступали теплые деньки и все соседские дети приносили сладости и играли в пинг-понг.

Иногда Азим попадал в наш сад через крышу своего дома, и тогда он, Виля и я пекли картошку на раскаленных углях, оставшихся после давешнего шашлыка.

В пятом классе Азим изменился. Он сидел, уставившись на меня с противоположного конца классной комнаты. Мне становилось не по себе, но я ничего не говорила ему, пока однажды не попросила его так на меня не пялиться.

– А можно на тебя смотреть, когда ты этого не видишь? – спросил он.

Не зная, что на это ответить, я пробормотала:
– Да.

Изменился не только Азим. После многих месяцев дружбы с Тунзалой и Гюльнарой я заметила перемену и в них. Дает себя знать возрастающее отчуждение и агрессивность, свойственная их племени.

Как-то раз, когда мы говорили о певицах, Тунзала сказала, что ей нравится известная азербайджанская певица Зейнаб Ханларова.

– Мне не очень-то нравится ее голос,– говорю я.

– Ты ее не любишь, потому что она азербайджанка,– цедит Гюльнара сквозь зубы, уставившись на меня.

– И вовсе нет,– отвечаю я. – Просто мне не нравится ее голос, а ее азербайджанское происхождение здесь ни при чем.

– Нет,– твердит она тем же тоном,– ты не любишь азербайджанцев, потому что ты армянка!

– Не понимаю, о чем ты говоришь,– отвечаю я. – Если ты винишь меня в национализме и неприязни ко всем азербайджанцам, как ты утверждаешь, тогда почему у меня столько друзей среди азербайджанцев?

– Если тебе не нравится Ханларова, тогда нам наплевать на вашего Джигарханяна,– шипит Гюльнара, и они уходят.

Армен Джигарханян – известный армянский актер. Несмотря на то, что он родом из Армении, его знали во всем Советском Союзе. Он дружил с моим дядей Рудольфом, с которым ходил вместе в школу. Я никогда его не встречала, но мечтала воочию увидеть звезду экрана и театра такой величины.

После нашего последнего разговора Тунзала и Гюльнара не разговаривали со мной несколько дней. Когда мы, наконец, решили разговаривать друг с другом, я спросила, знают ли они человека в черном пальто, который шел перед толпой. Они ответили с ненавистью в глазах, что он «очень-очень плохой человек». Я ничего им не сказала на это, только вздохнула и отвела глаза – что плохо для них, то хорошо для меня. Значит, так суждено.

Я пропускала школу только по «тревожным» дням, когда демонстранты вели себя непредсказуемо. В дни, казавшиеся спокойными, я ходила в школу и возвращалась домой одна. Мамины коллеги говорили, что отпускать меня одну – безумие, что нельзя закрывать глаза на реальное положение вещей. Мама же, напротив, не могла поверить, что подвергает меня опасности. Мне же нравилась свобода, и я пользовалась любой возможностью передвигаться самостоятельно.

В один из таких дней во время урока английского языка мы услышали, как мимо школы проходит демонстрация. Все повскакали с мест и бросились к окну, но учительница вдруг гаркнула на нас, чтобы мы вернулись на место.

– Не смейте подходить к окну!

Учительница встала и подошла к окну сама. Она, прижалась спиной к стене и несколько минут, молча, смотрела через плечо в окно, мы же в это время тихо сидели. Кабинет английского языка, где проходят наши ежедневные занятия, находился на третьем этаже. Когда учи-

тельница-азербайджанка, мамина хорошая подруга, возвращается к столу, мы спрашиваем ее, что происходит.

– Они зовут старшеклассников на Площадь Ленина,– отвечает она.

Старшеклассники-азербайджанцы, вопреки запретам учителей, поднимают вой, требуя отпустить их на демонстрацию. Один из старшеклассников выпрыгивает из окна второго этажа и бежит к улице, которая находится за кирпичным забором. Директриса и учителя кричат ему вдогонку, умоляя вернуться. Ученик возвращается, возможно, опасаясь родительской взбучки.

Демонстранты, увидев, что не могут убедить учеников выйти на демонстрацию, и, обозлившись на учителей, начинают швырять в окна камни и всякую дрянь. Они разбивают все оконные стекла на первом и несколько на втором этажах.

Спустя несколько дней демонстранты, не удовлетворившись битьем окон, вламались в школу, угрожая избить учеников за посещение русской школы. Они надеялись найти учеников-армян. Я была на втором этаже, и учительница велела нам оставаться в классе, а в какой-то момент – спрятаться под партами и сидеть тихо. Позднее выяснилось, что один из учителей предотвратил возможное насилие над детьми: упал на колени в вестибюле школы и умолял демонстрантов уйти, пообещав, на следующий день привести учеников на Площадь Ленина. Демонстранты зверски избили его, но убрались. Учитель был весь в синяках и ссадинах.

Несмотря на обещания, данные демонстрантам, администрация школы сочла неразумным вмешивать несовершеннолетних в политику. К тому же наша директриса была азербайджанкой и членом коммунистической партии.

Несмотря на то, что она слыла националисткой, ей не хотелось восстанавливать против себя центральное правительство и рисковать карьерой.

Старшеклассники-азербайджанцы запротестовали и потребовали, чтобы учителя отпустили их на демонстрацию, как было обещано. К концу недели все собрались в актовом зале школы. Директриса выступила с короткой речью, заверив собравшихся, что администрация понимает сложившуюся ситуацию, но как бы то ни было, ученики должны каждый день посещать школу. Старшеклассники взбесились еще больше, когда она сказала:

– Хотите пойти на митинг на Площади Ленина, мы вас туда отведем.

– Да! – завопили они. – Хотим!!! Хотим!!! – орали они по-азербайджански.

Учителя их туда так и не отвели. Директриса солгала юным «патриотам», чтобы их успокоить. Следующие несколько недель многие из них в школу не приходили.

Демонстрации проводятся почти каждый день. Огромное железнодорожное депо, где ремонтировали локомотивы и вагоны, находилось через улицу напротив нашего дома. Здесь работа не прекращается даже во время демонстраций, и поезда идут непрерывно из морского порта мимо нашего сада.

Когда демонстранты проходят мимо завода, то кричат, требуя, чтобы рабочие прекратили работу и, как все остальные, вышли на митинг. В шествиях участвуют даже молодые женщины, они стучат по железным заводским воротам своими сумочками, чтобы привлечь внимание рабочих. Сквозь щель в деревянных ставнях я наблюдаю за ними и думаю, как же плохо они одеты и лишены манер, подобающих молодым женщинам. Какие же они после этого леди!

Перестук сумочек по воротам и звон битого стекла на тротуаре выводят меня из раздумий, и на месте когда-то заводских окон я вижу зияющие черные провалы. Рабочие не покидают завод. Ни один не выходит. В теленовостях о насилии – ни слова.

Через несколько дней депо прекратило работу. Введено что-то вроде военного положения. Советская армия и морские пехотинцы прибыли и захватили завод, выставив оцепление вдоль улицы, по которой обычно шествуют демонстранты.

Впоследствии выяснилось, что главной целью морской пехоты было помешать таскать деревянные ящики на Площадь Ленина. Древесину демонстранты носили, чтобы греться у костров, потому что собирались провести на митингах долгие часы, даже всю ночь. Еще носили еду и одеяла, как на пикник.

На пропускных пунктах проверяли, кто, что несет на площадь, потому что от костров на покрытии площади навечно оставались черные пятна. Морпехи пришли защищать мостовые, а не нас.

Войска вывели из города через несколько недель, когда показалось, что все вернулось в нормальное русло, и опасность для асфальта миновала. Но демонстрации снова возобновились, и демонстранты опять, с еще большей активностью, чем до прихода войск, носили на площадь ящики для разведения костров.

Положение в городе стало невыносимым. Рахиба и ее муж Агазаман со своим младшим братом ходят на демонстрации каждый день. Они носят на лбу красные повязки, на которых по-азербайджански написано «Карабах». Они берут с собой и своих маленьких детей, которые носят на своих маленьких лобиках повязки «смерти». Проходя мимо меня во дворе, брат Агазамана высокомерно тычет пальцем в свою повязку и ухмыляется. Ухмылка исчезает, когда они все, снедаемые злобой, растворяются в бушующей толпе.

В тот вечер после вечерних новостей я возвращалась от родителей в бабушкину квартиру через наш опустевший двор. Я проходила мимо квартиры Агазамана и увидела его брата на площадке перед дверью. Он курил. Я опустила глаза и прибавила шагу. Внезапно он схватил мена за руку и притянул к себе. Меня обдало вонью пота вперемешку с табачным дымом.

От того, что он притягивает меня к себе, у меня болит рука. Я так напугана, что не могу выговорить ни слова; пытаюсь вырваться, но он не отпускает. Я извиваюсь так и этак, а он другой рукой шарит по мне и нашептывает по-азербайджански что-то, наверняка, мерзкое, хотя я не понимаю. У меня пробегает холод по спине. Дыхание у него учащенное и тяжелое.

Наконец, беззвучно выворачивая руку то вправо, то влево, я вырываюсь от него, и бегу к бабушке, которая читает Мише сказку перед сном. Запираю дверь и сижу полчаса у стола, уставившись в узор на скатерти и водя по нему пальцем. Жду, пока бабушка закончит читать. Рука сильно дрожит, и я не могу точно попасть пальцем в очертания узора. Меня беспокоит моя неспособность сосредоточиться. Лицо горит, а на руке красные отметины от его щупалец. Не могу говорить.

Когда я, наконец, успокаиваюсь, а брат засыпает, рассказываю бабушке о происшествии. Она крепко обнимает меня и шепчет скорее себе, чем мне:

– Подонки, сволочи! Будь осторожна. Не выходи одна, милая. Все будет хорошо.

Родителям я ничего не рассказала. Бабушка объяснила мне, что будет только хуже, если папа узнает. Каждая ночь этого месяца была бессонной. Армия возвратилась в город. Папа не спал, чтобы охранять нас. Множество танков и другой военной техники с оглушительным грохотом двигалось по улицам. Десятки тонн стали избороздили мостовые. В конце концов, весь асфальт был вдавлен и искрошен танковыми гусеницами.

На всех улицах, на каждом углу стояли по три-четыре танка или бронетранспортера. Повсюду тысячами стояли русские солдаты. Наша улица была полностью запружена военной техникой. Вдоль нее вплотную стояли бесчисленные танки, словно на ежегодном параде на Красной площади в Москве. Не было только уверенности, что нас защитят.

Солдаты, разъезжавшие на бронетранспортерах, носили бронежилеты. Десятки солдат часами сидели в нашем дворе: отдыхали и пользовались нашим отхожим местом. И еще время от времени мы их подкармливали.

Демонстрации не прекращались и не ослабевали, а только разрастались. Демонстранты продолжали совершать акты вандализма, а солдаты не обращали внимания на их варварство и насилие. И только, когда толпа проявляла враждебность по отношению к ним, стреляли в воздух, что пугало только нас, демонстрантов же воодушевляло на новые разрушения.

Армянские семьи из нашего квартала, в том числе бабушка и мама, часто выходили на улицу по ночам, когда не было демонстраций, ходили в депо или несли солдатам еду и питье. Они надеялись такими действиями задобрить и убедить солдат защитить нас, если что-то случится с нашим зданием и с нами.

Комендантский час начинался в 22:00, и по улицам ходили ночные патрули. Солдаты, которых подкармливали, по секрету признались маме с бабушкой, что им дан приказ не вмешиваться... только в самых крайних случаях... Меньше, чем через две недели, большая часть войск была выведена. Осталось небольшое количество для обеспечения комендантского часа. Они снова нас бросили, и мы опасались за свою жизнь.

Тунзала и Гюльнара притворялись дружелюбными, скрывая свои враждебные настроения в моем присутствии, но я знала, что они болтают про армян за моей спиной. Виля рассказывал мне все, что они говорили. С ним они не стеснялись в выражениях, потому что он был частично азербайджанцем, хотя и на три четверти армянином. Они уверяли его, что всех армян надо расстреливать, и обзывали армян грязными словами. Когда он об этом сказал, я вначале не восприняла его слова серьезно, но оставшись наедине с собой, пыталась понять, чем же мы так провинились, раз заслуживаем расстрела. Что в нас такого ужасного? Почему они ненавидят нас? Единственная причина в том, как я поняла, что мы – христиане и, к тому же, армяне.

Я еще не знала всей армянской истории. Но сама история, казалось, уже витала в воздухе, предупреждая меня: их ненависть к нам была и будет. Но только ли потому, что они мусульмане? Вовсе недетским умом я, кажется, стала осознавать, что многое в этой далеко не детской теме мне еще предстоит узнать. Уж не прощаюсь ли я со своим детством?

❖❖❖

В декабре 1988 года Армения пережила страшное землетрясение, которое опустошило ее северо-западные области, стерев с лица земли целые села. Сообщалось, что количество жертв достигало десятков тысяч. Мы глубоко скорбели по погибшим, а для азербайджанцев наступило время ликования. Они поздравляли друг друга и насмехались над армянами, жившими в Азербайджане, запугивали их, посылали издевательские праздничные открытки. Поздравления в адрес армян по случаю землетрясения не только возмущали, но и тревожили моих родителей. Наша семья смотрела московские выпуски новостей о положении в Армении и не могла сдерживать слезы. Реакция европейских стран и особенно Соединенных Штатов была ошеломляющей. Спасатели со всего света помогали расчищать завалы, искали выживших и погибших. Отовсюду шла медицинская и продовольственная помощь.

Демонстранты-азербайджанцы испытали шок и зависть от такого всеобщего сострадания, проявленного к Армении народами всего мира. Такого они не ожидали. От возмущения они даже стали заговариваться: мол, хорошо бы землетрясение случилось в Азербайджане, потому что Армения не заслуживает такого внимания.

В школе я видела и слышала, как некоторые, особенно старшеклассники, были воодушевлены землетрясением. Я ожидала от них пакостей, знала, что они неизбежны, и была готова к ним. И они не заставили себя ждать.

Русский мальчик Денис слыл «сердцеедом» нашего класса. Он признавался в любви каждой девочке в нашем классе. Он садился рядом и заговаривал девочке зубы во время урока. Я его презирала, хотя он и казался безвредным.

Мальчиков в классе он боялся и, пытаясь обезопасить себя, угождал всем и каждому. Денис был типичным русским с прямыми русыми волосами, голубыми глазами и светлой кожей. Если бы я не испытывала к нему неприязни, то сказала бы, что он недурен собой. Он всегда поддерживал со мной хорошие отношения, потому что я была девочкой. После нескольких безуспешных попыток охмурить меня, он стал мной пренебрегать. Денис боялся меня, потому что я ему прямо в глаза сказала все, что думаю о нем, и это было для него неожиданностью.

Спустя несколько дней после землетрясения, я доставала в кабинете алгебры тетрадки из портфеля и услышала, что Денис, сидевший в заднем ряду, зовет меня.

– Чего тебе? – говорю я, ожидая привычных комплиментов вроде «у тебя прекрасные волосы» или «в твоих глазах можно утонуть».

– Бог наказал армян за то, что они вытворяют,– говорит он своим непринужденным тоном .

Я бросаю портфель на пол и медленно оборачиваюсь к нему. В голове проносится мысль: он русский, не азербайджанец, зачем ему говорить такие мерзости?

У меня перехватило дыхание:

– Что?!

– Бог их наказал,– повторяет он. – Пусть землетрясение послужит им уроком.

Я хватаю его за ворот и ору ему в лицо:

– За что наказал? За что, ты, уродина?! За что?!

– За то,… что они делают,– залепетал Денис, обескураженный моим отпором и осознавший во что вляпался. Голос у него задрожал.

Левой рукой я держу его за ворот, а свободной правой отвешиваю ему несколько пощечин. Он трясется, всхли-

пывая, а я отшвыриваю его в сторону и выбегаю из класса, сопровождаемая множеством глаз.

Весь вечер я тихо сидела на диване, что озадачивало моих родителей. Домашнее задание я сделала, но мои мысли были в другом месте. Меня все еще мучил гнев. У меня было гнусное настроение, и я сидела в комнате с отсутствующим видом, пытаясь собраться с мыслями.

Через некоторое время, после безуспешных попыток разговорить меня, я рассказала встревоженным родителям о происшествии. Папа был разгневан. Мама и бабушка сидели, молча, глядя друг на друга. Все трое решили, что будет лучше, если я сама возьму это дело в свои руки. Мне необходимо пойти к нашей классной руководительнице (она же наш физрук) и рассказать о случившемся. Мне очень не хотелось этого делать, но папа убедил меня, и я согласилась.

На следующее утро я пошла к классной руководительнице Гюльнаре Рамизовне и все рассказала. Сдерживая слезы, я спокойно описала всю сцену и призналась в том, что отвесила затрещину Денису.

Гюльнара Рамизовна, наполовину азербайджанка, наполовину русская (по материнской линии), в целом, обращалась со своими учениками по справедливости, и, несмотря на то, что у нее в любимчиках ходили две Наташи, я могла доверить ей свою проблему. Она поняла серьезность ситуации и пообещала во всем разобраться.

К началу урока физкультуры я вся изнервничалась. Она построила весь наш класс в спортзале. Прошлась взад-вперед вдоль шеренги, как старшина. У меня горело лицо, и вспотели ладони.

Когда она заговорила, Денис, кажется, догадался, чему будет посвящено предстоящее нравоучение, потому что я, вытянув шею, уставилась на него.

– Землетрясение, разрушившее Армению несколько дней назад, страшная трагедия,– сказала Гюльнара. – Погибли тысячи людей, в том числе такие же, как вы, дети. И смеяться, как и торжествовать по этому поводу – тяжкий грех и позор!

Все слушали, не шелохнувшись. Она обращалась ко всему классу, а не конкретно к Денису.

– Если вы услышите от своих родителей, что происшедшее в Армении – хорошо, спросите их, что бы они почувствовали, если бы один член или один ребенок из вашей семьи погиб во время землетрясения? Скажите им, чтобы они не радовались чужому горю.

На этом все закончилось. Она не сделала внушения Денису. Я могу ее понять. Денис русский. Никому не хочется переходить эту черту и устраивать головомойку русскому.

Денис ко мне так и не подошел, не извинился. Кроме Азима, со мной еще поговорил мой друг с первого класса – азербайджанец Эльдар. Он мне нравился, и в тот год на всех уроках сидел со мной за одной партой, давая списывать контрольные по азербайджанскому языку. Он голосовал за то, чтобы я стала председателем художественного кружка. Поначалу мы с Эльдаром проводили в школе много времени. Эльдар оставался моим другом и в пятом классе, но мальчишки дразнили его за то, что он столько времени проводит с девчонкой, и мы теперь встречались с ним уже не так часто. Теперь он больше водился с Азимом и его друзьями – мальчишками. Эльдар сказал, что сожалеет о гибели стольких армян во время землетрясения и что у Дениса было глупое выражение лица, когда я его стукнула.

В конце декабря мои родители сообщили мне, что папа собирается в Россию к дяде Толику, чтобы выяснить, можно ли туда переехать. Поездка планировалась уже несколько недель. Папа намеревался посетить несколько городов в России, а потом в Армении на пути в Баку. Меня эта новость и воодушевила, и опечалила: значит, в первый раз в моей жизни папа не проведет Новый Год с нами?

Папа позвонил нам из России, где он встретил Новый Год с семьей Толика.

Но и без него у нас все равно была новогодняя елка, подарки, шампанское, много еды, чего-то, правда, все-таки не хватало. Дело было не только в отсутствии папы. Мы видели, что жизнь быстро меняется, и она уже никогда не будет прежней.

ЧАСТЬ 2
1989 год

ГЛАВА 5

Папы не было два с половиной месяца. Время от времени он звонил и рассказывал, что, по-прежнему, остается у дяди Толика, изучает небольшие города в Подмосковье. Я испытываю по этому поводу смешанные чувства. Мама очень нервничает после разговора по телефону с папой. В разговорах с бабушкой она непрерывно упоминает какие-то «документы», и я часто слышу, как она твердит: «Почему он не может поехать в Москву и взять там эти анкеты?»

На обратном пути папа и дядя Новик, живший в то время в Москве, заехали в Армению. Они ненадолго остановились у дяди Рудольфа в Ереване. Папа вернулся в Баку и заявил, что ни за что не станет жить в России.

Он принял это решение, увидев девочек моего возраста с броским макияжем и в вызывающих платьях. Еще он описал условия жизни в деревне, где проживал дядя Толик. Работы не сыскать, особенно, если ты армянин. Школы маленькие, грязные и неустроенные. Жизнь во всех ее проявлениях отличается от той, к которой мы привыкли в Баку. Транспорта не существует. Людям приходится даже посреди русской зимы ходить пешком за несколько километров на станцию, которая соединяет деревню с внешним миром.

Русским до нас нет никакого дела. Большинство деревенских слишком пьяны, чтобы понимать, что привело нас туда, и не могут отличить армянина от азербайджанца. Для них мы все кавказцы.

Про Ереван папа особенно не рассказывал, а я боялась его расспрашивать, чтобы не разочаровываться в своих ожиданиях. Позднее выяснилось, что землетрясение потрясло Армению и экономически. Из-за беженцев из зоны землетрясения все общежития, пансионаты и гостиницы были переполнены, работы не было, равно, как и возможности найти сносное жилье.

После папиного путешествия с деньгами стало туго. Папа был нашим главным кормильцем. Вернувшись, он сразу же вышел на работу. У него было много заказов от госучреждений и частных лиц. После того, как он отчеканил по госзаказу 2000 портретов Ленина, на него посыпались жалобы, и его стали чуть ли не обвинять в том, что его «Ленины» смахивают на армян. Тогда он переделал всю работу, после чего Ленин стал похож на азербайджанца.

Участились случаи провокационного поведения со стороны сослуживцев и клиентов. Вскоре после возвращения в Баку, папа получил частный заказ от азербайджанца, который дал ему фотографию своей дочери, чтобы папа отчеканил ее портрет на меди. После нескольких месяцев добросовестной работы он отчеканил ее портрет в точности, как на фотографии. Окончив работу, он принес ее домой показать нам. Все мы сказали, что сходство разительное.

Клиент знал, что папа армянин, когда делал свой заказ.

– У нее слишком армянская внешность!- воскликнул тот, когда пришел в мастерскую за готовой работой.

Папа решительно заявил, что это выдумки. После разгоряченных, но недолгих споров азербайджанец все-таки заплатил и ушел с портретом.

Я гордилась тем, что папа не спасовал перед клиентом-азербайджанцем, хотя мама переживала, боялась последствий. Когда папа рассказал нам об этом происшествии, я была оскорблена до глубины души.

– Почему этот недоумок недоволен тем, что его дочь похожа на армянку? Для азербайджанской девушки нет лучшего комплимента!- сказала я во всеуслышание.

Воцарилось недолгое молчание; все переглянулись, после чего послышались сдавленные смешки, перешедшие в громоподобный хохот, развеявший мое раздражение и гнев.

Несмотря на то, что чувство юмора не покидало нас дома, после этого случая папа на работе, стал более осмотрительным, если вдруг клиент решит подослать каких-нибудь подонков, чтобы проучить папу. Атмосфера на работе была напряженная, и отныне папа не чувствовал себя в безопасности, но другого выхода у него не было.

Наступил март, а с ним и мой день рождения, который напомнил мне о том, что к нашей прежней привычной жизни больше нет возврата.

Ни гостей, ни празднования, ни шашлыка. Все уехали, даже мой дядя Новик отбыл в Москву на заработки. Его семья с тетей Норой живет в городе Джермук, в Армении. Те немногие родственники, еще оставшиеся в городе, считают слишком рискованным ехать через весь Баку, чтобы составить нам компанию в мой день рождения, и предпочитают остаться дома.

Мне исполнилось одиннадцать. Унылое одиннадцатилетие. У нас небольшое, сугубо семейное застолье при плотно захлопнутых ставнях. Я думаю, что так проходят дни рождения у взрослых. Гвоздь программы сегодня – модная заколка для волос, которую папа достал для меня, когда был в Армении; дочь дяди Рудика, моя кузина, помогала папе выбрать эту дорогую импортную заколку на черном рынке.

Я надеваю ее на следующий день; она удостаивается похвал Азима. Во время урока рисования Азим зовет меня шепотом, и я поворачиваюсь, чтобы узнать, в чем дело. Азим передает мне пакет. Я раскрываю его у себя на коленях под партой.

– Аня, вот, забыл принести вчера. С днем рождения! – шепчет Азим.

Стараясь не шуршать оберткой, я открываю пакет и вижу прекрасно изданную книгу – «Китайские сказки». Поворачиваюсь к нему и шепчу с улыбкой:

– Спасибо!

Его лицо озаряется широкой улыбкой, и он снова возвращается к своему рисунку. Я кладу подарок в парту, вспоминая обо всех подарках, которые Азим дарил мне раньше. Этот – самый изысканный. На Международный женский день 8 Марта, за неделю до моего дня рождения, он подарил мне куклу с открыткой. И слова подобрал такие, чтобы не вышло слащаво. Я показала подарок родителям, и папа сказал, что Азим джентльмен.

Прозвенел звонок и оторвал меня от моих воспоминаний. Я собираю учебники и карандаши, готовясь уходить, и слышу, как Азим говорит мне за моей спиной:

– Не забудь свой подарок, Аня.

Я благодарю его за напоминание и выхожу из класса. Емеля останавливает меня в коридоре:

– Что это значит?

– Ты о чем? – бормочу я все еще в объятиях грез.

– Что тебе дал Азим? – допытывается она.

– Книгу – подарок на день рождения.

– Вот как?

Следующие два месяца папа не отпускал меня на тренировки по волейболу. Тренер отнеслась к этому с пониманием и просила, чтобы я занималась дома. Я надеялась, что папа смягчится и разрешит мне ходить на тренировки, когда дни станут длиннее. Так и случилось.

В марте на углах улиц стояли танки, и после тренировок было еще светло. Наш спортзал находился неподалеку, и папа, наконец, разрешил мне ходить на тренировки. Он велел мне запомнить, что если меня спросят, какой я национальности, то я должна отвечать, что я еврейка или гречанка. Моя внешность позволяет мне сойти за еврейку или гречанку.

Я знала все закоулки в нашем квартале, но теперь я бы не осмелилась слоняться по пустым улицам, как раньше. Места, знакомые мне с детства, стали мне чужими и непредсказуемыми.

Папа все равно волновался и попросил бабушку провожать меня на тренировки и встречать с тренировок, что лишь прибавило горечи к моему недовольству новой ситуацией. Меня, знавшую всё и вся в этом квартале, приходилось, как малое дитя, провожать до спортзала, находившегося в каких-то пяти минутах ходьбы от дома. Я была разозлена и напугана тем обстоятельством, что ничего не могла с этим поделать.

С каждой тренировкой команда редела. Приблизительно через неделю она почти распалась. Мои армянские друзья уходили, и все боялись спрашивать почему. Все всё знали, но притворялись, что были в неведении, особенно русские. Они оказались меж двух огней.

Азербайджанцы недолюбливали русских, которые, как и мы, были христианами. Но их положение отличалось от нашего. Русские, жившие в Азербайджане, чувствовали себя в безопасности, поскольку могущественная

Матушка-Россия никогда не позволит азербайджанцам или кому бы то ни было их и пальцем тронуть. Но, оказавшись в эпицентре бесчинствующего националистического шабаша, стоило им лишь разозлить азербайджанцев в их же республике, и они могли разделить участь армян.

Вот почему они сохраняли нейтралитет или же, когда чуяли опасность, становились на сторону местных.

Иногда бабушка не могла сопровождать меня, и я ходила одна. Когда рядом со мной оказывались прохожие, я шла, потупив взор, стараясь скрыть лицо и армянские глаза. Я шла насколько можно быстро и мысленно молила Бога спасти меня и мой народ от окружавшей нас ненависти.

Однажды, занятая своими мыслями, не чувствуя ног, быстро шагала по улице, как вдруг кто-то коснулся моего плеча. Я вздрогнула, и в голове пронеслась мысль о смерти. Я подняла глаза, чтобы встретиться взглядом с убийцей и увидела молодую женщину с дружелюбной улыбкой. Она извинилась за то, что напугала меня, и спросила, как пройти на какую-то улицу. Пытаясь унять бешеное сердцебиение, я тяжело вдохнула- выдохнула и потом только объяснила ей дорогу

В тот вечер, я как обычно, вышла во двор посидеть под шелковичным деревом, которое мы с Вилей и Азимом называли «нашей шелковицей». Все «мировые» проблемы решались под этим деревом; это дерево было свидетелем всех наших разговоров, мечтаний и детских ссор. Летом мы собирали и ели ягоды, а затем сидели под его сенью. Мне нужно было успокоить нервы. Солнце садилось, и я не видела лица Азима. Виля молчал. Я сидела с ними на скамейке под деревом, прижавшись спиной к стволу и сомкнув веки.

– Даже не верится,– сказал Виля, нарушив молчание.

– Что случилось? – поинтересовалась я.

– Сегодня я стоял вон там, у оливкового дерева.

Он показывает на ворота, ведущие на улицу.

– И тут ко мне подходит незнакомец и спрашивает, какой я национальности.

– И что ты ответил? – спрашиваю я, встревоженная тоном его голоса.

– Я машинально отвечаю – армянин! – восклицает он.

– С ума сошел? Почему ты так сказал?

Я поворачиваюсь, чтобы увидеть его лицо, но уже стемнело и ничего не видать.

– Не знаю. Привычка. Он застал меня врасплох.

– Как он отреагировал? – спрашиваю я после минутной паузы, боясь услышать ответ.

– Ничего не сказал. Вроде как улыбнулся и ушел,– говорит Виля, еле сдерживая гнев в голосе. – Через несколько часов кто-то залез на железнодорожную насыпь и расколотил камнями наши окна.

– А, черт! Они знают, где ты живешь! – я не верила своим ушам.

Теперь я понимаю, откуда это ощущение, будто кто-то за тобой следит. Они точно знали, где находятся окна Вили и разбили их камнями.

– Никто не пострадал? – спрашиваю я после затянувшегося молчания.

– Нет, просто мама немного расстроилась. Не может поверить, что они могли такое сотворить с нами, «ведь мы частично азербайджанцы»,– передразнивает он ее.

– Тому, кто это сделал, безразлично, что ты частично азербайджанец,– говорит, наконец, Азим. – Их интересует лишь то, что ты частично армянин.

– Теперь ты понимаешь, что они не будут обращаться с тобой лучше, чем с нами?

– Что ж, надеюсь, теперь вы довольны,– раздраженно отвечает Виля.

– Неужели ты думаешь, что такое может кого-то обрадовать? Если так, тогда все это время, что я была твоим другом, ты был глух и слеп. Я в ужасе от всего этого! Разве ты не ощущаешь моего страха?

Виля не отвечает, а только отворачивается.

– Я очень надеюсь, случившееся сегодня научит тебя осторожности и откроет глаза твоей семье. Это в ваших же интересах,– говорю я.

– Поздно уже, мама, наверное, волнуется,– говорит Азим, как всегда, серьезным тоном. – Я пошел.

– Ты прав. До завтра.

Я встаю и удаляюсь от нашего дерева. Воздух посвежел, и в небе замигали звезды.

У дома слышу голос Жанны, Вилиной мамы, с балкона:

– Вилен, что ты там делаешь? Ты сделал уроки?

Ответа нет.

– Поднимайся. Нечего тебе там делать. Уже поздно. Давай наверх!

– Да, да. Иду, мам,– слышу я его голос.

Затем все снова смолкает, и только собака лает неподалеку.

Миша уже в постели. Бабушка читает книжку при свете ночника. Все спокойно, и мне хочется, чтобы так было всегда. Всегда.

На следующее утро, собираясь в школу, я выглянула в окно и оцепенела от увиденного. Я на мгновение даже лишилась дара речи. Позвала бабушку, которая готовила завтрак на кухне. Она зашла в комнату и посмотрела в окно. Такое было впечатление, будто улицу наводнила целая армия. Повсюду солдаты. Единственное объяснение происходящему – «опять все началось».

Мы с бабушкой выбежали наружу и увидели во дворе всех наших соседей. Было довольно рано. Многие были в пижамах и ночных рубашках. После того, как мы выяснили, что происходит, с нас словно гора свалилась с плеч. Оказалось, этих солдат просто привели ремонтировать поврежденные дороги, силовые кабели и водопроводные трубы, проложенные под тротуарами.

Утром, по пути в школу я отметила, что среди них солдаты разных национальностей, а не только русские.

– Это что-то новое,– подумала я.

Возвращаясь из школы, я увидела, что солдаты никуда не ушли. Некоторые сидели на земле, устроив перекур. Некоторые еще работали, перекапывая тротуар. Я прошла мимо сидящих. Кто-то засвистел мне вслед, и я обернулась, о чем сразу же пожалела – мне не следовало этого делать. Приличные девушки не обращают внимания на свистки! Большинство захохотало, а один громко сказал:

– Симпатичная!

И подмигнул.

Я прибавила шагу, но исподлобья испуганно наблюдала за ними. Мой взгляд упал на одного солдата, который не смеялся и даже не улыбался. Его удлиненные с продольным разрезом глаза смотрели серьезно, даже печально, и были на удивление привлекательны. Он был явно узбек, с гладкой кожей оливкового оттенка и азиатскими скулами.

Весь день голос подмигнувшего солдата звенит у меня в ушах. Действительно ли он хотел сказать, что я хорошенькая или просто меня дразнил? Я никак не могла взять в толк. В ту ночь я долго не могла уснуть, пытаясь уйти от взгляда того серьезного солдата. В конце концов, я уснула.

Я проснулась от голосов: мама говорила с бабушкой

– Он говорит, что это безнадежно. Но должен же быть выход? – говорит мама.

Она вздыхает. Бабушка тоже вздыхает.

– Должен же этот кошмар как-то разрешиться. Всегда же есть решение… чтобы вернуть все в свое нормальное русло.

– Они там, в Армении с ума посходили. Нужно же думать, что делаешь! Разве они не знают, что мы тут живем? Почему они не думают о нас? Мы попали в западню, а они там, в Ереване, протестуют!

Мои веки отяжелели. Я очень устала физически и психологически, и не могла слушать – кто и зачем попал в западню…

На следующее утро по дороге в школу я надеялась вновь увидеть того серьезного солдата. Краешком глаза я искала его и, наконец, увидела: он стоял по пояс в выкопанной на тротуаре траншее и работал. Земля была усеяна большими и маленькими кусками асфальта, и я споткнулась об них, потому что вместо того, чтобы смотреть под ноги, смотрела на него. Я молила Бога, чтобы никто не заметил этого, потому что у меня, наверно, был ужасно глупый вид, и в то же время попыталась вновь украдкой взглянуть на него. Он обернулся, словно почувствовал на себе мой взгляд. Наши взгляды встретились, и я снова споткнулась о камень. Краска залила мое лицо. Он улыбнулся и сказал:

– Будь осторожна.

Я улыбнулась в ответ, опустила глаза и прошла мимо в направлении школы.

ГЛАВА 6

Положение в городе не менялось. Несмотря на тишину и спокойствие, атмосфера была гнетущая. Мама и папа всегда сравнивали такую ситуацию с морем.

– Затишье на море,– говорили они,– предвещает скорую бурю.

Мы ждали бури.

Мы просто не доверяли покою, установившемуся после демонстраций, митингов и истеричных речей на Площади Ленина.

Папа почувствовал приближение бури на работе. Армяне и раньше подвергались дискриминации на работе, теперь же, по-видимому, от армян хотели окончательно избавиться. Он пытался убедить маму, что насилие и злодеяния обязательно будут в Баку. Однако мама не хотела этому верить. Она все еще надеялась, что все развеется, как ночной кошмар. Папа говорил ей, что нам лучше уехать, возможно, в Армению. Мама только качала головой и твердила, что папа слишком озабочен тем, чего никогда не случится.

Пока мои родители бурно обсуждали наше будущее, я оставалась среди тех немногих, кто посвящал свое время волейболу. От нашей команды осталась горстка игроков. Мы не могли соревноваться с другими школами, потому что команда была не в полном составе. Тем не менее, мы продолжали тренировки.

Я ходила на тренировки одна, и каждый раз чувствовала за собой слежку. Однажды, подавая мяч, я краешком глаза заметила кого-то, кто скрывался за окном спортзала. Я сделала вид, что ничего не заметила и продолжала следить. Мне не удавалось узнать, кто это, но его куртка показалась мне знакомой. Когда он скрылся с глаз, я о нем забыла.

Я возвращаюсь домой до захода солнца. Когда прохожу мимо забора нашей школы, слышу из-за, растущих вдоль забора, деревьев, шаги, которые звучат в унисон с моими. Я поворачиваю за угол забора и останавливаюсь, взглянуть, кто меня преследует. Сердце бешено колотится, я уверена, что и раньше слышала эти шаги, которые, сейчас обойдя угол, приближались ко мне. Передо мной – Азим, напуганный и обескураженный больше меня. Он мямлит, пытаясь что-т сказать, но ничего не может из себя выдавить.

Я колочу его изо всех сил в плечо и ору:

– Какого черта ты тут делаешь?

– Что? – он притворяется, будто не понимает, о чем я говорю.

– Зачем ты за мной следишь? Ты понимаешь, как ты меня напугал?

– Я за тобой не слежу. Я…

– Значит, это не ты стоял за окном спортзала? Не ты подглядывал?

Он пытается обойти меня, но я хватаю его за одежду.

– Я из окна заметила твою куртку. Не ври мне!

Потом спокойным голосом, на какой я только способна, спрашиваю:

– Почему ты за мной следишь?

– Оставь меня в покое! Как будто ты не понимаешь? –
говорит он, понизив голос, и удаляется неверными шагами
к дому, словно ждет извинений.

Я слишком раздражена, чтобы даже думать о каких-ли-
бо извинениях. Я иду, чтобы нагнать его. Так мы проходим
всю дорогу до дому: он идет в нескольких метрах впереди
меня, а я медленным шагом за ним следом. Сердце еще ко-
лотится, но страх прошел.

Вечером после ужина я была взволнована, и мне нужно
было выйти во двор, чтобы сходить в свой сад. Я не была
там уже несколько месяцев, хотя уже наперед знала, как
будет он выглядеть: зеленая трава, розовые кусты в буто-
нах, которые скоро должны будут распуститься белыми и
розовыми весенними цветами, и разлитый повсюду мяг-
кий теплый аромат.

Так оно и оказалось. Все было на своих местах, как и
прошлой весной. Уютно. Я обошла каждое растение, за-
глянув во все уголки своего сада.

Я прислонилась к стене, к которой примыкает здание
Азима. Машинально поднимаю глаза в поисках Азима, не
ожидая увидеть его, но он тут как тут: сидит на крыше,
свесив ноги. Я отчетливо вижу его, потому что заходящее
солнце освещает эту часть сада.

– Опять ты меня напугал,– говорю я и тихо присажива-
юсь на ступеньки у гранатового дерева.

– Извини меня за то, что я сделал,– говорит он.

– Значит, ты действительно следил за мной,– говорю я.

– Да.

– Зачем?

– Потому что меня волнует твоя безопасность,– бормо-
чет он.

– С какой стати тебя волнует моя безопасность?

– Я не хочу, чтобы ты ходила на тренировки одна! – выпалил он, наконец, то, что хотел сказать с самого начала.

– Это потому, что я армянка?

– Да.

– Постой-ка! – я начала терять терпение. – Ты следишь за мной, пугаешь и теперь еще заявляешь, что боишься за меня, потому что я армянка. Азим,– я перешла на ровный тон,– я не хочу, чтобы ты опасался за меня. Тебе невдомек, каково это: быть здесь армянкой. И я не хочу, чтобы ты ходил за мной по пятам.

– Но я не хочу, чтобы тебе причинили вред! – сказал он, стараясь выглядеть разгневанным.

– К чему такое беспокойство? – спросила тихо.

– Ты… мне нравишься. Я к тебе неравнодушен. А ты?

Во мне взыграла гордыня, и я дерзко сказала ему:

– Знаешь, кто мне нравится?

Его голос стал тише, и он спросил:

– Кто?

– Твой приятель. Солдат, с которым ты всегда разговариваешь.

В тот же миг я поняла, что совершила большую ошибку. Последствия своей глупости я увидела на его лице. Он был раздавлен.

– Он скоро уезжает,– сказал Азим изменившимся голосом.

– О, в самом деле? – якобы изумилась я.

– Но он дал мне свой адрес, так что...

Я оказалась в идиотском положении.

– Нет! – подумала я вслух. – Он мне не нужен.

– С чего ты взяла, что я тебе его дам? – сказал он вдруг таким тоном, каким никогда со мной не разговаривал.

Он встал и побежал, перелезая с одной крыши на другую, пока не исчез из виду.

Я услышала чьи-то шаги на второй террасе сада и обернулась. Это была бабушка со шлангом для полива кустов.

– Что стряслось? – спросила она.

Она всегда чувствовала, если что-то было не так.

– Азим ненавидит меня.

Мне стало гнусно на душе.

– Ничего подобного. Ты же знаешь, что это не так,– заверила она меня, улыбаясь.

– Но, бабушка, ты не знаешь,– сказала я, чуть не плача. – Я сморозила такую глупость, обидела его за то, что он ко мне добр.

– Ладно, не плачь,– она обняла меня. – Завтра он вернется. Нет дня, чтобы бы его не было рядом с тобой.

Я сидела в темноте, пока бабушка поливала цветы. Я часто помогала ей, но сегодня вечером мне этого не хотелось. Хотела смотреть на звезды и слушать кваканье лягушек. Я любила это время года, когда еще не жарко и не сыро, не дождливо и не ветрено. Воздух прохладен и неподвижен. Пахнет свежестью, и не надо идти домой.

С наступлением темноты я нехотя покинула сад и наткнулась на Вилю и близнецов, Тунзалу и Гюльнару, в беседке рядом с теннисным столом. Они слушали музыку и болтали.

Я зашла в беседку и встретилась с недружелюбными взглядами сестер. В то время у нас была размолвка из-за какой-то ерунды. Но были и истинные причины, мешавшие нам ладить.

Виля опять оказался меж двух огней. «Армянский вопрос» проник даже в мир детских игр. Правительство вело антиармянскую пропаганду во всех слоях азербайджанского общества, даже в школе, главной целью которой стало внушить каждому азербайджанскому школьнику, что армяне – их злейшие враги, и мировоззрение близнецов формировали эти учителя.

Конфликт разрастался медленно, но верно. Изменилось выражение глаз у соседей-азербайджанцев. Теперь они не избегали нас, а пялились с ненавистью и злобой. Они вели себя так, будто все вокруг принадлежит им, включая нас. Мы могли бы отплатить им той же монетой, но знали, что не можем.

А как хотелось бросить им в лицо, что без армян этот город развалится. Без армян больницы закроются, потому что не хватит врачей. Мастерские закроются, потому что мастера и подмастерья – армяне. Без армянских архитекторов сейчас не было бы и половины всех бакинских жилых и гражданских зданий.

Но мы не могли этого сказать, потому что вся правящая верхушка, все чиновничество было азербайджанским. В этом жестоком противостоянии они всегда будут брать верх, независимо от конечного результата.

В школе я слежу за своей речью, сдерживаю эмоции и характер, потому что за это пришлось бы расплачиваться моей семье. Учителей удивляет такое изменение в моем поведении, но они понимают его причины.

Мой друг Эльдар понимает меня настолько, насколько способен понять азербайджанец. Наташа Тараян с семьей переехала в Россию. Неважно, насколько русской она притворялась, армянская кровь остается армянской кровью, и азербайджанцы знают это. Как ни странно, я по ней скучаю. Наташа Сергеева немного подрастеряла свой лоск, но по-прежнему управляет большинством девочек в классе. Два мальчика-армянина и две девочки-армянки, включая Тараян, уже уехали. Лусине и я пока остаемся.

Лусине с каждым днем становится все больше потерянной. Несколько дней назад, перекусив на пару бутербродом, мы возвращаемся в здание школы. Мы болтаем и смеемся, как всегда, и тут я спрашиваю:

– Лусине, зайдешь сегодня к нам?

Она хватает меня за рукав и шепчет:

– Ш-ш-ш!

Я оглядываюсь, чтобы посмотреть, что происходит, и шепчу в ответ:

– Что такое?

– Не называй меня так громко «Лусине».

– Почему?

– Сама знаешь. Оно слишком...

– Слишком армянское? – кричу я.

– Ш-ш-ш!

– А как тебя называть? Это уже слишком! С меня хватит! Что, тебя уже и по имени нельзя называть? Клянусь, я этого так не оставлю!

Я иду по главному коридору.

– Нет, пожалуйста, нет.

Она бежит за мной.

– Только подумай о последствиях!

– Я не могу говорить, не могу думать, не могу дышать! Делай то, не делай этого!

Я убыстряю шаг.

– Ты что, хочешь, чтобы тебя убили? – кричит она.

Я останавливаюсь спиной к ней. Когда я оборачиваюсь, вижу: она стоит, сцепив, как в молитве пальцы, а по щекам льются слезы. Она смотрит на меня и говорит:

– Мне страшно. Очень страшно. Мой папа не хочет, чтобы мы уезжали.

Я подхожу к ней, обнимаю. Она рыдает.

– У мамы нет родни за пределами Азербайджана, а у папы есть. Он уехал и оставил нас тут совсем одних.

Я отодвигаю ее от себя, смотрю ей в лицо и снова обнимаю, еще крепче. Мы долго стоим посреди, как нам кажется, опустевшего коридора.

Звенит звонок. Ученики вбегают в здание. Мы стоим, в то время, как в коридоре творится полное безумие: толкотня, крики. На нас смотрят. Наши волосы скрывают наши лица. Я не замечаю, как нас со всех сторон обступают. Лусине тоже не замечает. Мы стоим, держась друг за друга, и плачем, и на мгновение нам кажется, что все образуется.

Кто-то касается моего плеча. Я прихожу в себя и вытираю слезы. Лусине вытирает слезы и отстраняется от меня. Я оглядываюсь -, после звонка в коридоре никого нет. Меня окликает Емеля:

– Я вас обыскалась! Девчонки, почему вы плачете?

– Чего тебе?

– Звонок прозвенел. Пора в класс.

– Дай нам минуту. Скажи учительнице, что мы в туалете,– говорит Лусине.

– Ладно. Увидимся в классе. У вас точно все в порядке?

– Точно,– говорю я Емеле.

– Точно? – спрашиваю я Лусине после ухода Емели.

– Да,– отвечает она.

С тех пор я не обращалась к Лусине по имени. Емеля не понимала почему, но не вдавалась в подробности, так как не считала, что это серьезно. Она была слишком беззаботной и к тому же русской, чтобы понять всю тяжесть нашего положения. Мы с Лусине сблизились благодаря страху и смятению, которые мы испытывали как армянки – теперь уже единственные в нашем классе.

Из обрывков разговоров я поняла, что у моих родителей разногласия, и папа нервничает больше обычного. «Буря» надвигается и усиливается с каждым днем. Мама так же упорствует. Она не верит, что положение настолько тяжелое, что нам нужно бросить привычный уклад жизни и бежать. Однако все наши знакомые уезжают.

Наши соседи: Люда, ее муж Жора и малютка Лиана – уехали. У Жориного отца есть дом недалеко от Степанакерта – столицы Карабаха, поэтому они переехали, чтобы находиться среди армян. Люда беременна, и их решение уехать было таким неожиданным, что всех поразило. Кажется, у каждого была своя точка излома – нечто увиденное или пережитое, что заставило их сбежать. Кто-то достиг этой точки раньше других, кто-то позже. Я вдруг поняла, что, возможно, никогда их не увижу – и маленькая Лиана, которую я так полюбила, не запомнит меня. Я напрасно изводила себя этой мыслью.

Семья Вили и наша семья были единственными армянскими семьями, оставшимися в доме. Многие знакомые нам семьи из дома, в котором жил Азим, тоже уехали из Азербайджана.

Многонациональный город, каким я его знала, быстро исчезал. Вот я у себя дома, а вот я нежелательный, чужеродный элемент во враждебной стране. Мои детские мечты, равно, как и ожидание счастья, испарялись, омрачались в своей родной стране кошмарами жестокой реальности. Ничто уже не будет, как раньше.

Мы были единственными из всего нашего рода, кто еще оставался в Баку. К нашему удивлению, выяснилось, что наших родственников в Армении мало интересовало происходящее с нами. Никто не звонил, чтобы выразить обеспокоенность нашей судьбой, кроме тетушки Эммы, одной из сестер бабушки Тамары. Я знала ее только по описаниям родителей. Как я ни пыталась, мне не удавалось отличить ее от сотен других родственников на свадьбах, днях рождения или похоронах. Все говорили, что тетя Эмма – вылитая бабушка Тамара.

Тетя Эмма жила в Ереване, столице Армении. У нее было четверо детей, трое из которых имели семьи и своих детей. Она позвонила, беспокоясь о нас, спрашивала, не нуждаемся ли мы в чем-нибудь.

Когда ее имя упоминалось в разговоре, я думала, какая же она славная. Ее внешность в моем представлении была такой же, как у бабушки Тамары. Мне так хотелось встретиться с ней в надежде, что она действительно будет похожа на бабушку.

ГЛАВА 7

В семейных разговорах все чаще слышится слово «анкета». Оно произносится так, что я не могу понять, какой смысл вкладывают в него взрослые. Это длится целый месяц, а я слишком застенчива и напугана, чтобы влезать в разговоры взрослых. Такое уж у меня воспитание – не мешать взрослым. Потом мама рассказывает мне об этих «анкетах». Она сидит рядом со мной и первое, что она говорит, это:

– Никому не рассказывай в школе, ладно?

Я киваю и готовлюсь услышать плохую новость, а тем временем мое сердце колотится в груди.

– Твой дядя Новик прислал нам бланки **анкет** – документы, чтобы мы их заполнили для Американского посольства в Москве.

– Зачем?

– После заполнения мы отошлем бланки обратно, чтобы американские чиновники в посольстве изучили их и решили, можно ли нам поехать в Америку.

– В Америку?! – я поражена.

– Да, сейчас они принимают некоторое количество армян из Азербайджана в качестве беженцев.

«Беженцы»… Новое слово для меня.

– Но ни слова в школе! Еще неизвестно, примут ли они нас, так что я не хочу, чтобы кто-нибудь еще сглазил, пока все не прояснится.

– Хорошо, мама,– спокойно отвечаю я.

Вот еще один узел и в без того запутанной ситуации – с ним мне предстоит разобраться.

Если бы можно было одним словом описать мое душевное состояние весной 1989 года, то это «паника» и «смятение», комок беспокойства в груди. Я не хотела уезжать. Я твердила про себя: «не хочу, не хочу в Америку». Это так далеко отсюда… Временно переезжать в Россию или Армению и то страшно, а в Америку? Это ведь слишком далеко и… может – навсегда.

Я еще больше замкнулась в себе, а в школе обособилась от одноклассников. Мысли уносились куда-то далеко, за черные, грозовые тучи. Та маленькая девочка, которую все знали, исчезла. В классе я хранила молчание, а когда смеялась, смех был таким сдавленным, что едва ли его кто-то слышал. От некогда лучезарной, сияющей улыбки, которой я одаривала друзей, осталась бледная ухмылка.

Теперь я смотрела на вещи иначе. Казалось, будто мои дни, проведенные в Баку, раскручиваются, как катушки с кинолентой.

Помимо смятения в мыслях, меня обуревали и другие чувства. Я не очень-то и могла в них разобраться, а спросить кого-нибудь, даже бабушку, стеснялась. Я подозревала, что это любовь, но потом сама себе же возражала, что я еще слишком мала, чтобы испытывать к кому-либо любовь.

Мой солдат оставался другом Азима. Я часто видела, как они разговаривают, и каждый раз, как я проходила мимо, он как-то загадочно мне улыбался. Теперь он смотрел иначе на меня, и я заподозрила, что Азим ему что-то разболтал.

Азим и сам совершенно преобразился. Кажется, он приходил каждый вечер в наш двор просто так, чтобы докучать мне и не обращать на меня внимания, когда я обращалась к нему, и, вообще, вести себя невежливо. Я узнала, что среди ребят нашего дома он распространяет обо мне всякие небылицы.

Я пыталась не обращать на него внимания, но это было нелегко. Он пользовался любым случаем, чтобы выставить меня в дурном свете. Даже Тунзала и Гюльнара, которых нельзя было заподозрить в симпатиях ко мне, считали, что он ведет себя со мной слишком уж подло.

Однажды вечером, когда он обозвал меня самыми грязными словами, какие только имеются в лексиконе ненормированного русского языка, я чуть не расплакалась. Как у него язык повернулся такое сказать после того, как он признался, что я ему нравлюсь? Хорошо, что в темноте он не мог видеть мое лицо. Я подошла к нему , еле сдерживая слезы.

– Чтобы ты не смел больше смотреть на меня, разговаривать со мной. Чтобы ты не смел упоминать мое имя или думать обо мне после моего отъезда. Представляю, как ты обрадуешься, когда я уеду. Я ведь знала, что тебе с твоей мусульманской кровью нельзя доверять. Ты такой же предатель, как и все тебе подобные. Я ненавижу тебя даже больше остальных! Слышишь! Твое счастье, что мы уезжаем, и тебе никогда не доведется меня увидеть,- выпалила я, под конец, сорвавшись на крик.

Мой голос дрожал. Я чувствовала, что плачу. Он видел, что я плачу. Но, что и он плачет, я не знала. Мы простояли долго. Потом он поднял руку, чтобы вытереть со щек свои слезы. Меня колотил озноб, я стояла и смотрела на ежик его черных волос.

Жаль, что было темно. Теперь мне хотелось бы увидеть печать моей боли на его лице. Он медленно протянул руку и вытер слезинку с моей щеки, затем, не проронив ни слова, повернулся и убрался прочь с нашего двора.

После этого случая мы почти никогда не разговаривали в классе. Дети, жившие в нашем доме, не совсем понимали, что между нами произошло. Я тоже не очень понимала и спрашивала себя, сможем ли мы когда-нибудь снова стать друзьями. Я опасалась, что Азим ведет себя именно так, как я ему и велела: не смотрит в мою сторону, не разговаривает со мной.

Наконец, после многих недель молчания, я рассказала Лусине и Емеле про нашу ссору с Азимом. Лусине помолчала и говорит:

– Знаешь, я думаю, ты его поддела. Это видно по его лицу.

– Он просто дурак! – воскликнула Емеля. – Не бери в голову. Ему наплевать!

Лусине посмотрела на меня понимающим взглядом, который означал:

– Не обращай на нее внимания. Что она в этом смыслит!

Я была слишком потрясена, чтобы разобраться, кто из них прав.

Весна в Баку всегда прекрасна. Еще не очень жарко, все цветет и благоухает. Всем жильцам нашего дома хочется на свежий воздух. По вечерам они выходят наружу, выносят стулья, сидят во дворе, беседуют и чаевничают. Если передают футбольный матч, мужчины выносят телевизор, смотрят, болеют и спорят. Мои родители сидят дома и присматривают за мной, пока я играю во дворе, чтобы со мной ничего не случилось. Малыши бегают, а дети постарше, вроде меня, играют в пинг-понг. Я каждый день в саду ловлю себя на том, что поглядываю на крышу в ожидании Азима, который не появляется.

Бабушка поливает сад с моей помощью, а я читаю книжки в свободное время под сенью виноградной лозы. Цветущие розовые кусты лучше всего благоухают в это время года, радуя меня.

Если мы остаемся на улице дольше обычного, то Виля, ребята и я пробираемся за ворота поглазеть на машины, остановленные солдатами на улице во исполнение комендантского часа, который начинается в 10 вечера. Кажется, что все так тихо и естественно, даже в условиях комендантского часа, но, как говорит папа, «это затишье временное».

Так оно и есть. В этот день возобновились демонстрации и массовые беспорядки.

Хотя я знала, что хорошие времена продлятся недолго, я не была готова к «буре»; никто о ней не говорил, потому что все в глубине души знали наверняка: надеяться на лучшее – безумие. Словно кто-то умирал, и никто не хотел об этом говорить.

Настали последние дни школы, и меня это радовало. Мне, несмотря на танки и войска, окружавшие наше здание, стало страшно ходить в школу, даже если меня провожали, поэтому меня совершенно не удивило пропавшее желание ходить на волейбол. Но, если бы даже мне хотелось, мои родители все равно не отпустили. После одного из ряда «происшествий» сама идея хождения в одиночку по улицам нашего квартала внушала ужас и была окончательно отвергнута.

Случилось же оно в спокойный день, когда по дороге на тренировку после школы не было никаких демонстраций. Спортзал находился всего в нескольких кварталах. Я молилась Богу и шагала как можно быстрее, но без спешки, чтобы никто не заподозрил, что я тороплюсь. Поблизости от спортзала мое сердце перестало колотиться, так как я чувствовала себя уже в безопасности. Мне оставалось только перейти улицу. Я остановилась, и прежде, чем перейти ее, посмотрела налево, потом направо. Дойдя до середины, я остановилась, чтобы пропустить красные «Жигули». Машина приближалась. Я отвернулась, чтобы не было видно моего лица. Водитель был молодой азербайджанец, а рядом с ним сидел такой же пассажир- его сверстник, оба – похожие на демонстрантов. Увидев мою непроизвольную реакцию, водитель повернул руль, и машина промчалась в нескольких сантиметрах от меня. Это случилось так молниеносно, что я не успела отреагировать. Они пронеслись мимо меня со скотским гоготом, который потом еще долго дребезжал у меня в ушах; наконец, я совладала с собой и перешла улицу, чтобы войти в здание.

Это тренировка была последней. Тренер все поняла и даже удивилась, что я еще столько времени ходила на волейбол. Она меня обняла и сказала, что меня будет не хватать в команде. Я улыбнулась:

– В команде? Нас осталось всего пятеро.

– Знаю,– вздохнула она,– но вы и впятером были командой, даже после того, как начались беспорядки.

– Трудно сейчас доверять людям,– сказала я отвлеченно.

– Если сможешь оставаться верной своей цели, как волейболу, то достигнешь, чего пожелаешь, Аня,– улыбнулась она. – Ты – крепкий орешек, и это замечательно. Ты твердо идешь к намеченной цели.

– Я буду скучать без вас. – Я обняла ее. – Поцелуйте ваших детей за меня. Я не увижу их большими.

Мы долго не хотели расставаться, пытаясь сказать друг другу еще что-нибудь. Но говорить было не о чем. Я не стала говорить о том, что мы, возможно, уедем. Я знала, что она, скорее всего, об этом и так догадывается.

Годовой экзамен в пятом классе был по математике. Я чувствую, что не подготовилась; это на меня не похоже. Две недели я засиживаюсь допоздна и занимаюсь, повторяя всё пройденное за год. Математика – мой любимый предмет, но мне недосуг рыться в книгах, потому что меня волнуют дела поважнее. Тем не менее, после многих часов занятий, я почувствовала себя подготовленной. Наконец, наступает день экзамена – погожий денек.

Проводится экзамен так же, как в прошлом году: на учительском столе разложены билеты. Мы по очереди подходим и тянем билет. Номер билета нам не виден, потому что он на оборотной стороне.

Подошла моя очередь. Я медленно приближаюсь к столу учительницы. Она моя самая любимая, строгая и резкая, но знает и любит свое дело. Она армянка, одна из последних в городе. Мне выпадает билет номер 3, как в прошлом году.

– Странно,– говорю я себе,– но должно быть, тройка – мое счастливое число. Может, это добрый знак.

Билет номер 3 состоит из трех задач по алгебре и одной по геометрии, которую нужно решить и доказать у доски перед всем классом.

Я нервничаю, но меня не волнует, как я сдам экзамен. Задачки по алгебре легкие, и на них уходит минут двадцать. Задача по геометрии тоже простая, но решать ее перед всем классом мне почему-то не хочется. Сосет под ложечкой. Я делаю ошибки. Учительница смотрит на меня с укоризной. Я снова смотрю на задачу и нахожу ошибки. Быстро стираю все с доски и начинаю снова. До меня доходят сдавленные смешки. Я оборачиваюсь и вижу Сергееву со своей хихикающей шайкой. Не обращая на них внимания, я решаю задачу и тихо выхожу из класса.

Когда все закончено, все собираются во дворе. Выходит учительница и объявляет оценки. Я опять получаю пятерку – «отлично». Я улыбаюсь и смотрю на Сергееву, получившую четверку. Она пялится на меня, а я поворачиваюсь и ухожу прочь.

Как и в прошлом году, мама ждет меня за оградой. Она идет рядом со мной, гордо и торжественно, всю дорогу до дома, по улице, вдоль которой выстроились танки и вооруженные солдаты.

С пятым классом покончено. Школа распущена на каникулы. Празднование отменяется.

Лето открыло перед нами свое ленивое царство. Деньки стали жаркими. Фургончик мороженщика стал чаще появляться у нас во дворе.

Мы сидели взаперти и выходили только по вечерам. Беспорядки и антиармянские демонстрации продолжались, но я все еще мечтала о пляже, когда все успокоится. Мечта оказалась несбыточной.

Однажды демонстранты вломились в наш двор. Мы спрятались, а папа вооружился ножами и палками. Слезы высохли – я уже привыкла к таким ситуациям.

Как мы потом узнали, наша соседка азербайджанка Рахиба донесла бандитам, что в доме живут армяне, чтобы напустить эту свору на нас. Толпа становилась все агрессивнее, вооруженные подростки прорвались через ворота во двор. Но Анагис, мамаша близнецов, и ее муж вовремя преградили им дорогу и поклялись Аллахом и его Пророком, что армян тут и в помине не было. Раздосадованная шантрапа нехотя разошлась.

Никакими словами нельзя было передать нашу благодарность. Одни наши соседи-азербайджанцы спасли нам жизнь, а другие соседи-азербайджанцы желали нам смерти. Я не говорила с Гюльнарой или Тунзалой, хотя хотела их поблагодарить. Я просто не могла подойти и заговорить с ними. Мне мешало чувство уязвленной гордости. К тому же мне не верилось, что они поступили бы так же, как их родители.

Эта новая волна насилия прокатилась так близко к нам, что мама, наконец, согласилась с папой. Горькое прозрение наступило для нее внезапно, и она была в шоке. Папа, почувствовав облегчение, спокойно предложил, чтобы мама, Миша и я поехали на несколько недель в Армению, посмотреть, можно ли там поселиться. Новость взволновала меня. Наконец-то хоть что-то происходит! Я думала, папа поедет с нами, но он сказал, что пока не может уйти с работы. Его заказы оставались незавершенными, и он хотел с ними покончить, чтобы получить гонорар.

Мы оставались в Баку весь июнь и июль. Мама забронировала билеты на самолет на август. Она рассказала нам, какой страх ей пришлось пережить и как на нее пялились незнакомые люди в кассе «Аэрофлота», когда она брала билеты. К счастью, никто и слова лишнего не сказал из-за того, что она покупает билеты в Армению.

Я с нетерпением ждала, когда же мы полетим в Армению. Даже теперь, когда мне предстояло туда отправиться, странно было думать об Армении как о реально существующем месте, а не мифической идее и семейной иллюзии, которыми мы тешили себя в нашем воображении.

ГЛАВА 8

Однажды утром в начале августа мы встали на рассвете, чтобы поехать в аэропорт. Папа с нами в аэропорт не поехал.

– Но почему, *папа*?

– Потому что у меня слишком армянская внешность, и я не хочу подвергать вас риску.

Я поцеловала папу на прощание, и мы прошагали несколько кварталов пешком до автобусной остановки, волоча за собой чемоданы. Бабушка пошла с нами. Мы ждали аэропортовского автобуса минут пятнадцать. Когда он, наконец, подъехал, мы с багажом сели в него. Мы заняли места у окон автобуса, и когда он тронулся, я помахала бабушке… Автобус завернул за угол, и ее одинокая фигурка исчезла за массивными зданиями.

Самолет был гораздо меньше тех, на которых мы летали в Москву. Мама объяснила это тем, что Армения намного ближе к Баку, чем Москва, поэтому лететь в Армению нужно меньше. Большой самолет мне был не нужен, лишь бы долететь до Армении.

Мама села с Мишей и тучной женщиной в третьем кресле, которая ни в какую не соглашалась меняться местами со мной. Стюардесса нашла мне место в другом конце салона, за кабиной пилотов. Я сидела лицом к пассажирам, спиной к направлению полета, и время от времени видела, как мама мне улыбается.

Когда самолет пришел в движение, многие пассажиры заволновались. Я поняла, что некоторые из них летят самолетом в первый раз. Я сохраняла спокойствие, гордая тем, что для меня этот полет не был первым. С трехлетнего возраста я каждое лето летала в Москву и Латвию с мамой и папой. Я привыкла к полетам, которые стали самой приятной составляющей путешествий.

Мы летели несколько минут, когда стюардесса включила музыку. Мне наскучило молча сидеть рядом с незнакомыми людьми и ничего не делать. Я принялась изучать всех, кто сидел поблизости. Две молодые женщины сидели впереди лицом ко мне. Они выглядели дружелюбно, улыбались мне и застенчиво опускали глаза. Присмотревшись к их лицам, я заключила, что они армянки. Должно быть, они были напуганы событиями в Баку – как и я.

Рядом со мной сидел мужчина лет сорока, который, казалось, боялся, что я захвачу его место у иллюминатора. Мне-то было безразлично, потому что ничего нового в полете на самолете для меня не было, так что я милостиво разрешила ему сидеть у иллюминатора. Я слышала, как Миша на том конце салона требовал еды. Мама достала из сумки какие-то бутерброды и вареные яйца. Жестом она позвала и меня присоединиться к ним, но я покачала головой, почему-то вообразив, что это будет выглядеть слишком по-детски.

Через час мы летели над Арменией и пригородами Еревана.

Жду не дождусь, когда же я увижу Армению. Я склоняюсь к иллюминатору, выглядывая из-за плеча мужчины, который сидит у иллюминатора. Я вижу зеленые и желтые квадраты, треугольники и прочие геометрические фигуры и повсюду – горы. Они прекрасны! И для меня это не просто земельные участки.

Я не могу оторвать глаз от Армении и смотрю в иллюминатор больше того, чем ожидает человек в кресле рядом. Когда осознаю это, бывает поздно. Я вижу, как он сверлит меня взглядом и, опустив глаза, медленно занимаю свое изначальное положение.

Когда я вновь поднимаю на него глаза, его взгляд как бы говорит мне: не смей больше приближаться к моему окну!

Я смотрю на женщин, сидящих напротив, и они утешают меня ласковыми взглядами. Вскоре я забываю о своем соседе, который ведет себя как бука. Мы готовимся к посадке.

Я ерзаю в ожидании встречи с армянской землей. Все мысли отходят на второй план. Сквозь гул моторов слышны лишь обрывки армянской мелодии. Мы все ближе и ближе к земле. Я уже вижу домики и дороги.

Уже близко. Мы приземлимся через минуту… Я жду с нетерпением… И наконец… свершилось!

Шасси касаются бетонки. Только этого я и жду.

– Я в Армении, наконец-то! Слава тебе, Господи! – шепчу я.

Я закрываю глаза и ощущаю, как шасси катятся по взлетно-посадочной полосе ереванского аэропорта. Когда я открываю глаза, пассажиры суетятся, достают свои вещи и сумки из-под кресел.

Я смотрю на маму, и она жестом велит оставаться на своем месте, которое ближе к выходу. Остаюсь на месте, и жду, пока мама с Мишей поравняются со мной. Я помогаю маме нести ее сумки.

В воздухе душистый аромат, или мне так кажется? Именно так я всегда себе это представляла. Я останавливаюсь на трапе перед тем, как спуститься на бетонку, *и смотрю вверх. Боже! Это лучший воздух в мире! Слезы наворачиваются на глаза, но я не даю им исказить этот завораживающий вид моей родины. Я смахиваю их и бегу за мамой.*

Мы пешком добрались до здания аэропорта, вошли в узкий коридор, ведущий в большой зал со сверкающими полами, в которых отражаются предметы и люди. Зал оказался гораздо просторнее, чем в Баку. Я поспешила за мамой, пытаясь в то же время не упустить ни одного малейшего штриха Армении. Вдруг слышу:

– Да вот же они!

На том конце зала стояли женщина и мужчина. Мама направилась к ним. Вокруг сновали люди, и я боялась отвести взгляд от этой женщины. Мужчину я не узнала, но внешность женщины воскрешала в моей переполненной разными событиями памяти воспоминания одновременно хорошие и грустные. Внезапно я вспомнила!

Многие одеты в черное. Я стою между папой и мамой, а крошечный Миша – за мной. Я останавливаюсь в проеме нашей прежней гостиной. Миша замер, напуганный многолюдьем, и держится за подол моего платьица.

– Миша, не плачь, мой маленький! – успокаиваю его я, а у самой глаза полны слез.

Гостиная, где на столе стоит гроб, очень преобразилась. Я не могу, но хочу заглянуть внутрь гроба. Поворачиваю голову и вижу старушек на стульях, по левую руку от меня. Они очень похожи на бабушку, особенно та, что на дальнем конце. Просто вылитая бабушка, думаю я.

– Миша, где бабушка?- зовет кто-то.

Что за бестолковый вопрос, думаю я. Двухлетний Миша оглядывается и топ-топ к пожилой женщине, сидящей на том конце. Она встречает его с распростертыми объятиями, сажает на колени, целует в щечку.

– Нет, мой милый, я сестра твоей бабушки – тетя Эмма,- шепчет она.

Я снова смотрю в сторону гроба. С моего места мне видны только седые волосы и лоб. Я еще мала ростом, чтобы увидеть остальное. Как я хочу ее увидет! Если бы я была выше ростом, то могла бы увидеть ее в последний раз. Папино лицо окаменело. Я не могу попросить его приподнять меня и отхожу в сторону, чтобы не видеть бабушкин бледный лоб. Тетя Эмма обнимает меня, а мама берет на руки Мишу.

Вот, значит, кто эта женщина, чье лицо так мне знакомо, кто, как когда-то, обнимает меня по прибытии в Ереван. Мужчина, стоявший рядом, берет у мамы сумки. Он невысок ростом. У него редеющие волосы, седые усы и очки с толстыми стеклами. Вид у него очень сердитый, но глаза улыбаются и полны искренних и глубоких чувств. После долгих объятий мы взяли свой багаж и сели в такси. Тетя Эмма о чем-то взволнованно говорила с мамой, а я не могла отвести взгляд от проносившегося за окном машины пейзажа.

Я отмечаю, что улицы и люди весьма отличаются от бакинских. Толчея большого города та же самая, но общая картина другая. Потому что это Армения, думаю я. Такси везет нас в живописную часть Ереван, Шенгавит, где множество многоэтажек стоят в окружении темнозеленых деревьев и кустарников. Играют дети. Несмотря на зной, здесь прохладная тень.

Мужчина с тетей Эммой – ее муж Михаил. В семье его зовут Миша. Я зову его дядя Миша. Такси останавливается у подъезда многоэтажки. Дядя Миша достает наши чемоданы и заносит два из них внутрь.

Нам навстречу выбегает девчушка лет шести. Она обнимает тетю Эмму и робко посматривает на маму и на меня. Тетя Эмма говорит:

– Это наша маленькая Эмма, моя внучка. А это твои кузены Миша и Аня, – показывает она на нас.

Маленькая Эмма забегает в подъезд, а мы следом. Дядя Миша идет за нами с остальными сумками.

Квартира – на третьем этаже типовой «хрущевки». Весь квартал был застроен в начале шестидесятых годов двадцатого века. Дома похожи друг на друга, квадратные, пяти-шестиэтажные. Лестничные пролеты узкие, а квартиры тесные, с низкими потолками. Проблема заключалась в том, чтобы дать каждому квартиру, пусть даже маленькую. Я заметила типичные для хрущевских коробок трещины на стенах, которые, кстати, стали одной из причин разрушений во время землетрясения. Дешево, но не безопасно!

Мы поднимаемся на третий этаж, и тетя Эмма, которая шла впереди, открывает дверь с левой стороны небольшой площадки.

Полумрак коридора пронизывает теплый золотистый луч света.

– Заходите, – зовет нас тетя Эмма.

Мы входим в небольшое помещение – что-то вроде прихожей с вешалками для одежды и полками для обуви у входа. Здесь же двери и в другие комнаты. Слева я вижу дверь в ванную. Дальше, по левую руку, прихожая, которая переходит в узкий коридор с двумя дверьми в конце. За одной – кухня, а за другой – изящная гостиная. Справа от ква-

94

дратной прихожей я вижу еще две двери, ведущие в спальни. Прямо перед нами у стены крошечный стул и столик с телефоном.

Я оглядываюсь. Такая теснота и такие маленькие комнаты, что я не знаю, в какую сторону идти. Ладно, стою и присматриваюсь...

Эти люди мне не знакомы, но я чувствую к ним истинную любовь и привязанность. Они – моя родня в Армении. Все обнимаются и целуются. Я вижу: ко мне идет девочка лет восьми-девяти. У нее короткие светло-каштановые волосы, вьющиеся на концах, улыбчивые голубые глаза. Между нами никакого сходства. Она приближается, обнимает меня и говорит мне что-то непонятное.

– Извини, что ты сказала? – спрашиваю я ее по-русски.

Она застенчиво улыбается и дергает тетю Эмму за рукав, говоря ей что-то по-армянски.

– Она забыла, что ты не говоришь по-армянски,– тетя Эмма обняла меня одной рукой. – Она же не говорит по-русски. Они начали изучать русский в школе только в прошлом году.

– Она не говорит по-русски в школе? – изумляюсь я.

– Нет, она ходит в армянскую школу, как и маленькая Эмма. Итак, знакомься, Аня, это твоя голубоглазая кузина Армине.

Армине слышит свое имя и смотрит на меня, улыбаясь. Вдруг я слышу громкое: «А!» и оборачиваюсь на звук. Ко мне идет молодая женщина лет тридцати с темно-каштановыми вьющимися волосами и чертами тети Эммы.

– А это моя маленькая Анна? – говорит она по-русски с сильным армянским акцентом.

– Я – Анна,– медленно опускаю голову, робко глядя на нее.

– Дай мне тебя обнять и расцеловать,– говорит она, уже обнимая меня.

Я смотрю на маму; она тоже с кем-то обнимается.

Когда женщина перестает меня обнимать, я смотрю на нее, стараясь угадать, кто она.

– Ты не помнишь меня? – смеется она.

Я молчу и только качаю головой.

– Я тоже Анна, дочь тети Эммы, кузина твоего папы. Так что я твоя тетя. Верно?

– Вы моя тетя Анна? – мне не верится, что я, наконец, ее увидела.

– Да! – смеется она.

Теперь уже я обнимаю ее.

Затем я знакомлюсь с сыном тети Эммы, моим дядей Алешей. Армине и маленькая Эмма - его дочки. Теперь я знаю, что красивые голубые глазки у них от папы. Следующая встреча - с Алешиной полноватой женой, которая говорит ласково и нараспев.

Дядя Миша - пожилой ворчун, только улыбается нам своими полузакрытыми глазами, пока все не успокаиваются. Затем он подходит ко мне и Мише, нежно треплет мою щеку, наклоняется к Мише и говорит что-то по-армянски, не переставая улыбаться.

После долгих разговоров подают превосходный обед. Я наблюдаю за этими людьми, говорящими, живущими и дышащими по-армянски. И душа наполняется гордостью за то, что я одна из них. Тетя Эмма стелет нам постели в гостиной. Это напоминает мне те дни, когда мы вдесятером ютились в маленькой квартирке в Баку. Та же атмосфера царит дома у тети Эммы. Кроме нас, на этом маленьком пятачке живут еще семь человек - три семьи. Все научились с этим справляться.

Ночью я лежу в гостиной рядом с мамой и Мишей и вспоминаю тот день, когда умерла бабушка Тамара. С тех пор прошло три года. Как давно это было, думаю я. Но я все помню, и боль в моем сердце все не унимается.

Я думаю о тете Эмме. Она так похожа на бабушку и в тоже время так от нее отличается! Бабушка была тихая и спокойная, а тетя Эмма всегда восторженная и неугомонная. И говорит без умолку. Бабушка была невысокого роста, а тетя Эмма высокая. Хотя бабушка была полноватая, ее бедра ни в какое сравнение не шли с бедрами тети Эммы. Бабушкины глаза были серые, а у тети Эммы – карие. Я пыталась вспомнить бабушкин голос, но тщетно, несмотря на все мои старания. Я помнила ее слова, любимые выражения, но не голос.

Утром нас ожидал отменный завтрак: абрикосовый джем, сыр, масло, чай с лимоном и мой уже любимый армянский хлеб «матнакаш». Такой пекли и в Азербайджане, но он отличался и вкусом, и названием.

Все семейство собралось на завтрак. Маленькая Эмма, не переставая, лопотала по-армянски. Было забавно следить за ее безостановочной речью, не обращенной ни к кому конкретно. Маленькая и симпатичная, она не обращала внимания на то, что ее никто не слушает, главное, ей дали поболтать.

Дядя Алеша жестом позвал ее к столу, и мне не нужно было знать армянский, чтобы понять, что это значит. Вся семья оказалась такой дружелюбной, остроумной, открытой и родной, что я сразу же влюбилась в них. И несмотря на то, что девочки не понимали, что я им говорю, а я с трудом понимала их, мы прикипели друг к другу душой, как сестры.

В Ереване мы навестили и других наших родственников и друзей. Мама подробно рассказывала всем о нашем положении.

Мы знакомились с городом, и мне нравились каждая улица и каждый уголок этого древнего, хотя и молодого города. Было солнечно и знойно, и вскоре у меня появился золотистый загар. На улицах говорили по-армянски, и мне временами становилось совестно, что я на нем не говорю.

В один из дней мама сказала мне, что дядя Новик приехал в Ереван.

Он прилетел из Москвы увидеться с семьей, уехавшей из Баку раньше и поселившейся в Джермуке, и теперь по дороге к ней, проездом через Ереван, решил остаться здесь на пару дней. Я была в восторге от того, что могу увидеть дядю, которого не видела с тех пор, как они уехали из Баку. Новик пришел к тете Эмме. Не успел он переступить через порог, я кинулась к нему, подпрыгнув, чтобы чмокнуть его в щеку. Спустя много месяцев после расставания, Новик выглядел таким же, только усталым.

Однажды вечером Новик, мама, Миша и я пошли навестить дядю Рудольфа или Рудика, папиного старшего брата. Он был его сводным братом от дедушкиного первого брака. Мне было не по себе, потому что последний раз я видела дядю Рудика на похоронах бабушки Тамары. Я вспомнила детей Рудика. Его дочери обзавелись семьями и детьми. Самый младший – единственный сын Тигран, учился в мединституте. Я помнила его подростком, игравшим в большой красный мяч с моими кузенами и со мной во дворе старого родового дома. Интересно, как он выглядит теперь, спустя столько лет, думала я.

Мы ехали, пересаживаясь с автобусов на метро, из одного конца города в другой, чтобы доехать до дома дяди

Рудика. Он жил в престижном доме, у него была машина. Я поняла, что он очень богат. Мы постучали в дверь. Открыла женщина лет под пятьдесят, жена Рудика Лаура. Я сразу же ее вспомнила. Она встретила нас традиционными громкими приветственными возгласами и объятиями. Она впустила нас, и я увидела дядю Рудика, выходящего из комнаты по левую сторону коридора. Он выглядел старше, чем я его помнила. Он был похож на Новика и на моего дедушку Егише. Тетя Нора и папа унаследовали черты бабушки Тамары.

После церемониальных объятий мы прошли в большую и красивую гостиную. Полы и мебель были изысканными до такой степени, что я боялась прикоснуться к чему-либо. У них были две большие спальни, ванная и кухня. А большой застекленный балкон они превратили в телезал.

Мы сидели в гостиной и разговаривали с дядей Рудиком. Лаура извинилась и вышла на кухню доваривать обед. Сидя на диване, я не заметила, как кто-то вышел из одной комнаты и зашел в гостиную. Я повернула голову и увидела высокого юношу. У него были короткие черные волосы и смеющиеся карие глаза. Его выбритое лицо напоминало лицо Тиграна. Мне не верилось, что он так повзрослел. Юноша, который приезжал к нам из Еревана, вымахал в зрелого мужчину.

Я невольно встала, и он обнял меня, оторвав от пола, со словами:

– Привет-привет, сестренка! А кто этот человечек?

Он взял Мишу на руки и поцеловал, чем смутил и испугал поначалу мальчика, не узнавшего кузена. Весь вечер прошел за разговорами обо всем. Новик и мама говорили с родственниками вполголоса, а я наблюдала за Тиграном, Рудиком и Лаурой.

ГЛАВА 9

Мы остались у дяди Рудика на ночь. На следующий день Новику предстояло ехать в Джермук, и он предложил маме отпустить меня с ним. В конце концов, я давно не виделась с младшими кузинами. Мама согласилась, и я запрыгала от радости.

Новик купил билеты на автобус до Джермука, который находится в горах, в четырех часах езды от Еревана. Новик усадил меня у окна. Мы выехали из пригородов Еревана и целый час ехали по Араратской равнине, утопающей в зелени виноградников, разбитых стройными рядами, вычерченными словно по линейке. Второй час мы ехали по горам, забираясь все выше и выше. Я была уверена, что мы заблудились на такой высоте посреди этой красоты, но вскоре стало ясно, что водитель знает, куда едет. Горные дороги тяжелы, но меня это не волновало. Меня завораживала мощь скал. Такого я раньше не видела. Азербайджан не великое нагорье, как Армения.

Горы были то зелены, то буры. В некоторых местах на поверхности виднелись черные вкрапления. Я спросила Новика, что это такое, черное-пречерное?

– Обсидиан,– ответил он. – Поделочный камень.

Чем дальше мы ехали, тем больше обсидиана нам попадалось. Он был рассеян повсюду угольно-черными россыпями.

Дорога становилась опаснее, а мы все кружили по горным склонам. Мы то поднимались, то опускались. Иногда перевалы были такими узкими, что из окна не было видно кромки дороги, лишь бездонные пропасти.

К третьему часу пути мы забрались так высоко, что передо мной на многие мили были видны одни только горные вершины. Мы свернули налево мимо огромной груды скал, и внезапно автобус остановился. От резкого торможения меня бросило вперед. Новик успел схватить меня прежде, чем я ударилась бы о переднее сидение. Я была невредима, но перепугана.

Все еще в шоке я сделала глубокий вдох и огляделась в недоумении. Пассажиры повскакали с мест, вытягивая шеи, чтобы увидеть, что случилось там впереди. Я выглянула из окна, но ничего не увидела, только стену скалы.

Я встала и посмотрела вперед, дядя Новик последовал моему примеру. Сквозь ветровое стекло мы увидели грузовик на краю дороги, и черную лужу вокруг него. Грузовик пробил ограждение на обочине и завис над пропастью.

Пассажиры заволновались.

– Это бензин,– сказал Новик,– надо уходить отсюда.

Я видела, как пассажиры столпились вокруг огромного грузовика. За нами и впереди нас останавливались машины. Водитель автобуса прокричал что-то из бокового окна, и кто-то ответил ему и помахал рукой. Мы тронулись с места, объезжая бензиновую лужу. Оставшуюся часть пути мы проехали без приключений. Я думала о водителе грузовика, зависшего над пропастью, и надеялась, что с ним все в порядке.

Я вновь погружаюсь в свои мысли под впечатлением мудрых седых скал и бесконечной небесной лазури. Неожиданно горы расступаются, и автобус въезжает в зеленую долину, которая пряталась за хребтами.

– Что это? – показываю я.

Новик наклоняет голову, чтобы лучше разглядеть.

– Озеро близ Джермука,– говорит он.

Итак, я узнала, что ехать осталось всего полчаса.

– Там можно купаться?

– Да, наверное.

Вскоре озеро оказывается прямо под нами, и я вижу окраину городка. Мы выходим из автобуса. Новик несет два наших чемодана, а я стараюсь не отставать, глазея, на все вокруг. Город стоит у подножия горы. Деревья высокие – я такие еще не видела. Им, наверное, несколько веков. Воздух благоухает. Здесь не пахнет «большим городом» и, как видно, с чистотой окружающей среды здесь нет проблем. Он напомнил мне прозрачность богемского хрусталя, купленного мамой в Чехословакии еще до моего рождения.

Зелень и покой были разлиты повсюду. Чем дальше мы шли, тем меньше машин нам попадалось. Стояла божественная тишина, если не считать шагов прохожих. Дома были старые, но добротные. Улицы новые. Весь город представлял собой парк со скамейками вдоль дорожек и фонтанчиками для жаждущих пешеходов. Улицы и здания прятались под сенью огромных деревьев.

Мы приблизились к четырехэтажному каменному зданию. В Армении все дома построены из камня, которым изобилует страна. Поэтому летом в домах прохладно, а зимой тепло.

Это здание было темным и старым. Мы поднялись на третий этаж и оказались в большой квартире. Нас встретила жена Новика, Света. Затем из комнат выбежали его дочки и запрыгали, чтобы обнять Новика. После чего они поцеловали меня и провели в свое жилище.

Два брата Светы с семьями жили здесь в тесноте. Ее семья тоже жила здесь.

Три дня я играла с кузинами и облазила все горы в округе. Мы безуспешно пытались найти медведя, который, говорили, появляется время от времени в соседних лесах. С утра до вечера мы бегали босиком, потом смывали грязь с ног в горных реках, лакомились лесными ягодами.

Город является огромным курортом. Новик объяснил, что люди сюда едут лечиться свежим воздухом и подземными минеральными водами.

Мы с кузинами нашли местечко у озера на огромной круглой скале. С вершины было видно все зеркало озера, которое было прозрачным и глубоким. Мы сидели на скале и предавались детским мечтаниям. Они рассказывали мне о своей здешней жизни. Их школа отличалась от бакинской, но они были рады, что это русская школа, так как не знали армянского и понимали совсем немного. Снабжение было скудным, так как до столицы было далеко. Они рассказали, что зимы в горах суровые.

Этот городок был очаровательным. На второй день вся семья и я пошли к пруду в центре города и катались на педальных лодках.

Мне трудно было смириться с тем, что я не могу остаться и развлекаться здесь с сестренками подольше. Я бы осталась здесь навсегда. К сожалению, настала пора уезжать. Я заплакала и поклялась себе, что однажды обязательно вернусь в этот рай.

После моего возвращения из Джермука мы провели в Армении еще несколько дней. Когда Новик в целости и сохранности доставил меня в Ереван, мама огорошила меня новостью, что следующая наша остановка будет в Москве. Так как я терпеть не могла Москву, сюрприз оказался самым неприятным. Мама ничего не говорила мне о наших планах и сердилась, когда я расспрашивала ее о том, что мы собираемся там делать. Поэтому я замкнулась в себе.

Перед отлетом из Еревана, мы посетили Эчмиадзин – армянский Ватикан. Эчмиадзин находится в часе езды от Еревана и является центром Армянской Апостольской Церкви, самым священным местом для армян всего мира. Город известен и другими христианскими храмами – символами выживания и сохранения армянства на протяжении веков.

Тетя Эмма привезла нас в Эчмиадзин за день до нашего отъезда. Здесь удачно и естественно сочетались современная и древняя архитектура. Мне это было в диковинку. В Эчмиадзине находилась резиденция Его Святейшества Вазгена I, Католикоса Всех Армян. Зданий было такое множество, что я расспрашивала тетю Анну, приехавшую с нами, для чего они предназначены. Она объяснила, что в одних живут священники, в других готовят пищу и чинят одежду. В некоторых из них находятся училище и семинария, для тех, кто решил стать священником. Одно же здание предназначено специально для крещения младенцев.

Прямо в центре этого спокойного и незатейливого мира находилась высокая древняя церковь с крестом на коническом куполе. Церковь была выстроена из серого камня. Она произвела на меня глубокое впечатление, а, когда ее назначение полностью дошло до моего сознания, слезы покатились из глаз,

– Это Эчмиадзинский кафедральный собор. Армяне со всего мира ждут того дня, когда они смогут его посетить,– сказала тетя Эмма. – И каждое воскресенье Католикос Вазген I читает проповедь и благословляет верующих.

– В следующий раз приедем сюда в воскресенье,– сказала мама.

– Можно зайти? – спросила я.

Мне было очень интересно, потому что я была в настоящей церкви всего лишь раз, когда мама сводила меня в армянскую церковь в Баку. Но та больше была похожа на музей, чем на действующую церковь.

– Конечно, но сперва давай обойдем церковь вокруг,– сказала тетя Эмма.

Вокруг кафедрального собора были аккуратно посажены деревья и цветы. Тетя Эмма объяснила, что по воскресеньям туристов гораздо больше, но здешние жители приходят молиться каждый день.

Надписи, вырезанные на наружных стенах собора,– на армянском языке. Я не понимаю их, но разбираю цифры – «303».

– Что это значит?

– Это год постройки,– говорит тетя Анна.

– 303 год? – я поражена!

– Да, Армения первой приняла христианство в качестве государственной религии в 301 году. А постройку собора завершили в 303 году.

Мы вошли через высокий портал. Из темноты на нас пахнуло ладаном и плавленым воском. Единственное освещение давали узкие оконца и сотни мерцающих свечей на низких лотках, установленных вдоль стен. У входа пожилая женщина продавала свечи.

Мы купили пять свечей. Миша спросил, для чего они.

– Сейчас увидишь,– сказала мама.

Мы медленно погрузились в полумрак величественного сооружения, и нас обволокло благовоние ладана. Напротив нас на возвышении находился алтарь. К нему вели ступени, устланные прекрасными коврами. На одной ступени – ящик для пожертвований. Стены были увешаны различными картинами, изображающими Богородицу, Младенца Христа, Тайную Вечерю и прочее. Под каждой картиной – лоток с песком, в который втыкают свечи. Воск от разных свечей – больших и малых, согнувшихся и прямых – стекал в песок.

Мы нашли картину и поставили под ней свечи, которые зажгли от уже горящих свечей.

– Миша, наши свечи – подношение святым,– говорит шепотом тетя Эмма моему брату.

Главный зал был просторный и вместительный. Каменные стены хранили прохладу, защищая от жгучего августовского солнца. Все говорили шепотом. Некоторые женщины покрыли голову платками. Это старинный знак уважения и преданности Всевышнему.

По обе стороны от прекрасного алтаря, на который могут подниматься только священники, две дверцы. Алтарь был покрыт шелковыми коврами и заставлен золотыми сосудами, украшенными драгоценными камнями. Посередине изображение Христа. Вокруг алтаря несколько высоких свечей.

История и величие этого сооружения внушили мне благоговейный страх. Я прониклась глубоким уважением и любовью к нему. Я подняла голову и стала изучать высокие стены и потолки, с расписанными ангелами, ликами святых и сценами из Библии. Им больше тысячи лет, но они в хорошем состоянии. Осмотрев все, мы направились к выходу. Тут я увидела двух девушек лет двадцати, одетых по современной моде, в макияже, но с черными платками на голове. Они тоже выходили из церкви, но каким-то странным образом – пятились спиной к выходу, лицом к алтарю. Я дернула Анну за рукав, кивнув на девушек.

Она поняла мой вопрос и, когда мы вышли наружу, объяснила:

– Верующие люди выходят из церкви таким образом, чтобы не поворачиваться спиной к алтарю.

Вдруг я осознала, чего лишилась, родившись в Азербайджане. Я ничего бы не пожалела, лишь бы родиться в Армении, знать язык и армянские обычаи и иметь право с гордостью говорить, что я истинная армянка. Мне стало грустно оттого, что скоро предстояло уехать отсюда. Ведь еще даже не середина августа, а нам лететь в Москву. Но я была рада, что побывала в Эчмиадзине. Это была замечательная концовка великолепного путешествия.

ГЛАВА 10

Мы полетели в Москву на большом самолете. Как всегда, остановились у Эсмы. То обстоятельство, что ее дочери были там, лишь удлинило бесконечный список моих разочарований. Мама опять ринулась в рейд по магазинам. Москва ужасно суматошный город.

Меня удивило, когда мама как-то сказала мне, что в раннем детстве я любила бывать в Москве. Она рассказывала, как на улице, в метро и в продуктовых очередях я останавливала бабушек и завязывала с ними беседы, словно с давними знакомыми. Я была общительным ребенком, и Москва была подходящим местом для общения, а мама тем временем таскала громадные сумки с товарами, приобретенными после долгих часов стояния в очередях. Будь то чешская одежда или московские конфеты, за ними нужно было постоять в очереди. Мы бы ни за что не нашли ничего подобного в Баку. Все эти товары находились в Москве – центре мироздания.

Но теперь я уже не маленькая и иначе смотрю на вещи.

Я не люблю Москву еще больше, чем раньше. Люди, косо смотрят на нас из-за наших темных волос и глаз. Они зовут нас «черными», не отличая азербайджанцев от армян, и обзывают нас. Открытые столкновения бывают редко, но в метро, в автобусе и в магазине глаза всё выдают, ничего не скрывают. И я научилась угадывать по движению зрачков и особому прищуру глаз, как им хочется выкрикнуть какую-нибудь мерзость. Под стать взглядам были граффити на улицах: «Убивайте кавказскую тварь»!

Большую часть времени в Москве я провожу на квартире: лучше уж терпеть избалованных девчонок, чем враждебные московские улицы.

На другой день мы едем к дяде Толику, живущему недалеко от Москвы. Он работает инженером на большой птицефабрике. Они ютятся в двухкомнатной квартире в деревне близ Ржева, города со стотысячным населением. Сюда в декабре прошлого года к ним приезжал папа, чтобы на месте осмотреться. «Деревня» состоит из четырех высотных зданий, образующих прямоугольник. Посередине – двор и большая детская площадка. Поселок находится в лесу, и с внешним миром его обитателей соединяет один-единственный автобусный маршрут.

Здесь много армянских семей. Все они работают на птицефабрике. Школа крошечная, а провиант завозят из Ржева или Москвы. Москву и Ржев соединяет железная дорога. Рельсы соединяют Москву с остальным миром. Я люблю ездить в поезде.

Дочери дяди Толика, Лена и Алина, рады нашему приезду. Тетя Мария расплакалась, обнимая нас. Квартира маленькая, зато новая. Окрестные леса – дремучие. Отсюда так близко до Москвы, что не верится, как такая дикая девственная природа может существовать рядом с девятимиллионным городом.

На ужин у нас курица, здесь почти каждый день едят курицу. Ведь дядя Толик работает на птицефабрике.

Наша поездка в Москву длилась неделю. Я не могла дождаться, когда же мы отсюда уедем. Следующим пунктом назначения была Латвия. Мы ехали к маминому отцу Якову. Он жил в городе Даугавпилс, недалеко от Риги, столицы Латвии. После прибытия в Ригу на самолете, мы сели на поезд до Даугавпилса. Яков встречал нас на станции.

Он хоть и приходился мне дедушкой, оставался чужим человеком. В его присутствии я очень стеснялась и обращалась к нему на «вы», а не на «ты». Я не была в Даугавпилсе много лет и не видела Якова с тех пор, как он приезжал в Баку, а это было много лет назад. Он не производил приятного впечатления, и я побаивалась его.

Воспоминания о Даугавпилсе были смутными, но некоторые эпизоды запечатлелись очень живо, как если бы происходили вчера. Лучше всего мне запомнились озера и леса. Многоквартирный дом, где жил дед Яков, находился метрах в ста от девственного леса, который изобиловал грибами, малиной, черникой и другими съедобными растениями. Я помнила, как мы с папой и мамой часами бродили по нему, добираясь до отдаленного озера на том конце леса, где росли лилии, и водилась рыба. Мне нравились пикники в лесу и купание в любимом пруду на другой стороне улицы напротив дома. Вдоль улицы были посажены яблоневые деревья, и люди были дружелюбны.

Стояли белые ночи, потому что в Латвии, которая находится далеко на севере, летом не темнеет. В ночные часы было всего лишь сумеречно. Соседские дети и я играли в прятки, пока наши мамы из окон и с балконов не звали нас бежать домой.

Папа много фотографировал меня там.

Я обожала бегать за несколько кварталов в пекарню за хлебом, который очень отличался от нашего. Люди говорили по-латышски и немного по-русски.

Полевые цветы и коровы – их было в избытке.

Теперь Якову за семьдесят. Он высок, строен и лысоват. Его поведение и манеры не соответствовали сложившемуся у меня образу обычного семидесятилетнего армянского дедушки. Он играл в волейбол за спортивные клубы и вел очень активный образ жизни. Жил в свое удовольствие, один в двухкомнатной квартире, с кухней, ванной комнатой и душем.

Со мной, как с ребенком, он обращался строго. Мама объясняла это тем, что он непривычен к детям. Он не знал, как себя вести с ними, и я никогда не признавала его дедушкой. Как только мы приехали к нему на квартиру, он разместил нас в своей спальне. Мама, Миша и я спали вместе на большой постели. Яков радовался нашему приезду, главным образом, потому, что соскучился по домашней еде.

В Даугавпилсе мы проводили время в местах, знакомых мне еще шесть-семь лет назад. Я рвалась побывать там снова, чтобы убедить себя в том, что эти места реальность, а не детская фантазия.

Соседские дети стали подростками, а многие уехали. Лес был все такой же густой, но уже не дремучий. Мое любимое озеро было запущено и превращено в свалку. Яблони сохранились, их ветви гнулись до земли под урожаем сочных плодов. Не изменился только Яков. Он обрадовался, узнав, что я играю в волейбол.

Долгими вечерами мама рассказывала ему о ситуации в Азербайджане. Он сказал, что ему все известно из новостей и притушенных, бесстрастных разговоров со старыми друзьями. Мама ожидала от него адекватной реакции, но ее не последовало.

Она продолжала рассказывать и спросила, могли бы мы переехать в Латвию и пожить с ним несколько месяцев, пока не встанем на ноги и начнем новую жизнь.

«Нет!»,- возмущенно сказал Яков. Он сказал, что всегда недолюбливал папу, особенно после одного разговора много лет назад, когда папа признался, что сомневается в идеях Ленина и в целесообразности ввода советских войск в Чехословакию, в котором, кстати, папа участвовал. Яков был коммунистом со стажем, преданным идеям марксизма-ленинизма, а папа никогда не состоял в партии. Яков заявил также, что предпочитает жить один, хотя было хорошо известно, что его сын и мамин брат Александр с семьей после отъезда из Баку жили у него бо́льшую часть года, да и, вообще, когда им хотелось.

Яков всегда отдавал предпочтение своему сыну Александру, а не маме – я это чувствовала еще ребенком.

Реакция Якова раздосадовала маму. Мы должны были уехать из Даугавпилса. Он прогонял нас, нисколько не обеспокоенный опасной ситуацией в Баку и судьбой дочери и внуков. Рано утром, до восхода солнца мы пошли на станцию. Яков провожал нас. Когда поезд тронулся, медленно набирая ход, я на прощание помахала ему, а мама – нет.

Через несколько часов мы оказались в объятиях прекрасной Риги, столицы Латвии. До нашего рейса в Баку оставался почти целый день для прогулок по Риге, которую мама очень любила. Мы сдали наш багаж в аэропорту и решили посмотреть Ригу. Мама хорошо знала город, который был и похож, и не похож на Баку. Рига такой же, как Баку, старинный город, но построенный в ином архитектурном стиле, с явным преобладанием средневекового колорита, с непривычными для меня зданиями с высокими коническими крышами. Мы поели в латвийском ресторане и гуляли по городу, пока не настало время ехать в аэропорт. Полет длился то ли четыре часа, то ли пять. В Баку мы прибыли поздно вечером. Нас встречала бабушка, и мы вместе приехали домой к папе, который не хотел показываться в людных местах.

До школы оставалось несколько дней. Я провела их на воздухе, стараясь впрок насладиться солнечными лучами и пряным ночным воздухом.

ГЛАВА 11

Азим со мной не разговаривает, а для Тунзалы и Гюльнары я враг номер один. Виля – ни то, ни се. Солдаты, которые перекапывали нашу улицу, полностью отремонтировали ее и уехали. Папа рассказывает, что за тот месяц, что нас не было, ситуация ухудшилась еще больше. Нам опасно оставаться здесь, очень опасно. Мы должны уехать немедленно, если не хотим погибнуть. Мама согласна, ведет телефонные переговоры – мы переезжаем в Ереван. Мы вернулись в Баку только для того, чтобы снова уехать.

Учебный год начинается 1 сентября, и я с опаской появляюсь в нашем VI «А» классе, в котором нас было 32 ученика, начиная с 1 класса, а осталось 18. В VI «Б», «В» и «Г» классах – та же картина. Учительница английского языка, русская по национальности, которую так любила Лусине, уехала первой. Все учителя-армяне уехали, в том числе и моя учительница математики.

Бабушка провожает меня в школу, а мама и папа упаковывают чемоданы, откладывая вещи, которые мы не можем вывезти с собой. Мама сообщает директрисе, что уходит с работы. Директриса-азербайджанка спрашивает маму:

– Почему?

Она явно притворяется, что не имеет ни малейшего понятия о происходящем! Во избежание неприятностей мама просто говорит ей, что мы эмигрируем в Америку.

Я делюсь новостью с одноклассниками. Лусине начинает плакать. Емеля недоумевает. Она пытается выглядеть огорченной, но безуспешно. Я собираю все адреса учителей и одноклассников. Когда я говорю, что мы, наверное, поедем в Америку, большинство изумляется и желает удачи. Но не все. Они просят писать им письма. Азим робко, не глядя мне в глаза, протягивает мне свой адрес.

День вылета быстро приближался. У нас билеты на вечер 18 сентября. Готовясь к отъезду из Баку, на фоне ухудшения ситуации мама и папа пытались убедить Вилину маму Жанну тоже подумать о том, чтобы уехать. Она и ее мама Лиля отмахивались, уверяя, что с ними все будет в порядке.

– Конфликт уляжется,– говорят они,– к тому же, нам некуда ехать.

Из разговора родителей, которые пытаются унять мое беспокойство, я понимаю, что наша поездка в Армению не навсегда: мы собираемся уехать ненадолго, пока все не утрясется. А затем, может, через несколько месяцев, мы вернемся. Это меня обнадежило и даже воодушевило, как всегда бывает перед таким приключением, как путешествие.

К 17 сентября все было готово. В этот день папа, наконец, поставил меня в известность, что не летит с нами. Ему предстояло сперва завершить большой заказ. Речь шла о серьезной сумме денег, которая пригодится нам на первых порах на случай безработицы в Армении. Его начальник не собирался оплачивать ему частично выполненный заказ. Все или ничего. Чтобы с ним расплатились, папа должен закончить заказ и остаться в Баку. Я заплакала, обеспокоенная его безопасностью, но, главным образом, из-за себя – я буду скучать по папе.

Утром 18 сентября мама отпустила меня в школу попрощаться с классом. Рейс был только вечером.

Я просидела первые часы на уроках. Лусине попросила меня посидеть с ней за одной партой и ни на минуту не выпускала меня из поля зрения. Учителя, редко допускавшие изменения в рассаживании учеников, не стали возражать из-за одного дня.

Мне не сиделось в то утро на уроке: атмосфера была гнетущей, и я с трудом ее переносила. Я терзалась мыслями о том, закончила ли мама собирать чемоданы и станут ли меня ждать для упаковки моих вещей, если я опоздаю домой из школы. Я волновалась. Наконец, во время геометрии, когда наша новая учительница, заменившая учительницу-армянку, объясняла у доски равнобедренные треугольники, я встала и решительно вышла из класса. Я помахала через окошко в двери плачущей Лусине. Перед выходом я написала ей записку, приглашая к нам домой вместе с Емелей после школы. Мне не хотелось прощаться с ними вот так. У меня сердце кровью обливалось. Всю дорогу до дома я бежала в слезах.

Вернувшись домой, я занялась упаковкой тетрадей и школьных принадлежностей; стала собирать свой портфель, чтобы отвлечься от беспокойных мыслей. Когда все было собрано и ничего другого не осталось делать, я вышла во двор, посидеть под шелковицей в ожидании Лусине и Емели. Я очень хотела снова обнять Лусине.

Емеля пришла одна. Она сказала, что мама Лусине не пустила ее к нашему дому, потому что тут стало слишком опасно ходить. Я была подавлена: Лусине – самый важный человек в моей жизни, моя сестрица, подруга, неотъемлемая часть моей души, не придет меня провожать... *Ведь, кто знает, когда я вернусь. Я должна хотя бы обняться на прощание...*

Но и Емелю мне не хотелось обижать своим разочарованным видом.

Пока мы, стоя под деревом, тихо разговаривали, Емеля протянула мне свой любимый значок, который носила на курточке – небольшой, детский, но милый: изображение собачки с большими ушами. Мне стало совестно за то, что пренебрежительно относилась к Емеле. Она, и вправду, легкомысленная, но я была ее единственной подругой, которая поддерживала и наставляла ее, как старшая сестра. Теперь, когда я уезжаю, внезапно чувствую, как ее люблю.

Она уже собиралась уходить, когда во двор вошел Азим. Он был одет с иголочки. Я невольно улыбнулась, увидев его не в повседневной мятой и запачканной одежде. Странно было видеть его в приличной рубашке, модных брюках и обуви.

Мы перестали говорить при виде Азима, державшего руки в карманах и смотревшего на свои лакированные туфли. Он даже причесался.

Азим попытался заговорить со мной в классе, когда узнал, что я уезжаю. Гордыня и обида не позволяли мне разговаривать с ним после той боли, которую он мне причинил. Так что я по-прежнему его в упор не видела.

На одном из утренних уроков Азим даже написал мне записку, которую я вернула нераспечатанной. Он написал другую. Эта привлекла мое внимание тем, что из нее выглядывал конверт с адресом в Узбекистане. Мой солдат, подумала я. Он дает мне его адрес. В записке Азим сообщал, что передает мне адрес солдата и все полученные от него письма. Я их тоже вернула и сказала, что они меня не интересуют. Какой смысл, думала я. Он так далеко, и я настолько его моложе. Он уже, наверное, меня забыл.

Но я не могла не отметить то, что Азим давал мне адрес парня, который мне нравился, в то время, как ему самому нравилась я. Это было странно, но по-доброму. И во мне вновь пробудились теплые чувства.

Азим медленно приближался, и я надеялась, что Емеля уйдет. Но она не и думала уходить; удобно устроившись на скамейке под деревом, она глазела на нас, из-за чего я чувствовала себя ужасно неловко.

Наконец Азим оторвал взгляд от своей обуви и посмотрел на меня.

– Тебе чего надо? – бесцеремонно спросила Емеля.

– Не твое дело.

Он не взглянул даже на нее.

– Емеля, пусть говорит,– прошептала я.

Он колебался, но потом сказал:

– Почему ты не попрощалась со мной в классе?

– Разве я должна прощаться с каждым в отдельности? Я попрощалась со всем классом сразу.

– Но не попрощалась со мной.

– Она не обязана с тобой прощаться, дурак! – вмешалась Емеля после долгого молчания.

– Прекрати! – прикрикнула я на нее. – Я сама за себя могу говорить.

– Да ты только глянь на него… разоделся в пух и прах.

Азим собрался уходить.

– Азим! – вскричала я.

Он побежал к воротам и завернул за угол, не замедляя бега.

Я закричала на Емелю:

– Зачем ты это сделала? Ты все испортила!

Я побежала за ним, но не знала, в какую сторону он направился. Я пошла к их дому, зашла во двор, позвала его. Ответа не было. Его балконная дверь, всегда отворенная, была заперта. Я звала до тех пор, пока слезы не застили мне глаза, а потом зарыдала.

– Он ушел.

Емеля стояла за моей спиной.

– Отстань!

Я отвернулась от нее и отправилась обратно. Не проронив ни слова, Емеля пошла домой.

Дома все занимались укладкой вещей и были слишком заняты, чтобы обращать на меня внимание. Я же плакала по себе и Азиму, по Лусине и Емеле, которая медленно брела домой в одиночестве. Скоро улетать, и опять в Армению.

Мы взяли наши чемоданы, которых на этот раз было гораздо больше, и вынесли наружу. Тунзала и Гюльнара смотрели на меня из окошечка в двери. Несколько озадаченные, они медленно вышли на площадку. Я радовалась, что они нас увидели. Теперь пришло время им уступить. Я не собиралась прощаться с ними первая. Это они должны прощаться. Мы вышли, а они так ничего и не сказали. Я обернулась и в последний раз увидела их изумленные лица. Мы проходили по двору, и соседи прощались с нами. Картина была такая печальная, что мне хотелось поскорее уйти оттуда. Я поцеловала папу на прощание. Он опять не проводил нас до остановки аэропортовского автобуса из-за своей слишком армянской внешности.

Стараясь не привлекать внимания, мы пешком поспешили на остановку. Нас провожала бабушка, которая помогала маме нести одну из сумок и вела за руку Мишу.

Мне показалось, что Баку посмотрел на меня и грустно вздохнул. Я посмотрела на Баку и прослезилась.

Автобус ехал по городу, а я гадала, когда еще мне доведется его увидеть. Может, самое большее, через несколько месяцев, думала я.

После возвращения из Армении, мы не часто выбирались в город. Я была поражена: улицы очень изменились.

Площадь Ленина, гордость города, стала заброшенным пустырем, утопающим в мусоре, грязи и саже, которые оставили после себя озверевшие толпы. Ремонт и расчистка шли полным ходом – даже дорожка к ступеням, ведущим в здание правительства и к пьедесталу памятника Ленину, была выжжена в нескольких местах кострищами фанатиков.

В аэропорту было полно народу. Казалось, тут собрался весь город. Мы встали в очередь и вскоре помахали бабушке на прощание.

– Я тебя люблю,– сказала я ей.

Она улыбнулась и поцеловала меня. Затем мой Баку исчез.

ГЛАВА 12

Ереван вновь распростер перед нами свои объятия. Тетя Эмма и дядя Миша ждали нас. Было радостно снова увидеть знакомые лица. Я соскучилась по ним, хотя рассталась с ними всего три недели назад.

Они взяли такси, и через час мы уже были у них на квартире, такой же гостеприимной, доброй и теплой. Здесь всегда было шумно, друзья всегда приходили и уходили, стол ломился от яств, лица светились улыбками. Теперь это был и мой дом.

Мы часто названивали папе, говорили кодированными фразами, и он не особенно распространялся о ситуации в городе. Он обещал поскорее покончить с заказом, который его задерживал. По его расчетам, на это должен был уйти месяц, и он собирался присоединиться к нам в октябре. Месяц показался мне долгим сроком.

Учебный год в Ереване уже начался. Мне было несколько боязно идти в армянскую школу, в которую ходили Армине и маленькая Эмма, и я попросила маму найти для меня русскую школу. Я была очень напугана.

Всю первую неделю в Ереване я писала письма в Баку. В конце на столе образовалась стопка из тридцати писем. Я вручила их тете Анне, чтобы она отправила их по дороге на работу. Она рассмеялась, увидев такое количество конвертов, я же сказала, что у меня много друзей.

Пока я сидела дома, мама решала проблему с моей школой. Школы в нашей округе, где жила тетя Эмма, ей не понравились. Тогда она поинтересовалась у папиной родственницы Алины, из известной в Ереване семьи, какая школа самая лучшая. Та сказала, что лучшая школа в Ереване – школа №132, и находится она в центре города. Оба ее сына – выпускники этой школы.

Посетив эту школу, мама ее одобрила и решила, что меня следует, не медля, туда определить.

В первый день в школу я надеваю свою форму и повязываю красный пионерский галстук, как от нас требовали в Баку, а если мы забывали галстук, нас отправляли за ним домой.

Не зная, на что похожи школы в Армении, я оделась «как полагается» или как требовали в Баку. Мама пошла со мной.

Мы спускаемся в метро, затем садимся в автобус, потом выходим из автобуса и идем вниз по улице, запруженной людьми, идущих кто куда под сенью высоких деревьев. Сворачиваем налево и идем мимо спортплощадки, небольшого пустого футбольного поля, и, вот, мы уже стоим у главного входа трехэтажного школьного здания – старого продолговатого сооружения на возвышении.

Мы заходим с главного входа и ищем кабинет директора. Мама беседует с директором, греком средних лет, и говорит ему, что она учительница и хотела бы подзаработать на замене или преподавании. Она разговаривает негромко, директор записывает мамин телефон. После того, как я прощаюсь с мамой, какая-то женщина забирает меня, ведет на третий этаж и сообщает, что я буду учиться в VI «Г» классе. В коридоре верхнего этажа, куда мы пришли, беснуется неуправляемая толпа детей. Я вспоминаю Баку, и мне вдруг становится так тоскливо, что готова расплакаться. Пусть меня заберут отсюда! Пусть заберут! Женщина представляет меня группе девочек. Неожиданно на меня нападает несвойственная мне робость, и я боюсь заговорить. В коридоре повсюду слышна армянская речь. Меня это удивляет, потому что это русская школа.

В нашей школе в Баку было много азербайджанцев, говоривших дома по-азербайджански, однако в школе они не смели говорить на нем.

Девочки заговорили со мной по-русски со знакомым мне акцентом, который напомнил мне бабушку Тамару. Он мне полюбился, и я с удовольствием вслушивалась в каждый его звук. Заметив, что никто не носит красный галстук, я сняла свой и спрятала в портфель.

Первый урок – химия. Мне понравилась учительница, немного похожая на ту, которая была у меня в Баку. Затем мы пошли в кабинет русского языка, и эта учительница мне тоже очень понравилась. Ей было за шестьдесят, она была маленькая и остроумная, но я поняла, что в классе никто не принимал ее всерьез. Позже я узнала, что она – классный руководитель, и все не могли дождаться, когда она уйдет на пенсию. Когда она задала мне вопрос, я встала, как нас учили в Баку, чтобы ответить. Она была в восторге и сказала всем, что вот так и полагается себя вести: ученики должны вставать, когда отвечают на вопросы. Никто особого внимания на нее не обратил. Мне было достаточно и дня, чтобы понять: эта школа не такая строгая и дисциплинированная, как моя в Баку.

Следующий урок – география. Перед началом урока, девочки предупредили меня, чтобы я следила за своей речью и поведением. Урок начался. Вошла учительница. Она была прилично одета, волосы черные, короткие. Ее лицо выглядело моложавым, но при ближайшем рассмотрении оказалось, что это благодаря макияжу. Ее кожа напоминала мятую бумагу. Уголки рта были опущены к подбородку, что делало ее похожей на злюку.

Ее шаги гулко звучали, и никто не осмеливался ни шевельнуться, ни пикнуть. Книги и тетради были аккуратно сложены на каждой парте, а на лицах учеников застыло выражение «счастья». Когда она подошла к своему столу, тишина стала невыносимой. Даже в Баку никому не удавалось так держать в руках весь класс.

Она взяла классный журнал, открыла и уставилась в него.

– Кто это? – ткнула она в меня почти с отвращением.

Никогда я еще не слыхала такого надменного голоса.

– Это Анна,– сказала Карине, староста класса, девочка с короткими черными волосами.

– А, понятно, Анна Аствацатрян,– она посмотрела на меня, как мне показалось, со злобной улыбкой.

– Нет... Анна Аствацатурова,– ответила Карине еле слышным шепотом .

– Аствацатрян! – гаркнула учительница. – Мы сделаем из нее армянку!

– Я и есть армянка,– привскочила я с места.

Но мой голос изменил мне. Она едва услышала меня.

– Что она сказала? – спросила она мальчика за первой партой.

– Она... ничего не сказала,– ответил он, отводя от меня взгляд.

У него были добрые глаза. Девочка, сидевшая рядом со мной, потянула меня за рукав и слегка покачала головой, давая понять, чтобы я помалкивала.

Я готова была расплакаться. Моя фамилия – Аствацатрян, была без сомнения армянской. Поскольку армянское окончание «ян» для азербайджанцев звучало вызывающе, дедушка Миша изменил его на «ов». И, несмотря на то, что «Аствацатур» – армянское имя, означающее «богоданный», азербайджанцы на это не обращали особого внимания. Они смотрели только на окончание, до остального им не было дела.

Как она смеет, думала я, готовая вскочить и выбежать вон из класса. Она, казалось, гипнотизировала своим голосом весь класс, лишая, каждого его индивидуальности, не позволяя осознать себя как личность. Я тут же решила, что ни за что не позволю ей мной понукать.

Когда урок был окончен, Юлия, девочка из моего класса, сказала мне с усмешкой, что фамилия у этой учительницы оканчивается на «ова», а не на «ян». «Какое лицемерие»,– подумала я, придя в еще большую ярость. Я хотела вернуться в класс и сказать, что нехорошо запугивать детей, лишая их индивидуальности, пусть даже на время уроков. Я хотела сказать ей, что я – истинная армянка.

Одним из последних уроков была алгебра. Когда учительница вошла в класс, мне почудилось, что она ангел – редкой красоты – голубоглазая рыжеволосая женщина средних лет, с фигурой и осанкой молодой девушки. Я до сих пор помню ее имя – Аида Оганесовна Мкртчян. Здесь, как и в Баку, к учителям обращались по имени-отчеству, поэтому мы звали ее Аида Оганесовна.

Она поздоровалась со мной и спросила, откуда я и как мне понравился Ереван. Все еще не оправившись от шока, пережитого на уроке географии, я была обескуражена ее доброжелательностью и красотой. Кажется, весь класс был в нее влюблен.

Мой школьный день закончился в 2:30 пополудни в пятницу.

– До понедельника,– сказала девочка из моего класса и помахала рукой.

– Разве мы не учимся в субботу? – удивилась я.

– Нет,– сказала она.

– О! А у нас шестидневка.

– Неужели? Ничего себе!

Мы попрощались, и я вышла навстречу яркому сентябрьскому солнышку. Мама дожидалась меня на школьном дворе. Мы поехали домой.

Сентябрь уже заканчивался, а я все еще была единственной ученицей из Азербайджана в моем классе. Меня называли беженкой. Это было новое, но теперь постоянно встречавшееся в моем словарном запасе слово. Мой армянский продвигался медленно. Меня определили в обычный класс армянского языка для шестиклассников, но дали учебник первого класса. Я учила азбуку, но учителя дальше этого учить меня не стали. А вот учительница английского языка оказалась строгой. Она относилась ко мне иначе и оценки ставила строже, чем другим. Когда я спросила почему, она ответила:

– Потому что ты училась в английской школе. Тебе следует учиться лучше, чем ты учишься сейчас. Твоя работа не отличается какой-то особенностью от остальных. В твоей работе я не вижу ничего исключительного.

Через две недели после начала занятий маме позвонил директор школы и попросил заменить учителя рисования, который пошел воевать в Нагорный Карабах. Она начала преподавать рисование в I-VI классах, пока он был на войне. Найти работу было просто чудом, и мама работала не покладая рук.

Аида Оганесовна нравится мне все больше и больше. Я люблю, как она объясняет задачи и теоремы по геометрии. Должно быть, с ней легко говорить обо всем. Я это интуитивно чувствую, но говорить с ней на какую-либо тему стесняюсь. Мне не с кем поговорить.

Многие мальчики в моем классе симпатичные, и некоторые со мной разговаривают, но я пока смущаюсь, отчего и не поддерживаю разговор.

Не могу дождаться, когда я снова увижу папу. Он приезжает в октябре. Я очень по нему скучаю.

Наступает октябрь, и приезжает папа. Тетя Эмма открывает дверь и с радостными возгласами обнимает папу с его тяжеленными чемоданами. Слышу, как мама бежит по коридору. Эмма уступает ей место, чтобы и она обняла и расцеловала папу.

– Дайте же войти, а то уроню эти чемоданы себе на ноги, – смеется он.

Теперь уже я прыгаю и бросаюсь папе на шею. Мама плачет. Маленький пятилетний Миша смотрит на нас в недоумении. Когда же до него доходит, кого я целую, то он принимается прыгать и хлопать в ладоши.

Тетя Эмма говорит, вытирая слезы:

– Пусть войдет и присядет, он так устало выглядит!

Кажется, никто не хочет выпускать папу из своих объятий. Миша топает за ним по пятам и лопочет что-то одновременно со мной. Мама – на вершине счастья.

После еды и небольшого отдыха папа рассказал нам, что происходило в Баку после нашего отъезда. Все и грустили, и радовались одновременно. Радовались, потому что папа цел и невредим, рядом с нами.

– Мне пришлось работать до самого последнего дня. На работу я ходил пешком, потому что автобусы перестали ходить из-за бесконечных демонстраций, наводнивших улицы.

Я представила мои улицы – злобные и враждебные. Он продолжал:

– Потом ходить пешком стало опасно, а на работе требовали, чтобы я закончил заказы. Я сказал, что не собираюсь из-за этих заказов рисковать жизнью, и они согласились возить меня на работу на своей машине.

Папа продолжил:

– Помните, как они носили на голове красные повязки?

Мы кивнули, и я вспомнила, как брат Агазамана выпендривался передо мной в такой вот повязке.

– Когда я шел на работу пешком, я обычно смешивался с толпой демонстрантов,– рассказывал папа.

Мы изумились:

– Значит, ты ходил среди этих зверей?

– Да, я носил свою старую кепку и, когда мне на пути попадались демонстранты, доставал из-под кепки красную повязку, чтобы они приняли меня за своего.

– О, Боже! – От изумления тетя Эмма всплеснула руками.

– Так ты участвовал с азербайджанцами в антиармянских демонстрациях? – допытывалась я.

– Да! – ответил папа.

– Страшно было? – спросила я.

– Еще как!

– Забавно! У тебя под кепкой была спрятана красная повязка? – засмеялась я.

Тетя Эмма грустно улыбнулась:

– Только армянин мог до такого додуматься,– сказала она.

– По указке начальства, чтобы внушить мне страх, они нарочно возили меня с работы и на работу сквозь толпу демонстрантов. Когда настала пора увольняться, и нужно было забрать свою трудовую книжку, чтобы поступить на работу в Ереване, мне сказали, будто ее в нашем учреждении нет, что она почему-то находится в каком-то правительственном здании, и они меня туда отвезут. Это было самое настоящее осиное гнездо, кишащее демонстрантами! Там был пропускной пункт. Здание находилось в кольце русских солдат и беснующихся демонстрантов. Я был уверен, что мне – конец.

Папа на мгновение замолк и вздохнул. В комнате воцарилась мертвая тишина. Он продолжил:

– Русские остановили нас на пропускном пункте. Они заглянули в машину и ахнули от изумления, увидев в ней невредимого армянина! Нас пропустили, и мы заехали на пустующую стоянку. Там, в будке, люди, с которыми я приехал, встретились с двумя внушительными азербайджанцами и, оглядываясь на меня, стали о чем-то говорить. Затем мы все снова вернулись в машину и поехали обратно ко мне на работу, где и, чудесным образом, нашлись мои документы. Мне кажется, они просто собирались меня убить, но не решились из-за русского пропускного пункта. Не понимаю, как я остался жив.

Папа продолжал:

– Меня, как и всех армян, уволили в тот же день. Нора все еще там. Они обвиняют ее то ли в какой-то растрате, то ли в мошенничестве.

– Надеюсь, она скоро оттуда выберется,– сказал озабоченно папа о своей сестре.

❖❖❖

В конце октября в Армению снова приехал дядя Новик. Он хотел поехать в Джермук и навестить своих, также повезти им денег и гостинцев из Москвы. Он предложил мне поехать с ним. И в выходные мы отправились на автовокзал.

Оказалось, все билеты проданы. Мы взяли такси. Новику пришлось платить по 30 рублей за место.

Мы прибыли в Джермук за три с половиной часа. В горы пришла осень, зелень сошла на нет, они теперь – яркожелтые, оранжевые и багровые. Воздух прозрачен, прохладен. Все ждут снега. Новик говорит, что здесь очень красиво, когда идет снег. Я очень взволнована, потому что в Баку снега почти не было. Я пробыла там два дня, отлично проведя их с кузинами. Однако снег так и не выпал. Утром мне предстояло уезжать. Новик разбудил меня, и я увидела из окна сверкающее чудо.

Огромные горы превратились в пушистых белых барашков. От белизны слепило глаза. Я была заворожена заснеженными горами Армении. Жаль, что не могу остаться и наслаждаться ими. Нам пора возвращаться.

Грустно покидать сестренок. Когда мы уходили, они еще спали, и я поцеловала каждую из них в щечку. Младшие спали, а старшая проснулась и обняла меня.

Когда мы вернулись в Ереван, я с трудом узнала папу. Он был бледный как смерть, исхудавший и седой. У него пропал голос, и он почти не вылезал из постели. Он увидел меня и улыбнулся. Мое лицо выдало мой страх. Мне сказали, что у него тяжелая дыхательная инфекция. Многие родственники подумали, что папа умирает от рака. Другие считали, что это – последствие стресса и напряжения, пережитых во время погромов в Баку. Папа тихо лежал и только время от времени улыбался мне. Его глаза обнадеживали меня, вселяли уверенность, что все будет в порядке, но он был настолько слаб, что даже не мог обнять меня.

Папину болезнь усугубила еще и работа в полуподвальном этаже дома тети Наты. Она тоже приходилась сестрой бабушке Тамаре. Тетя Ната жила в Канакере, пригороде Еревана.

Папа ремонтировал небольшую комнату в полуподвале дома тети Наты, чтобы мы туда могли вселиться. Квартира тети Эммы становилась перенаселенной. В квартире из двух спален жило семеро членов ее семьи, да еще нас четверо. Я была рада, что у нас будет своя комната. Папа сказал, что по сравнению с тем, в каком состоянии была эта комнатка, теперь она выглядит отменно. Он почти закончил работу, и тут заболел.

Шли недели, и, к удивлению некоторых, папа не умер. Он выздоровел и продолжил ремонт. К ноябрю 1989 года мы могли переехать. До того, как папа привел ее в порядок, я там ни разу не была, и мне было любопытно взглянуть на наш «дом». В Ереване уже выпал снег, когда мы начали перевозить свои вещи на такси. Но, несмотря на снег, было не очень холодно.

Дом тети Наты был грандиозным старым сооружением, возведенным в конце 1940-х годов. Когда мы вошли в ворота, я огляделась и увидела темный двор, множество лестничных маршей, дверей и входов.

– Мы – шестая семья, которая здесь поселится,– сказала мама.

Мы увидели три ступени, ведущие вниз к широкой деревянной двери со щелями и дырами. Ее красили и перекрашивали несколько раз. В потемках она показалась мне зеленой.

Каменные ступени были грязными. Когда папа открыл дверь, она страшно заскрипела. Внутри было темно. Когда включили свет, передо мной возник длинный узкий коридор, который напоминал мрачный, поскольку от света было мало толку, застенок. Стены были из голого камня, и когда дверь отпустили, она захлопнулась с грохотом, который издает дерево, упавшее на камни. Слева находилось небольшое пространство без дверей. Здесь стоял шаткий стол, засыпанный песком и мусором. Мы миновали два таких же помещения и уперлись в конец коридора. Мне хотелось плакать, но я прикусила губу и пошла вперед. Коридор повернул направо. Эта часть была хорошо освещена и, в отличие от грязных деревянных полов, покрыта чистым линолеумом. Сбоку – свежевыкрашенная зеленая дверь. Когда мы вошли, я уже не сомневалась, что это и есть наша комната. Ее размеры были четыре на пять метров, не более. В комнате светло, есть оконце, из которого виден только тротуар. Комната тесная. Места хватило лишь для родительской кровати, двух раскладушек, стола и маленького холодильника. Стол такой маленький, что за ним едва умещались два человека. Все молчали. Мама вздохнула.

Но зато это наша комната, и я была счастлива. Папа сделал ее чистой и уютной. По сравнению с остальной частью полуподвала здесь был просто рай. Папа оклеил стены белыми обоями в голубой, розовый и желтый цветочек. Он отшкурил и выкрасил старые деревянные полы бордовой краской, поставил дровяную печь с широким дымоходом, который проходил сквозь стену. Купил и навесил дверь с замком. Квадратная ниша в стене имела поручень, на который мы вешали одежду.

– Папа потрудился на славу,– сказала мама.

Папина и мамина кровать была старьем, от которого родственники избавились, спустив его в подвал. Ей было не меньше тридцати лет, сетка и матрас продавлены. Складные кровати для меня и Миши мама получила от школьного завхоза, они использовались в летних лагерях. Завхоз от своих щедрот также выделил маме старые книжные полки. Столик, два стула и крошечный холодильник пожертвовали родственники.

Мы позаимствовали небольшую электроплитку – готовить еду в одной из боковых комнат или на полу в коридоре. Посуду мыли в тазу с разогретой водой. Туалет – небольшое отдельное помещение, находился во дворе.

Туалет и душевая не отапливались, и стены грязного сооружения заиндевели. Когда я ходила в туалет, то, несмотря на озноб и колотун, иногда любовалась тонкими причудливыми узорами изморози на стенах. Я воображала себя во дворце Морозко. Для принятия душа требовались дрова на растопку, и чтобы сэкономить их и не продрогнуть в душевой, мы грели воду и мылись в нашем подвале, а поскольку дров у нас не было, душ мы принимали редко. Если удавалось сходить в душ раз в неделю, это считалось большой удачей.

Мама показала мне, как мыть одежду в тазике в подвальном коридоре. Я уже знала, как стирать одежду руками, потому что этому меня научила бабушка в Баку. Там я с удовольствием мыла и полоскала свою одежду и вывешивала снаружи. Мне нравился запах чистого льняного полотна и хлопка. Но здесь все было иначе. Мы стирали свою грязную одежду в едва тепленькой водичке бруском хозяйственного мыла и вывешивали в коридоре. Никакого запаха свежести.

Раз в неделю в нашей тесной подвальной квартире мы устраивали уборку, тщательно надраивая полы. Мама научила меня, как пользоваться тряпкой из мешковины: в коридоре я окунала тряпку в ведро и прилаживала к швабре. Я выжимала тряпку, терла пол и начинала все снова. Мои руки краснели от холода, но у мамы не хватало терпения на мои жалобы.

Дров не было, а нужно было поддерживать тепло. Камо, муж тети Наты, снабжал нас дровами, но их не хватало. Зима оказалась суровее, чем мы ожидали, и холоднее, чем те, к которым мы привыкли в Баку. Температура была низкой, сугробы глубокими, а снег все шел и шел. Мама научила меня, как прямиком добираться в школу из Канакера – на автобусе №27.

Дом, в котором мы жили, стоял на холме, а остановка автобуса находилась у его подножия, и туда нужно было спускаться по крутому склону. Обычно дорожка была скользкая. Мы все время падали и, если ударялись несильно, то смеялись друг над другом. Автобусы ходили нерегулярно. Бывало, их приходилось ждать целый час. Если я опаздывала в школу, ко мне относились с пониманием, потому что условия становились невыносимыми.

Папа нашел работу на небольшой частной фабрике по выделке хрусталя, где он изготавливал хрустальные люстры и винные бокалы. «Заводик» находился в доме, который принадлежал бывшему олимпийскому чемпиону по боксу из Армении. С рассвета до полудня папа прессовал раскаленный хрусталь в своем цеху, где я его несколько раз навещала. Там стоял шум, поэтому папа всегда жестом приглашал меня выйти – там было небезопасно. Труд этот был изнуряющим, и после прессовки хрусталя папа всегда приходил усталым и грязным. Мама работала в школе во вторую смену. Она смотрела за маленьким Мишей утром, а папа – днем, до моего возвращения из школы.

В декабре мы, кажется, приспособились к жизни в нашем полуподвале. В канун Нового года приготовили наше традиционное блюдо и отметили наступающий 1990 год в нашем крохотном жилище. В Советском Союзе празднование Нового года было самым большим праздником, и мы, обычно, не ложились до трех-четырех часов ночи, смотрели по телевизору концерты, ели и веселились. Но в этом году все было иначе. Телевизора у нас не было – стало очень скучно и грустно. Ната и Камо без особого энтузиазма пригласили нас всего на несколько часов к себе наверх.

Я гадала, что он нам принесет или вернет: в моей памяти все чаще возникал Баку. В 1990 году я наверняка вернусь в Баку, думала я. А пока я радовалась, что моя семья рядом, все в безопасности и более или менее в тепле, была рада находиться со своими земляками.

ЧАСТЬ **3**

1990 год

ГЛАВА 13

Зима выдалась холодная. Горы скрылись под толстым слоем снега.

Автобусы вели себя непредсказуемо. Однажды январским утром я стояла на автобусной остановке, и уже опаздывала в школу: было 8:30 утра. Падал снег. Воздух побелел и сгустился. Лицо и руки у меня покраснели и онемели. Мои большие белые сапоги хоть и были теплые, однако пальцы на ногах мерзли.

Автобус №27 не собирался показываться. Машины проезжали редко. Я стояла на остановке и думала, что никогда не попаду в школу, и уже собралась вовсе туда не идти.

На горных дорогах – затишье. Все так мирно и спокойно, что мне кажется, будто снежинки засыпают на моем пальто, шапочке и мостовой. Я отвернулась от горной дороги. И увидела глубокие ущелья, а еще дальше – сине-лиловые горы. Мне захотелось, чтобы они пробудились и стряхнули снег со своих спин.

Мои брови и ресницы заиндевели и побелели. Я смежила веки и стала колдовать:

– Приезжай же скорей, ну, пожалуйста, приезжай. Я не могу пошевельнуть ногами, ну, пожалуйста, приезжай!

Я ждала. Казалось, прошла целая вечность, когда услышала шум машины за поворотом. Это был автобус. Я улыбнулась. Лишь бы это был двадцать седьмой, а не четвертый, который даже не притормаживал на нашей остановке и был вечно набит битком. Я попыталась разглядеть номер на лобовом стекле. По мере его приближения все отчетливей был белый указатель. На нем красовалась четверка.

Когда он исчез за поворотом, мне все еще не верилось, что это номер четыре. Я смотрела ему вслед в надежде, что он вернется. Этого не произошло, и я почувствовала на щеках тепло от слез. Я поняла, что плачу.

– Прекратить! – приказала я себе.

Как же мне быть? Как же я попаду в школу? Уже девять утра. Я попыталась вспомнить время, когда я пришла на автобусную остановку, и не смогла. Может, в 7:30? Пропустить школу нельзя – будут неприятности. Я посмотрела на горы вдалеке в надежде на сочувствие седых, умудренных древностью, вершин.

– Эй! – вдруг услышала я.

Посреди дороги стояло пустое маршрутное такси, водитель которого опустил стекло и прокричал это самое «Эй!».

На вид ему было лет шестьдесят. Лицо небритое и сердитое. Я сделала шаг вперед и нагнула голову, чтобы лучше его разглядеть. Он помахал мне рукой.

– Что ты тут делаешь, девочка? Автобуса не будет. Видишь, какая плохая погода? Иди, подвезу до Площади, а оттуда пересядешь на другую маршрутку. В центре будет легче найти, чем здесь посреди ничего. Залезай!

В голове пронеслась мысль: «А если он извращенец какой-нибудь? Он меня изнасилует и убьет. Вон, какой злющий! Но ведь предложил подвезти… Иди, не заставляй его ждать! У него и в мыслях нет тебе причинить вред. Он же армянин».

Я побежала к микроавтобусу. Когда я зашла внутрь, он посмотрел на меня и сказал:

– Вай-вай! Ты только посмотри на себя! Ты же в сосульку превратилась!

Он коснулся ладонью моей щеки и включил отопление салона. По дороге, вниз с горы, покрытой снежным одеялом, я улыбнулась ему, он же посмотрел на меня взглядом заботливого дедушки и спросил, согрелась ли я.

Когда мы въехали в город, он повез меня туда, где сходятся все горные дороги, на площадь, окруженную красивыми высокими зданиями. Движение здесь безумное и беспорядочное. Он притормозил у одной автобусной остановки. Было полно народу и машин. Пассажиры спешили туда-сюда, разъезжаясь в различных направлениях.

– Ну, *джаник*,– сказал водитель. – Приехали. Теперь найди свой автобус или маршрутку и поезжай, куда нужно.

Увидев, как я покрасневшими пальцами протягиваю ему две монеты по двадцать копеек, он их оттолкнул:

– Не нужно, поезжай! – сказал он строго.

– Спасибо,– улыбнулась я и выпрыгнула наружу. Он помахал рукой, и маршрутка исчезла в потоке машин и автобусов.

Я оказалась в людском море; еле удерживаясь в скользской слякоти заснеженных тротуаров, пробегаю глазами по номерам автобусов: 13, 141, 2, 67... Я запуталась. На который сесть? Я знаю только № 27, который довозит меня прямо до школы. Я ищу на автобусном указателе «Проспект Комитаса».

Наконец, я замечаю название искомой улицы на одной маршрутке. Бегу туда и юркаю на заднее сиденье. Здесь тесно из-за пассажиров и сумок, зато тепло. Проспект Комитаса длинный, и я надеюсь, что маршрутка остановится близ нашей школы.

В заиндевевших окнах мелькают знакомые здания. Я счастлива. До школы остается четыре остановки, как вдруг машина поворачивает обратно. Я понимаю, что происходит, и встаю, чтобы водитель меня увидел и притормозил. Все почему-то странно на меня смотрят, когда я начинаю говорить, и только после того, как я выхожу, я понимаю, что это из-за моей русской речи! Мне все равно: я понимаю по-армянски, но говорить не умею.

Выходя из маршрутки, протягиваю водителю свои сорок копеек и соображаю, что мне делать дальше. Здесь я не найду своего автобуса. Значит, надо идти пешком. Пытаюсь собраться с мыслями. На четыре остановки уйдет минут двадцать. Я бреду со своим тяжелым школьным портфелем, набитым книгами по семи предметам. Снег почти по колено.

Я так замерзла, что уже не чувствую своей кожи, но стараюсь об этом не думать. Болят пальцы ног, я вся окоченела. Я перехожу на другую сторону улицы, где находится моя школа.

Когда я добралась до школьного здания, было 10:15. Урок на третьем этаже уже начался. Алгебра. Слава Богу! Она все поймет.

Аида Оганесовна выслушала мою одиссею, которую я поведала ей, чуть не плача, стоя в дверях кабинета математики. Остальные тоже слышат мою повесть. Многие начинают смеяться. Я оглядываюсь, смех звучит еще громче. Аида Оганесовна берет меня за руку.

– Не волнуйся, – говорит она.

Я начинаю рыдать.

– Но почему они надо мной смеются?

– Садись на свое место и не волнуйся.

Оставшуюся часть дня я пытаюсь согреться, но меня все равно знобит. Я слышу разговор учителей и понимаю, *в чем дело. Оказывается, школа не отапливается. Только теперь я замечаю, что вся школа, включая учителей, ходит в пальто, рукавицах и шапках. Нет топлива для обогрева помещений. Азербайджан перекрыл все нефтепроводы и газопроводы, идущие в Армению. Из-за этого машины не выходят на расчистку улиц. Полная блокада, созданная азербайджанцами, сказывается во всем, отражается на всех и вся.*

Автобусы ходят не всегда. Во всех школах, а также в квартирах холодно. Более или менее электричество подается предприятиям для выпечки хлеба. В домах электричество дают всего два часа в сутки. За эти два часа мы готовим еду, убираемся и греем воду, чтобы помыться и постирать.

Я получила несколько писем от некоторых своих одноклассников, большинство из них мне были безразличны. В одном письме – адрес Наташи Тараян, переехавшей в Россию. После некоторых раздумий я решаю написать ей. В письме я, в основном, излагаю факты, сильно не распространяюсь во избежание ее язвительных комментариев.

Я ждала писем от Лусине и Азима. Мое письмо Азиму передала бабушка, для его же безопасности. Но ответа нет. Бабушка переслала мне письмо от Лусине, которого я не могла дождаться.

Все три письма от Емели – пустые и бестолковые. Она, как без умолку болтает о том, о сем, так и пишет. В конце была приписка о том, что после моего отъезда Лусине проплакала целую неделю. Ее мама очень переживала, что не позволила ей попрощаться со мной. Но это было необходимо. Лусине больше не разговаривала с Емелей. Она замкнулась в себе.

Наконец, мне написал Азим. Он не ответил на мой вопрос, почему он удрал от меня, хотя ответ мне был и так известен. Его письмо было грубое и обиженное. В ответном письме я предупредила его, что, если он мне не напишет, я очень рассержусь. Я подтрунивала над ним, обращая все в шутку, но каждое написанное мной слово было полно печали.

В январе 1990 года я молила Бога, чтобы Азим ответил мне, надеясь, что он больше на меня не сердится. Грустно было терять друга детства, который всюду следовал за мной, всегда поддерживал меня, когда мне было тяжело. Я всегда думала о нем. Теперь, когда его не оказалось рядом, я вдруг осознала, как мне его не хватает.

Прошло больше месяца, после его письма. Я терпеливо продолжала писать ему через бабушку, которой рассказывала о своих переживаниях. Она только сообщила, что Азим больше не появляется в нашем дворе, и к Виле больше не ходит. Бабушка написала, что не знает, в чем дело, но я догадывалась, что она что-то от меня скрывает и с нетерпением ждала разгадки.

Школа стала холодной и неприветливой. Я почти никого не знала, хотя проучилась тут три месяца. Дети, кажется, сторонились меня, я же была слишком застенчивой, чтобы самой к ним подойти.

Я была единственной беженкой из Баку в нашем классе, но не единственной из Азербайджана В нашем классе был еще мальчик из Кировабада. Его звали Артур. В отличие от меня, он говорил и по-армянски, и по-азербайджански и чувствовал себя всюду в своей тарелке. Но я была из Баку, города огней, мультикультурного города, где все говорили по-русски. Он был родом из провинциального города, поэтому знал армянский и довольно легко прижился в ереванской среде, а я – нет, потому что я – «баквеци» то есть «из Баку», что во многих случаях звучало чуть ли не негативно.

К концу учебного года школа уже была полна детьми армянских беженцев. В коридоре было не протолкнуться. Теперь в каждом классе было по сорок учеников, и это считалось в порядке вещей.

В одно обычное морозное утро, когда мы стояли в темном и мрачном школьном коридоре, дожидаясь, когда учитель черчения откроет дверь в кабинет, я обратила внимание на ужасно худую и бледную девушку, робко прислонившуюся к стене. Она настороженно улыбалась, а Юлия, которая когда-то помогала мне освоиться, о чем-то с ней говорила, наверное, о школе. Девочка время от времени поднимала глаза на Юлию и улыбалась, чтобы дать понять, что она ее слушает, но по большей части ее глаза смотрели в пол или на обувь. Обеими руками она крепко сжимала портфель, словно защищалась им, от внешнего мира. Ее пальто было довольно изношенно и в пятнах, а школьная форма, несмотря на то, что сама девочка по комплекции была очень худой, казалось, была ей маловата. Ее прямые черные волосы спадали до плеч, а темные глаза были большие, армянские. Черты лица были тонкие, женственные – красивая девочка, но никто не замечал ее красоты из-за темных кругов под глазами.

Она кивала в такт словам Юлии. По тому, как она держала голову, по ее печальным глазам и осанке, у меня не было сомнений, что она из Баку. Дух моего родного города ощущался во всем ее существе. Я подошла и поздоровалась с ней по-русски, и она ответила на приветствие с характерным бакинским акцентом, по которому я так соскучилась и которого ни разу не слышала в этой школе.

Она, кажется, изумилась, услышав мое приветствие, хотела что-то сказать, но не справилась со своим волнением. Тут, наконец, подошел учитель. Как только открыли дверь, все, толкаясь и пихаясь, ринулись внутрь, а с ними и моя бакинка. На мгновение я потеряла ее из виду. Когда все угомонились, учитель усадил ее в первый ряд, справа от меня. Она стала озираться по сторонам, нашла меня и заулыбалась, словно что-то хотела сказать.

Во время урока ее представили всему классу – знакомьтесь, это Лиза. От избытка эмоций и переживаний, она не удержалась и, едва присев за парту, пулей вылетела из класса. Я тут же поняла, что Лиза настрадалась гораздо больше нашего, и сразу же стала заботиться о ней, как старшая сестра.

Наконец, когда урок был окончен, мы встретились в коридоре. Лиза привела себя в порядок и улыбнулась мне своими лучистыми глазами, и я почувствовала, что она сейчас испытывает. Мне хотелось обнять ее только за то, что она из Баку и что она здесь, где у меня никого нет.

– Как здорово, что ты из Баку,– сказала я.

– И я рада, что ты бакинка. Я сразу догадалась, что ты из Баку,– воскликнула она, и нам показалась, будто мы знакомы целую вечность.

– Как тебя зовут? – она нетерпеливо прикоснулась к моему плечу.

– Аня, но здесь меня зовут Анна; говорят, Аня звучит слишком уж по-русски – объяснила я. – Но ты зови меня Аней, если хочешь. А тебя как зовут?

– Лиза. Вообще-то я Элиза, но родители всегда звали меня Лиза.

– Хочешь, поедем домой вместе? – предложила я, перепрыгивая сразу через две ступеньки, спускаясь по лестнице в школьный вестибюль.

– Конечно! Я живу за проспектом Комитаса,– сказала она, поспевая за мной.

– Здорово! Я проезжаю по проспекту Комитаса на автобусе. Я живу в Канакере, в пригороде Еревана; долго домой добираться.

– На каком автобусе?

– На двадцать седьмом обычно,– сказала я.

– Я тоже на нем могу. Он останавливается у рынка?

– Да!

– Отлично, тогда мы можем всегда ехать домой вместе.

Я улыбнулась ей, а она – мне, и мы весело направились на автобусную остановку. На улице было холодно, но не так, как на прошлой неделе. Мы сели в холодную деревянную беседку на остановке, мимо которой мчался транспорт. Ждать пришлось долго, так как автобусы ходили редко, но это меня скорее воодушевляло, чем печалило. За это время она рассказала мне о себе, а я о себе. Ее повествование было куда страшнее моего, и мне даже стало совестно за то чувство облегчения, какое я почувствовала, узнав, что выпало на ее долю и миновало мою семью.

– У нас нет родственников в Армении. В России тоже близких родственников нет,– говорит она. – Моя мама наполовину гречанка, и все наши греческие родственники уехали в Грецию, так что нам некуда было деваться. Даже сейчас невозможно попасть в Грецию, да нас там и не ждут. Поэтому мы до последней недели оставались в Баку.

– Да ну? – изумляюсь я. – Вы были в Баку еще на прошлой неделе?

– Да. Ночью толпа дошла до нашей улицы. Они выбили дверь и вломились в нашу квартиру. Им откуда-то стало известно, что здесь живут армяне. Я была так перепугана! Мама громко кричала! Папа же ничего не мог сделать – он инвалид. Нас выгнали на улицу в одних пижамах и

146

нижнем белье, разрешили взять только паспорта. Потом они разграбили нашу квартиру. Нам казалось, они чего-то ждут. Было очень холодно. Я думала, ноги у меня заледенеют и отвалятся.

– И куда вы пошли? – я почувствовала, что из глаз у меня сейчас брызнут слезы.

– Какие-то чиновники увели нас на паром, на котором были сотни армян вроде нас. Они выгнали нас, чтобы нас не убили эти бандиты.

– Какой паром?

– Не знаю. Большой такой корабль, на котором мы пересекли Каспийское море и прибыли в Туркмению. Потом нас посадили на самолет и перебросили сюда.

– Не понимаю. Они везли вас на восток, чтобы потом вы летели через Азербайджан в Армению? Зачем? Разве они не могли просто перевезти вас из Азербайджана в Армению, с востока на запад? – я недоумеваю, и в моем голосе слышны нотки раздражения.

– Им нужно было избавиться от нас как можно скорее. Времени не оставалось. Беспорядки уже начались на нашей улице. Они разграбили несколько зданий в нашем квартале…

Она тяжко вздыхает и начинает кашлять, потом продолжает:

– На пароме было быстрее.

– Значит, вы приехали в Ереван без всего, в одних пижамах?

– Да.

– А откуда у тебя это? – Я показываю на ее одежду. – И где вы живете?

– Нам это дали в центре по приему беженцев и разместили в театре. Комната два метра на два и три метра в высоту.

– В театре? – восклицаю я.

– В небольшом районном театре. Он двухэтажный, и там много комнатушек, всяких грим-уборных, в которых поселили беженцев из Баку. Наша комната на первом этаже. Наша кровать еле-еле туда втискивается.

– У тебя есть братья или сестры?

– Брат служит в армии. Его призвали незадолго до событий в Карабахе. Он возвращается в конце года.

– А как же вы втроем спите в такой комнате? – любопытствую я, не осознавая, что это может ее травмировать.

Последовала пауза, и она заплакала, я же пыталась ее согреть в своих объятиях, чтобы нам обеим не замерзнуть на заснеженной улице.

– Мы стелим постель для меня на полу, а на кровати спят мама с папой.

Ее начинает знобить.

– Мы так хорошо жили в Баку; у нас была большая квартира, у папы – приличная должность инженера, … а теперь, посмотри на нас, мы живем, как собаки.

– Ничего теперь не поделаешь,– пытаюсь я утешить ее. – Все образуется. Господь все видит.

Она продолжает, взяв себя в руки,

– Еду готовим в коридоре. Туалет общий на десять семей. Моемся в общественной бане раз в неделю, если повезет. Все безнадежно!

Я не нашлась, что ей сказать, потому что она права. И все же, благодарение Богу, что у нас тут есть родня. Наконец, автобус подходит, и в автобусе в окружении незнакомых людей она успокаивается. Она выходит на пятой остановке, а мне остается – еще три. Я машу ей рукой, а она грустно смотрит мне вслед сквозь заиндевевшие окна. И она тут же растворяется в толпе. Всю дорогу домой я думаю о ней.

Придя домой, я принялась расспрашивать родителей о судьбе тети Норы. Я требовала, чтобы мне все рассказали. Без особого желания они поведали мне, что служебное расследование, которое задержало ее в Баку, скоро закончится. Нора съехала со своей большой квартиры, которую незаконно захватил ненасытный азербайджанец. Она не смогла ее продать и боится выходить на улицу из дома, где скрывается. Ее подруга-азербайджанка, рискуя жизнью, предоставила Норе убежище.

Когда я настояла, чтобы они рассказали мне еще что-нибудь, то они поведали мне о мамином брате Саше, который пришел в свою квартиру, чтобы продать ее, а там его поджидала в засаде шайка молодчиков-азербайджанцев. Они начали его избивать дубинками и чуть не убили, но он вырвался и убежал. Он попросил соседа спрятать его. Как ни странно, сосед- азербайджанец впустил его и спас ему жизнь.

Мои родители произносили слово «погром», которое я слышала раньше, но не подозревала, что оно применимо к моему родному городу. Все рассказы были ужасающими, но я испытывала несказанное облегчение от того, что мои родители ничего не скрывали от меня, чтобы у меня складывалась объективная картина происходящего.

Однако было еще много чего, что происходило в Баку, о чем мы не знали.

Время летело… Вот и зима прошла. Однажды мы получили письмо от бабушки, которая писала, что после нашего отъезда вокруг нашего здания несколько месяцев шатались подозрительные личности. Этим сообщением она предваряла другую историю, которую собиралась поведать нам. Однажды вечером, писала она, во время беспорядков и демонстраций во двор зашли пять-семь человек и направились в квартиру Вили на втором этаже. Они были вооружены дубинками, ударами которых сразу можно было прломить кости. А у других были ножи и палки.

Они вломились в квартиру Вили и стали избивать его бабушку прямо в коридоре. Это случилось вечером, и все происходило на глазах у Вили. Наша бабушка не знала, пострадал ли при этом Виля. Они не тронули его маму Жанну, которая была дочерью азербайджанца, и сама, таким образом, считалась азербайджанкой. Но у нее на глазах стали избивать ее шестидесятипятилетнюю мать. Никто еще не слышал таких леденящих душу воплей, какие вырывались у Жанны, когда она умоляла прекратить избиение своей мамы, которая уже была без сознания. А те не прекращали избиения. Жанна кричала и рвала на себе волосы, и пока одни держали ее, их дружки избивали пожилую женщину.

Подонки очень быстро удрали, когда Жанна умерла. Ее смерть была мгновенной и ошеломляющей. У нее случился сердечный приступ, разрыв сердца. Ее мама Лиля была искалечена, но осталась жива. А Жанна – необычайная красавица лет тридцати пяти с длинными черными волосами и большими жгучими глазами умерла.

Я онемела, когда узнала об этом. Эффектная Жанна всегда выглядела, как кинозвезда: римский нос, безупречный макияж, волнистые волосы, ноги как у Мэрилин Монро. Как же так? Меня чуть не стошнило, и я готова была кричать и рыдать.

Лиля попала в больницу в Севастополе, а про Вилю говорили, что он прячется где-то у родственника. Его отец, как всегда, где-то пропадает. Квартиру оставили в том же виде, в каком она была, когда умерла Жанна. Ее смерть испугала даже этих мерзавцев. Они удрали, ничего не прихватив с собой. В ее квартире имелись ценные вещи, каких не было ни у кого в нашем здании. Рахиба и соседка Катя уверяли, что будут присматривать за квартирой, а сами растащили все имущество Жанны за несколько ночей.

Мы ни минуты не сомневались, что это Рахиба донесла на Жанну и ее семью, чтобы прибрать к рукам ценные вещи из ее богатой квартиры. Дело не только в религии, не только в национальности или в лакомом куске земли, именуемой Карабах. Дело не только в национальной гордости и чести или расовом превосходстве. Вихрь событий поднял на поверхность всех подонков и отбросов рода человеческого. Мы страдали не только за то, что мы армяне, а также из-за того, что у нас были лучшие квартиры, роскошный чешский хрусталь, золотые ювелирные украшения, драгоценные камни, фарфор, немецкие елочные игрушки ручной работы, дорогая мебель, серебряные ножи и вилки.

Мы слышали похожие истории от родственников и знакомых, выехавших из Баку. Многие погибли во время погромов в январе 1990 года, и меня бросало в дрожь при одной мысли о том, что всего несколько месяцев назад это могло случиться и с нами. Бабушка писала, что в районном исполнительном комитете был составлен список армян с адресами, включая наш. Списое выдали погромщикам, чтобы они убивали армян на улицах и в их же собственных домах. Банды кровожадных негодяев выслеживали армян по адресам. Первой в списке армян нашего дома, составленном в алфавитном порядке, стояла девичья фамилия мамы – Адамян. Когда они пришли за ней, бабушка спряталась. Соседи сказали, что мама переехала, и они убрались.

Рахиба и Катя продолжали мародерствовать в квартире Жанны до тех пор, пока государство не конфисковало все, что еще не было разграблено. Вскоре мы узнали, что во время этих январских событий Горбачев объявил в Баку чрезвычайное положение и вернул танки и войска для восстановления порядка.

ГЛАВА 14

Мама и папа неделями не приходили в себя после того, что стряслось с Жанной и **Лилей.** Мама стала раздражительной и вымещала на мне свое зло не только словесно, но и физически: часто била меня, причем совершенно без причины, руками и всем, что попадалось под руку – по туловищу и голове, так что иногда оставались синяки. Я стала побаиваться ее. Наша семья погрузилась в необъявленный, но вполне осязаемый траур.

Когда мои родители оправились от потрясения, разговоры о Баку снова стали допустимыми. Мама, исполняя свои обязанности по дому, все повторяла голосом, полным слез:

– Сколько раз мы им говорили, чтобы они оттуда уезжали, а они не слушали, не слушали.

Мама приходила в ужас при мысли о том, что она могла стать первой жертвой в списке. Это навязчивое состояние зачастую приводило к ночным кошмарам.

Почта стала приходить реже. Бабушкины письма становились поводом для радости и грусти одновременно. Я неоднократно писала ей, как я скучаю по дому, а она отвечала, что лучше мне находиться в Ереване.

В конце января я получила толстый конверт с обратным адресом Емели. Толщина меня хоть и заинтриговала, но насторожила. Пару часов я разглядывала конверт, не рискуя вскрыть. Еще пару часов я разглядывала конверт и, наконец, решилась вскрыть его. Меня интересовало не содержание письма, а приложение к нему. Холодными трясущимися пальцами я искала еще один листок и нашла белую полоску, запрятанную в конверт. Я перечитала концовку Емелиного письма:

«P.S.

Азим передал мне это письмо для тебя, потому что его родители не разрешают ему писать тебе. Посылай ответ не на его адрес, а на мой, и я передам ему твое письмо».

В голове заметались мысли. Я взяла его письмо, открыла, и мое сердце забилось в груди. Вот оно:

«Дорогая Аня!

Извини, что не отвечал тебе так долго. Моим родителям не нравится, что мы пишем друг другу, потому что ты находишься в Армении, а я здесь. Я не могу смириться с мыслью, что никогда тебя не увижу. Я даже не хочу идти в школу. Я могу честно признаться тебе, что скучаю по тебе и устал пререкаться с родителями.

Прости меня за то, как я обращался с тобой последние месяцы перед твоим отъездом. Я сам никогда себе этого не прощу.

Но если ты не хочешь поддерживать со мной отношения, я пойму тебя после всего того вранья, что я наговорил тебе и про тебя. Просто знай, что я был и остаюсь твоим другом, и всегда буду любить тебя.

Всегда твой Азим».

Когда я закончила читать, лицо у меня раскраснелось. Папа с удивлением посмотрел на меня, и я поняла, что залилась краской. Я опустила глаза и отвела взгляд в сторону. Папа всегда догадывался, о чем я думаю. От письма, сердце учащенно забилось, в полуподвальной комнатушке мне негде было его спрятать. Перечитав письмо несколько раз, я бросила его в печку и смотрела, как пламя пожирает клочок бумаги, столь незначительный для всех, но важный для меня.

Я решила ответить сразу же. Обычно я собиралась с мыслями прежде, чем сесть за письмо, но на этот раз мои мысли были в полнейшем хаосе, и я принялась писать:

«Дорогой Азим!

Я думала, ты ненавидишь меня и не хочешь меня знать. Как ты мог заставить меня так думать? Знал бы ты, как меня взволновало твое письмо в конверте от Емели!

Реакция твоих родителей понятна, и я сожалею, что из-за меня ты оказался в неловком положении. Но все же мне хотелось бы поддерживать с тобой связь.

Об этом сейчас невозможно даже помыслить, но я хочу однажды увидеть тебя. Меня никогда не стесняло то обстоятельство, что ты наполовину мусульманин. Я очень сожалею, что наговорила тебе столько всего на эту тему. Мне ненавистно все, что происходит между Арменией и Азербайджаном и разлучает нас.

Я скучаю по нашему саду, его безмятежности и свежести. Здесь нет ничего подобного. Сейчас листва в нашем саду, наверное, опала, но я все равно по нему скучаю.

Пожалуйста, ответь мне как можно скорее. И не делай глупостей, ходи в школу, думай о своем будущем.

Помни, я всегда буду помнить о тебе, потому что я тоже люблю тебя. Твоя Аня».

Зимою школа по большей части была закрыта. В классах было невыносимо холодно, даже в пальто и в варежках. Невозможно было думать об уроках в таких условиях.

Дирекция не хотела подвергать пытке холодом учителей и учеников и распустила всех по домам.

Для обогрева нашей комнатушки нам нужны были дрова. Муж Наты – Камо давал нам немного дров, но этого не хватало. Когда дядя Миша узнал, что мы мерзнем, то сказал, что у него есть какие-то связи, и нам, как беженцам, выделили грузовик дров. Но Камо с Натой присвоили их и складировали у себя во дворе, а нам перепадали только какие-то крохи. И опять мы мерзли.

Чтобы разрешить проблему отопления, мама с Мишей совершали вылазки на ближайшие стройплощадки под покровом ночи, чтобы их не засекли. Они выискивали обломки досок в кучах битого кирпича, веток и грязи. Иногда я присоединялась к ним, но главным образом этим промышляли мама и Миша, а я стояла на стреме. Они отправлялись на поиски каждый день и рыскали в темноте. Мише нравились эти походы, несмотря на красные от мороза щеки и пальчики, он воображал себя то ли солдатом, то ли разведчиком.

С самого первого дня нашего пребывания в Ереване мы раз в месяц звонили бабушке. Мы ходили на почту, где был междугородний переговорный пункт, и всей семьей целый месяц припасали для него мелкую монету, чтобы можно было подольше говорить с бабушкой. На почте перед телефонными кабинами с белой выцветшей надписью «Азербайджан» или «Баку» собирались очереди, состоявшие из беженцев. Никто из коренных жителей Армении не звонил в Азербайджан.

На почте мама узнавала многих своих старых знакомых, случались полные слез и драматизма встречи. Каждый изменился по-своему. Мы все носили старую, изношенную одежду. Те, кто еще несколько месяцев назад выглядел моложаво, теперь поседели, стали утомленными, задумчивыми и грустными. Мешки под глазами стали характерной чертой беженца. Все ходили подавленные. Многим негде было жить, им повезло меньше нашего.

В феврале тетя Нора каким-то чудом вырвалась из Баку. Там она несколько месяцев скрывалась у друзей и не раз прощалась с жизнью, когда демонстранты проходили мимо их дома. Каким-то образом все обвинения, предъявленные ей злополучным заводом, были сняты, и ее отпустили. С Божьей помощью и при поддержке знакомой азербайджанки, она тайно проникла на военный аэродром и без происшествий вылетела из Баку в Москву, а оттуда – в Ереван. Можно без преувеличения сказать, что она была, пожалуй, одной из последних армянок во всей Азербайджанской республике.

Когда Нора только прилетела в Ереван, то на несколько дней остановилась у тети Эммы – единственной родственницы, которая переживала за Нору. Кроме нас и Новика, никто ей не позвонил и не навестил ее после всех злоключений. Придя в себя после стольких мытарств, Нора отправилась в Джермук – пожить в семье Новика, который работал в Москве и посылал денежные переводы, чтобы прокормить семью. Нора всегда жила с семьей Новика, и ей это было по душе. Одинокой женщине прожить одной было почти невозможно. Обществом это не принималось, кроме того было тяжело и материально. Она не смогла бы прокормить себя, и поэтому все незамужние женщины жили либо с родителями, либо в семьях своих братьев.

Ситуация у тети Эммы сложилась непростая. Дело в том, что мама не разговаривала с Норой лет пять, с тех пор, как мы переехали из семейной квартиры. Но я, как и все, чувствовала: мама рада тому, что Нора в безопасности и далеко от Баку.

Моя радость при виде смеющейся и живой-здоровой Норы омрачалась тем, что у меня не было вестей от Лусине. Как сложилась ее судьба, все ли с ней в порядке? Все мысли были зачастую всецело поглощены ожиданием письма от Азима. Когда холода прошли, и я вернулась в школу, было трудно не думать о Лусине.

Необычная девочка из Баку, которую я встретила в темном школьном коридоре на цокольном этаже, чем-то походила на Лусине. Мне хотелось познакомиться с ней поближе, а она хотела подружиться со мной. После уроков мы вместе шли к автобусной остановке и со временем, проведя много часов то за серьезными разговорами, то за легкомысленной болтовней, сблизились. Когда школа была закрыта, мы не встречались, но я часто звонила ей по телефону, который находился наверху у Наты, что одновременно и раздражало меня, и доставляло удовольствие: потому что мне не хотелось быть в долгу у Натиной семьи больше, чем необходимо.

Со временем Лиза успокоилась и перестала паниковать. Она не забыла, какие события привели ее в Ереван, особенно ту последнюю ночь в Баку, но теперь при воспоминаниях о прошлом ее больше не трясло. Ее щеки порозовели, она стала чаще смеяться.

Зима пошла на убыль, а у нас в школе прибавилось домашних заданий. В воздухе зазвенели птичьи трели. Кроны деревьев наполнились птичьим гомоном. Воздух посвежел. Снег растаял. Я вспоминала свой сад, пытаясь представить, как он теперь выглядит.

Мне минуло 12 лет, и мама испекла крохотный пирог с начинкой из всего, что можно было достать. Мы отметили мой день рождения в нашей подвальной комнатушке. Без подарков и без Азима было тоскливо.

Наконец, из армии вернулся Лизин брат. Ее семья и так бедствовала, а тут еще нужно было найти место для взрослого мужчины в их театрике. Он побыл с ними какое-то время и уехал в Москву искать заработок и жилье. В Ереване он научил Лизу обращаться с кубиком Рубика, а она на перемене в коридоре научила меня. Я быстро научилась справляться с кубиком, и мы вместе стали играть с ним.

В ту весну, набравшись терпения в ожидании писем, я пыталась полюбить Ереван. Я всячески старалась не думать о Баку, но любая попытка выбросить Баку из головы терпела неудачу. Иногда на автобусной остановке я твердила себе, что я стою в центре Еревана и это не сон. Но я все равно надеялась проснуться однажды утром в нашей бакинской квартире.

Иной раз я думала, что Баку мне пригрезился, что я всегда жила в Ереване. Но как бы я ни пыталась думать и мечтать, я любила Баку и хотела туда вернуться. Передо мной проносились чередой дни моей жизни там. Иногда я испытывала стыд и отвращениек себе от того, что скучаю по Баку в то время, как весь Ереван его ненавидит. Ведь я находилась в Ереване, столице Армении, родине моих предков.

И все же, каждое утро, мне хотелось, проснувшись, оказаться в Баку, однако этого не случалось, я просыпалась в нашем ереванском подвале. Мое сознание играло со мной злую шутку, стараясь уверить меня, что Баку – всего лишь плод моего воображения, и я с самого рождения живу в Ереване. Я отгоняла эту мысль.

Каждое утро мой взгляд упирался в низкий подвальный потолок нашей комнатушки. Почти каждую ночь мне снились кошмары про Баку. В этих навязчивых кошмарных снах я каким-то непостижимым образом ненадолго оказывалась в Баку. Я бегала по обугленному, разрушенному городу в поисках нашего квартала. Когда я оказывалась на нашей улице, то с трудом ее узнавала. Наконец, найдя все знакомые здания в развалинах, я начинала искать бабушку, но не могла найти ее ни в одном из своих снов. В каждом сне я прибегала к дому Азима. Он – опустевший и заброшенный. Я звала его и просыпалась в холодном поту.

Кошмары снились не только мне, но и моим родителям, только их сны были еще страшнее. Обычно им снилось, что они застряли в Баку, окруженные беснующимися толпами. Сны – непрошеные ночные пришельцы – терзали всех, даже Мишу. Они стали мрачной частью нашей реальности.

А реальность в это время не скупилась на сюрпризы. Как-то вечером мама заметила, что я чешу голову, и быстро обнаружила, что у меня вши. Редкие купания и наше грязное жилище дали о себе знать, к тому же у меня были волосы по пояс. О том, чтобы обрить меня наголо, не могло быть и речи. Так поступали азербайджанцы. Мама быстро раздобыла у соседей керосин, смочила им мою шевелюру до корней волос и обвязала мне голову полотенцем. Через несколько минут я почувствовала жжение на коже головы и стала умолять маму смыть все это с моей головы. Но она была непреклонна и заставила терпеть боль не меньше двадцати минут. Я не протестовала из боязни, что мама может меня стукнуть. Болело и пахло ужасно. Я пыталась протиснуть пальцы под полотенце и почесать зудящую кожу на голове. Наконец, папа велел маме смыть керосин, и я одарила его благодарным взглядом. Но через несколько дней мама опять нашла яйца вшей в моих волосах и повторила болезненную процедуру.

Медленно тянулись месяцы, и я стала лучше понимать армянскую речь, но еще не настолько, чтобы говорить по-армянски. Однажды на выходные мы поехали к тете Алле и ее семье в село Касах, неподалеку от Еревана. Юрий, старший брат Толика, с семьей переехал из Баку на Украину, а Толик был в России. Алла с мужем лишилась всего и приехала в Армению. Они постоянно жалели об этом, потому что ютились в старой заброшенной тюрьме. Алла твердила, как ей надоела такая жизнь. Старая тюрьма стала пристанищем для семей беженцев. Здание было таким жутким, что мама прослезилась, когда мы вошли. Во дворе в грязи и мусоре играли дети. Их семейство скромно угостило нас фаршированными овощами, только вместо обычного мясного фарша был рис. Тетя Алла и ее муж словно постарели на десяток лет.

Весной пришло письмо от Наташи Тараян. Она писала из какого-то промышленного города в России, где теперь проживала ее семья. Наташа не язвила, но ее письмо было суховатым. Она писала о новых друзьях и о новой школе. В ее словах сквозило нечто странное: она была не так счастлива, как ей бы хотелось это мне представить. Я поняла, что она грустит так же, как я. Девочка, с которой я все время соперничала, оказалась в таком же положении, но в другом месте. Я решила ей написать.

Апрель в Ереване оказался очень красивым месяцем. Мы с мамой и Мишей часто ходили на почту поговорить по телефону с бабушкой и кое с кем из друзей, оставшихся там. Бабушка была русская, и ей в Баку было безопаснее, чем нам, но она и так и эдак намекала, что и ей становится все труднее там оставаться.

Мне нравилось, возвращаясь вечером с почты, гулять по Канакеру. Воздух был мягким, и черные небеса были усеяны звездами. Вершины холмов и кривые улочки, старые и новые дома, лай собак и серые ограды полюбились мне, когда я свыклась с ними. То, что вызывало у меня неприятие, стало доставлять радость.

Канакер – не самый безопасный район Еревана. Этот бывший пригород еще с досоветских времен облюбовали цыгане, которых называют «боша». Они держали в своих руках черный рынок. Одна такая семейка проживала напротив Натиного дома. В качестве ширмы они использовали авторемонтную мастерскую. Они наверняка приторговывали запчастями и всякой всячиной. Ни для кого не было секретом, что они не в ладах с законом. Семья состояла из отца, матери и двух сыновей со своими семьями. Младшему брату было едва за двадцать, его жена была почти подростком. У каждого брата было по два сына. Сыновья имели неряшливый вид. Их жены просиживали весь день во дворе, потягивая кофе из крошечных чашек, а полуголые чумазые ребятишки с утра до вечера носились по двору. Они явно не бедствовали, поскольку разъезжали на красных «жигулях», что указывало на то, что семейка эта не в ладах с законом.

Гулять по Канакеру после наступления темноты не рекомендовалось, особенно, не местным. Так как все признавали нас за своих, то опасаться было нечего. Своих в обиду не давали. Это внушало мне чувство собственной гордости за «принадлежность» к своему кварталу: я была одной их них.

На окраине Канакера, по ту сторону от автобусной остановки, главная улица разветвлялась на мелкие улочки, поднимавшиеся в гору. Там находились почта и магазины, другая автобусная остановка и музыкальная школа для особо одаренных детей. На склоне холма лепились магазинчики, а на вершине расположилась воинская часть.

Однажды вечером, воротясь с почты, мама рассказала нам, что тесное помещение переговорного пункта кишмя кишело солдатами, которые пытались дозвониться до своих родных в разных уголках Советского Союза. Когда я впервые увидела этих солдат в зеленой форме, мне стало не по себе, но потом успокоилась, ведь я находилась в Армении.

Папа говорит, что в Армении не ожидали такого наплыва беженцев из Азербайджана. Ни народ, ни правительство, кажется, не волнует, как война в Карабахе отразится на судьбе триста тысяч армян, проживавших в Азербайджане. В страну прибывают тысячи людей, и ресурсы на исходе. Школы переполнены. Беженцев, наводнивших маленькую республику, притягивает, прежде всего, Ереван, поскольку именно здесь находятся комитеты и центры по приему прибывших. Все попытки успокоить беженцев и коренное население безуспешны. Каждая семья получает единовременное пособие в 100 рублей, которого не хватает даже на месяц, чтобы прокормить небольшую семью.

В Ереване на Театральной площади, а иногда и перед домом правительства, проходят демонстрации с требованием легитимно признать Нагорный Карабах армянской территорией, раздаются и призывы о выходе из Союза. Разгневанный и озабоченный этими справедливыми требованиями армянского народа, надменный Центр, восседающий в Москве, направил войска и в Армению. Солдаты с автоматами расхаживали по улицам Еревана. До чего же своеобразно Советская власть использовала армию: сна-

чала якобы для защиты армян в Азербайджане, а затем – чтобы подавить движение за независимость в Армении.

Папа рассказывает нам о демонстрациях, я зажимаю себе рот, чтобы не расплакаться, и начинаю дрожать.

– Мы уехали из-за этих дурацких демонстраций,– говорит папа,– а теперь здесь тоже демонстрации начались!

Заметив мое волнение, он успокаивает меня и говорит:

– Джана, мы же в Армении. Можешь пойти и встать посреди толпы на площади Ленина, и никто не причинит тебе вреда.

Это меня обнадежило, во всяком случае, на время. Мама с папой каждый раз приходят в восторг, когда речь заходит о нашей безопасности здесь, я же задаюсь вопросом, неужели кроме этого Армении больше нечего нам предложить.

Солдаты на почте, о которых рассказывала мама, не имеют ничего общего с демонстрациями. Они проходят в Канакере срочную службу и живут в Армении. А солдаты, стоящие в оцеплении, переброшены из других воинских частей, дислоцированных на территории СССР.

Однажды вечером, уже не опасаясь ходить по Канакеру, мы отправились на почту звонить бабушке. Мама разрешила мне позвонить моей учительнице Гюльнаре Рамизовне, чтобы расспросить ее о школе и, особенно, о Лусине.

Связь была плохая, но я ее слышала. Она была не самой любимой моей учительницей, но я знала только ее телефон. Мне нужно было узнать о Лусине. Гюльнара Рамизовна говорила быстро и сказала, что у Лусине все в порядке, и она ходит на уроки. Больше ни о чем она говорить не захотела. Ее оптимизм насчет Лусине меня успокоил, но мне показалось, что Гюльнара Рамизовна опасается прослушки.

Разговаривая с бабушкой, я поразилась, как отчетливо звучал ее голос, ведь для меня Баку и Азербайджан находились в какой-то другой вселенной. Я попыталась представить, где она сейчас находится, нашу квартиру и здание, которые я восемь месяцев назад называла своим домом. Представить было не трудно, труднее было прочувствовать. Азербайджан казался далекой чужой страной, до которой нужно добираться веками и только в бесчисленных снах.

Мы говорили с бабушкой на особом языке, избегая армянских имен, политики и всего, что могло поставить ее под удар. Даже когда писали письма, то указывали адрес наших друзей в Москве, вместо нашего обратного адреса в Армении, и писали девичью фамилию бабушки – Кащеева, чтобы на почте не заметили и не донесли на бабушку за связи с армянами. Бабушка писала редко по той же причине. Все письма нужно было сначала отправлять в Россию, а оттуда в Азербайджан, и ни в коем случае не напрямую.

Во время нашего разговора я не стала расспрашивать ее про Азима, потому что не хотела упоминать о его письме по телефону, к тому же в присутствии мамы. На следующий день я написала ей письмо и попыталась оправдать его поведение:

«Бабушка, он говорит, что не хотел мне писать, потому что ему родители не разрешают. Почему ты мне сразу не сказала? Зачем нужно было это от меня скрывать? После того, что я пережила, будь уверена, я способна свыкнуться с мыслью, что я армянка и что со мной небезопасно водиться. Я очень хочу вернуться».

Я запечатала письмо.

❖❖❖

Я стала привыкать к Еревану, что в моем понимании означало безвозвратность. Это ощущение крепло во мне месяцами, и никто не догадывался о моих чувствах. Никто не спрашивал, не заговаривал со мной на эту тему. Наконец, я осознала и призналась себе, что хочу домой. С некоторых пор почти каждую ночь я засыпала со слезами на глазах, возненавидев каждый божий день моего нынешнего существования. В своем дневнике я писала, что умереть было бы легче, чем так жить. Но я опасалась говорить на эту тему. Ведь, в конце концов, я же в Армении. Мне следовало быть счастливой.

В апреле я получила письмо. Оно было датировано 11 января, но дошло только в конце апреля. Ни обратный адрес, ни имя – Марина Дронова, ни о чем мне не говорили. Кто бы это мог быть? Дрожащими руками я распечатала его; меня душили слезы. Мама встревоженно посмотрела на меня. Я не могла вымолвить ни слова, тряслась и плакала без остановки.

Я узнала этот знакомый мне почерк. Письмо от Лусине. Я успокоилась, развернула сложенные листки и принялась читать. Она просила называть себя Мариной, потому что официально изменила имя. Я подумала, типично русское имя. Она писала, что каждый раз, когда вспоминала обо мне, слезы наворачивались ей на глаза. Когда она писала письмо, то тоже плакала. Я улыбалась сквозь слезы, когда она извинялась за разводы от слез в своем письме и просила прощения за то, опасалась писать во время «страшных дней». Она говорила, что много писала еще до начала беспорядков, но я ничего от нее не получала. Наверное, эти письма уничтожили азербайджанские почтовые служащие.

На следующий день я получила письмо и от Емели. Я пересмотрела все письмо в поисках листка с почерком Азима, но не нашла. Она писала:

«… Я своими глазами видела, как танки давили азербайджанцев! Они преградили танкам дорогу в город. Танки пытались снова войти в город, а эти дураки встали на их пути. Танки многих задавили насмерть. Мы с мамой поехали в Москву на два месяца, пока все это продолжалось. Я ходила там в школу, потом мы вернулись».

Почерк был Емелин, но что-то изменилось. Она повзрослела и прозрела при виде танков, брошенных на подавление восстания в Баку. Она видела насилие, на которое способны люди, но не боялась, как мы. И я не могла ее осуждать, ведь не ее же преследовали. Поговорив с родителями об этом письме, я поняла, что все беспорядки были направлены не только против армян, но и против советской власти.

В конце Емеля писала, что читала мое письмо, адресованное Азиму, и считает его слезливым и мягкотелым. Она предположила, что он, наверное, уже забыл и меня, и как меня зовут. Но я все же надеялась, что она передала ему письмо, хотя не была до конца уверена.

24 апреля – особенный день для всего армянского народа. Почти все армяне мира отмечают этот день – годовщину Геноцида армян в Турции. Я услышала об этом впервые и с ужасом узнала, что почти два миллиона армян погибли в армянских вилайетах Османской империи с 1890 по 1923 годы. Турция так и не признала Геноцид.

Мне было немного стыдно за то, что я не имела понятия о таких трагических страницах армянской истории. Поразмыслив, я поняла, что в этом нет моей вины. То обстоятельство, что я всю жизнь прожила в Азербайджане, некоторым образом оправдывало мою неосведомленность. Ведь азербайджанцы находятся в близкородственных связях с турками, с какой стати они стали бы распространяться о таких злодеяниях?

С каждой неделей мое отвращение к школе возрастало. Мне не нравились школьное здание, холодящие душу уроки, безразличие людей, особенно, учеников. Мне претило их неприязненное отношение к Лизе и, в частности, ко мне, на которое я резко огрызалась. Я чувствовала отчуждение. Почти все они вели себя одинаково: отпускали в наш адрес реплики и не только по поводу нашей поношенной беженской одежды.

На уроках армянского языка и литературы я уже читала и произносила слова, но не понимала большую часть прочитанного и написанного. В классе учительница никогда мне не помогала и не обращала на меня внимания. Всякий раз, как я попадалась ей на глаза, она раздраженно ворчала. Может, причиной было то, что она не знала ни слова по-русски? Но какое это имело значение, в конце концов, она же моя учительница?

В коридорах ученики говорили по-армянски, а на уроках по-русски. Если бы в Баку в коридоре от кого-нибудь услышали азербайджанскую речь, то ему бы не поздоровилось. Но в Армении родной язык был слышен повсюду. В некотором роде я гордилась тем, что влияние коммунистической России не было столь сильно в Армении, как в других союзных республиках. С другой стороны, я из-за этого оказалась в беспомощном положении.

Мое положение все больше усугублялось. Учительница армянского языка давала мне задания, но никогда не проверяла их выполнение. Мои познания в армянском языке не улучшались. Запас армянских слов оставался скудным. Одноклассники отгородились от Лизы и от меня и обращались ко мне только по-русски. Так что у них я тоже не могла ничему научиться.

Подсознательно я отключилась от армянского языка, и поэтому, сколько ни старалась, не могла добиться успехов в учебе, и даже стала сомневаться, смогу ли когда-нибудь приспособиться к этой жизни.

Весна витала в воздухе, с гор спала пелена облаков. Однажды ранним утром я стояла на автобусной остановке и смотрела на мои горы. Они стали моими друзьями, эти серо-зеленые великаны в дымке полюбились мне. Но в то утро мое внимание надолго привлекло нечто иное.

По левую руку от меня, выше знакомых гор в небеса вознесся могучий, ослепительно белый безмолвный величественный пик. В то время, как вершина вся отчетливо просматривалась, подножие утопало в густом тумане. Слева от этой вершины я увидела треугольные очертания еще одной горы, она приходилась младшей сестрой своему большому брату. Она тоже была белоснежной.

Зимняя облачность скрывала от меня это великолепие. Но теперь небеса стали прозрачными, особенно по утрам. И гора предстала предо мной во всей своей красе. После школы я спросила у мамы и папы, как называется эта гора. Они сказали – Арарат, гора Ноева Ковчега, символ Армении. Они также поведали мне, что Арарат некогда находился в границах Армении, но Сталин уступил его Турции в 1920-х годах, вскоре после Геноцида. Однако Арарат все равно остается символом Республики Армения. Предгорья Арарата и многие другие территории, издревле принадлежавшие Армении, были переданы Турции, а правительство Армении даже не было допущено к переговорам между Россией и Турцией.

Мои мысли пришли в замешательство от столкновения моей гордой и патриотичной половины с другой моей, упрямой, уязвленной и обиженной, половиной. Я пытаюсь найти ответы на вопросы, которые подкидывает мне мое раздвоившееся сознание в школе.

У нас с Лизой были разные учителя армянского языка. Она делала успехи благодаря своей деспотичной учительнице, а я топталась на месте. Я никак не могла подавить в себе подсознательное нежелание учить армянский, но старалась изо всех сил, чтобы поразить всех своим блестящим владением армянского языка.

Это психологическое противостояние достигло своего апогея однажды, когда моя учительница армянского языка вызвала меня к доске. Это меня удивило, потому что она обычно не обращала на меня никакого внимания. Я медленно и робко вышла к ее столу, за которым висели две классные доски. Я стеснялась своей старой школьной формы, из которой я уже выросла. Она сидела в обтяжку, рукава стали короткими, поэтому я стояла перед ней, скрестив руки.

Она обратилась ко мне по-армянски, и я мало-помалу поняла, чего она от меня хочет.

– Вот текст. Прочитай его для нас вслух,– сказала она, вручая мне книгу.

Я взглянула на нее, и у меня в глазах зарябило от длинных, сложных и внушающих трепет армянских слов.

Я посмотрела в глаза учительнице, как бы, говоря ей: « Зачем ты со мной так поступаешь?», а она – в ответ: « Я тебя не слышу. Делай, что велят!»

Вслух же она по-армянски сказала:

– Прочитай нам всю страницу.

Без особого энтузиазма, почти шепотом, я начала читать. Я знала, что почти каждое слово произносила неправильно и не имела понятия, что читаю. Я ждала, что все вот-вот все захихикают, прикрывая рты, чтобы учительница не увидела. Но я ошиблась. Никто не проронил ни звука. Я дочитала до конца предложение, но боялась поднять глаза, и когда, наконец, набравшись храбрости, взглянула на остальных, весь класс сидел не шелохнувшись. Взгляды у всех были спокойные, прикованные ко мне. Лица бесстрастные, без тени симпатии.

Когда я окинула взором класс, меня охватил страх. Мне захотелось расплакаться, но гордость не позволила. Я опустила глаза на книгу. Буквы и слова расплывались перед глазами на странице. Я едва их различала из-за слез, застилавших мне глаза. Я пыталась продолжать. Язык во рту еле ворочался. Но я все читала и читала, сосредоточившись больше на словах, не обращая внимания на окружавшие меня холодные взоры. Я была так поглощена чтением, что голос учительницы заставил меня вздрогнуть. Ее голос был громким, строгим и резким. Она сказала по-армянски:

– Хорошо, достаточно. Садись.

У меня и следа не осталось от слез. Я вернулась к своей парте с высоко поднятой головой и гордо горящими глазами.

В тот вечер я записала в своем дневнике:

«Как хорошо было жить на своей родине, в своей стране. А теперь кому до меня есть дело? Куда мне податься? В никуда».

ГЛАВА 15

В середине мая мама получила от бабушки письмо, в которое была вложена записка и для меня. В ней бабушка вскользь писала об Азиме. Ее слова меня огорчили:

«Все это в твоем прошлом, позади. Ты уже, наверное, никогда его не увидишь. Зачем переживать? Зачем писать ему?»

Уж кто-кто, а бабушка-то знала, «зачем переживать». Я знала, куда она клонит. Ей хотелось, чтобы отныне меня ничто не влекло к Баку. Она твердила: *«Должно же быть на земле место, где можно жить по-человечески: спокойной, полноценной жизнью. Баку был нашим до 1989 года, а теперь он стал совершенно враждебным и выродившимся. Нам нет тут места».* Моему огорчению не было предела.

Узнав о том, что Тунзала и Гюльнара сожалеют, что пакостили мне перед моим отъездом, я поморщилась. Мне стало смешно, когда я прочитала, что они приглашают меня в Баку на лето. Мой ответ был преисполнен холодности, достоинства и презрения.

Лето было не за горами. С каждым днем становилось все жарче, и я не могла дождаться окончания учебного года. Лица учителей и учеников стали для меня невыносимы. Ходили слухи, что в конце мая экзаменов не будет. Это еще больше разочаровало меня в ереванских школах. *«Никакой дисциплины, как это было в Баку. У них даже экзаменов нет»,*– записала я в своем дневнике. Теперь я вела дневник чаще, а без него наверняка сошла бы с ума. Бумага умеет выслушивать, я изливала ей свою душу. В середине мая я написала:

«Иногда мне кажется, что в Баку все в порядке, все как обычно и что люди введены в заблуждение насчет Баку, что это мой старый добрый Баку. И когда я так думаю, то чувствую, как меня тянет назад. Я тоскую по дому с каждым днем все больше и больше. Надеюсь, бабушка ошибается, и мое будущее связано с Баку».

Я много думала о своей нынешней жизни. Она была так безнадежна и беспросветна, что представить себе здесь свое будущее было невозможно, но все же я надеялась на лучшее:

«С недавних пор я все время задумываюсь об этом. Кажется, что скоро, в недалеком будущем произойдет что-то хорошее, светлое и прекрасное. Я живу в ожидании этого лучезарного будущего. Может, это случится скоро, а может, никогда. Нечего ждать и незачем жить. А каждому нужно на что-то надеяться. Я так думаю».

Я не хотела, чтобы мои родители знали, какие чувства я испытываю к Еревану. Они были так рады, что находятся в безопасности, что не хотели ни говорить, ни думать о Баку, а может, мне так казалось.

Осознавая, что наше пребывание в Ереване становится постоянным, мама и бабушка обсуждали по телефону, какие предметы первой необходимости, оставленные в Баку, нам понадобятся. Наша связь с русской бабушкой делала нас особенными в общей массе беженцев, которая лишилась всего. Мама постоянно твердила, чтобы внушить мне это, что нам еще повезло, ведь мы можем хоть что-то заполучить из брошенных нами вещей.

Бабушка собиралась ехать на поезде в столицу Грузии Тбилиси, которая граничит и с Арменией, и с Азербайджаном. Мама поедет на поезде к ней навстречу из Армении. Поскольку прямого сообщения между Арменией и Азербайджаном нет, то Грузия – ближайшее и самое надежное место встречи.

25 мая мама села на поезд до Тбилиси. Бабушка привезла ей кое-что из вещей. Хотя большая часть вещей осталась у бабушки, она не могла ничего продать, чтобы не привлекать излишнего внимания. В Тбилиси они остановились на пару дней в доме дальнего родственника. 27 числа мама вернулась, нагруженная сумками, с вещами, необходимыми для повседневного пользования: постельным бельем, одеждой и кухонной утварью. Самым крупногабаритным предметом оказался наш новый цветной телевизор, которому мы очень обрадовались, так как не смотрели телевизор с тех пор, как переехали в наш подвал в ноябре.

Миша и я загрустили. Мы-то надеялись, что бабушка навестит нас, но мама сказала, что бабушка не могла оставить надолго квартиру, особенно в таком враждебном окружении. Если бы местная шпана узнала, что квартира пустует, ее бы разграбили, тем более, что хозяйка – русская бабушка.

Лето не торопится вступать в свои права. В мае часто льют дожди, и я превратилась в девочку, которой мне никогда не хотелось быть: вместо того, чтобы часами бегать с друзьями и играть, смеяться и болтать, я сиднем сидела дома, читала и писала. Я сижу в подвале и не хочу никуда ходить, хотя лето, наконец, наступило и манит меня своими ароматами, теплом и светом

Здесь нет детей моего возраста, и мне не с кем общаться. Мы перезваниваемся с Лизой, но ничего вместе не предпринимаем: заняться нечем. Я надеюсь, после школы мама отвезет нас куда-нибудь, может, в Джермук или в даже в Москву. Впервые в жизни я мечтаю поехать в Москву. Времена меняются.

Учебный год закончился в начале июня. Мама еще раз съездила в Грузию на встречу с бабушкой, которая привезла еще кое-что из вещей: мамину старую одежду, чтобы ушить ее для меня. На этот раз мама отсутствовала дольше. Пока мамы не было, хозяйство было на мне: я готовила, стирала и заботилась о Мише, которому было почти шесть лет.

Мишины длинные светлые кудри многих вводят в заблуждение. Его принимают за девочку. Он худенький и хрупкий, с большой курчавой головой и щекастый, что не очень вяжется с его худощавой фигурой. Он бегает с соседскими мальчишками, которые дразнят его за то, что он говорит по-русски. После нескольких месяцев подобного обращения, папа решил научить его, как постоять за себя, и вскоре из робкого мальчонка Миша превратился в дерзкого сорванца, готового в любой момент дать кому-нибудь по носу. Теперь дети уважают его, и он пользуется среди сверстников определенным авторитетом.

Он пропадает на улице с утра до вечера. Я рада, что хоть у него есть с кем поиграть. После долгого дня, проведенного в пыли и в компании собак, я отмываю его в большом тазу в подвальном коридоре. Он обычно противится тому, что в отсутствие мамы решающее слово – за мной, но со временем свыкается с этим.

Одна из семей, нашедших приют в большом Натином доме, тоже из Баку: Анаит (сестра Камо) и ее дочь Лиля с семьей. Анаит было под семьдесят. У нее крашеные черные, как смоль, волосы, строгое лицо; она сухопарая, высокого роста. В Азербайджане Анаит служила в КГБ, и вскоре после приезда в Армению стала сотрудницей КГБ в Армении. За глаза мы прозвали ее «Шпионка». Она недолюбливала нашу семью, и мы старались не обращать на нее внимания.

Лиля, дочь Анаит, работала учительницей музыки. Ее мужа звали Вова, и у них было двое детей, Сергей – сверстник Миши, и восьмилетняя Нарина. У них была машина -роскошь по тем временам, которую они перегнали в Ереван из Баку.

Миша любил играть с Сергеем, несмотря на то, что тот был толстый, упрямый и крикливый мальчик, Мише было легко с ним справляться. Талантливая Нарина самостоятельно научилась хорошо играть на пианино; эту способность она унаследовала от бабушки Анаит. Нарина имела обыкновение подслушивать под окнами, за дверями и заборами, а услышанное доводила до сведения бабушки. Она также любила шпионить за своими родителями. Мы осторожно разговаривали в своем подвале, потому что Нарина, маленькая шпионка, могла подслушивать снаружи. Нам ни к чему были проблемы с Натой или с семьей Анаит. Меня поражало, как подобного рода люди, могли быть бакинцами.

В очередной раз утром, после недолгого отъезда, мы ждали возвращения мамы. Папа взял с утра отгул, чтобы встретить ее на вокзале. Она привезла еще кое-что из наших вещей. Наши семейные фотографии наконец-то были с нами. Из всего того, что она привезла, фотографии были важнее всего. Для меня же это означало, что мы уже никогда не вернемся в Баку.

Мама отдыхала на кровати после долгой поездки, как вдруг в наш подвал нагрянула делегация из соседей во главе с Камо и Натой.

– С тобой все в порядке? – воскликнули они.

– Да, а что случилось? – сказала мама, поднимая голову.

– Ты ничего не видела, не слышала на вокзале? – спросила Ната.

– Нет, ничего подозрительного. Да что стряслось-то?

Мы не на шутку встревожились.

– Говорят, между фидаинами и солдатами была перестрелка. А по новостям из Москвы сказали, что было столкновение между армянскими террористами и солдатами. Потом показали залитые кровью скамейки. Когда пришел твой поезд?

– В восемь утра,– сказала мама.

– А стрельба началась в девять. Тебе повезло. Представляешь, если бы поезд опоздал,– говорили они.

Все ушли, а мама, потрясенная, откинулась на кровать. Мы с Мишей обняли маму и оставили ее отдыхать.

Я подумала: неужели кого-то убили? Вечером по программе новостей сообщили о погибших. Мне не важно, армяне они или русские. Это не имело для меня значения, они же люди! Не осталось для нас безопасных мест, думала я.

Спустя несколько дней, ночью, узнаваемый шум заставил весь квартал проснуться и высыпать на улицу. Я знала, что это за шум. Я выбежала в ночнушке вместе с остальными.

Шум доносился из воинской части и напоминал треск фейерверков. Нахлынули воспоминания из недавнего прошлого.

— Опять стреляют, почему?

— Что происходит?

Все вокруг меня возбуждены и говорят без умолку, всматриваясь в темноте в сторону воинской части.

Вдруг я соображаю, что стою на улице в ночной сорочке и от смущения не знаю, куда спрятаться. Затем вижу, что почти все в таком же одеянии. Тогда я забываю о своих голых плечах и думаю только о выстрелах.

Все гадают, что бы это значило. Вдруг раздается одиночный взрыв. Папа говорит, что это похоже на гранату. Затем пальба из автоматов ненадолго стихает.

— Это, наверное, фидаины, армянские гайдуки, — предположил кто-то.

— Они же не дураки, чтобы нападать на целую воинскую часть? — говорит кто-то в темноте.

— Нет, тут что-то другое.

Стрельба ненадолго прекращается, и я смотрю на несметное количество звезд в небе. Я стою неподвижно, наслаждаясь этим мгновением покоя, которое быстро нарушается еще одним гулким взрывом и строгим папиным окриком:

— Аня, а ты что тут делаешь? А ну, быстро спать. Здесь тебе не театр. Марш в постель!

— Но, папа!

— Живо!

Я бегу обратно, огорченная, думая о прекрасном ночном небе и охватившей всех тревоге.

Утром я проснулась рано, чтобы увидеть папу до ухода на работу. Пять часов, я слышу его шаги в коридоре.

— Папа, что вчера случилось?

– Ахчик (по-армянски «девочка»)! Ты зачем встала ни свет, ни заря?

– Папа, что случилось?

– Ладно, ладно! – говорит папа.– Сначала все подумали, что «террористы» напали на русских солдат. Глупость, ребячество, конечно. Ответного огня не было. Военные хотели попугать людей на случай, если бы кто-нибудь вздумал напасть на воинскую часть, вот они и делали вид, будто стреляют по-настоящему.

– Глупо! – восклицаю я.

– После происшествия на вокзале они не знают, чего им ждать,– говорит папа.

Становилось невыносимо жарко. Лиза позвонила мне в середине июня. Новость была приятной и удивительной.

– Мама нашла работу,– сказала она. – Она будет воспитателем в летнем лагере. Знаешь парк на проспекте Комитаса?

– У большого рынка? – уточняю я.

– Да. Напротив рынка справа. Лагерь для детей из семей беженцев будет работать каждый день. Мы будем в парке питаться и проводить весь день, бесплатно ходить в кино и в бассейн. Хочешь с нами?

Она была очень взволнована.

– А разве мы уже не выросли из этого возраста, Лиза?

– Ну и пусть! Зато мы можем помогать маме: присматривать за детьми и бесплатно развлекаться.

– Ладно, когда идем?

– Жди меня завтра в центре парка в девять утра.

Парк находится в середине проспекта Комитаса. Как только заходишь в парк, все меняется. Высоченные старые дубы и кустарники защищают от зноя. Не верилось, что этот парк находится на оживленной улице в миллионном городе. Как только я оказалась в парке, то вспомнила мой сад. Было тихо и мирно.

Двадцать каменных ступенек вели вниз от улицы в парк, разделенный на две части стрижеными кустарниками, которые простирались до его самого дальнего конца. По обе стороны кустарников были проложены широкие дорожки со скамейками.

На нижней площадке ступенек, по правую руку, в густой зелени скрыто маленькое кафе. Виднеется только белый киоск, а полдюжины столиков прячутся за листвой. Их присутствие выдают только большие белые зонты, похожие на гигантские грибы.

Налево и направо от парковых дорожек отходили замысловатые тропинки, вдоль которых росли густые темные кустарники.

Слева, под сенью вековых деревьев находилась большая квадратная беседка из коричневатой древесины. Деревья были высокими и неохватными. Они напоминали мне крышу нашего бакинского дома, стоя на которой я собирала для мамы виноградные листья и воображала, будто я забралась выше всех.

Стояла тишина, которую нарушали только громкое щебетание птиц и всплески детского смеха. Скамейки и столики в кафе занимали несколько парочек.

Мне сразу тут понравилось, как, впрочем, и Мише, которого я взяла с собой. Я оглянулась и посмотрела на Лизу: она расплылась в улыбке.

– Я же говорила: здесь как в Баку.

Я попыталась представить себе, что нахожусь в Баку, но не смогла. Это меня удивило. Раньше мне это удавалось, пусть хотя бы на пару секунд я возвращалась в другое время, в родной город. Но на этот раз ничего не получилось. Хоть я и тосковала по Баку, Ереван начинал мне нравиться. Я начала привыкать к нему. Наконец, я признала и приняла окружающую меня реальность.

Мама Лизы работала воспитательницей при «лагере». Это было первое такое заведение, организованное летом с целью занять как-то детей-беженцев, а главное – накормить их завтраком и обедом. Немногие беженцы знали об этом лагере, поэтому детей было не больше тридцати. Большинство были младше меня, и поначалу я чувствовала себя не в своей тарелке.

– Ничего страшного,– успокоила меня Лиза. – Мы же помощницы воспитателя, так что можем быть и постарше остальных.

Я рассмеялась и смирилась с ее объяснением.

Когда все пришли, мы собрались в беседке. Воспитатели пересчитали детей и сообщили распорядок дня. Ровно в 9:30 мама Лизы, тетя Инга, как я ее называла, сказала нам, что все идут на завтрак. Мы пересекли проспект Комитаса. Я помогала маленьким, потому что они боялись уличного движения. Все чувствовали себя неловко, потому что были одеты во все не по росту. Лица были испуганные, и в то же время взволнованные.

На той стороне улицы находилась большая площадка, выложенная бетонными плитами и усеянная пустыми клумбами. Мне было непонятно ее назначение. По правую руку был рынок, по левую – жилые дома. Мы пересекли площадку и увидели несколько серых высотных зданий; зашагали сквозь лабиринт проходов, и я разглядывала странные граффити, сделанные цветными мелками – какие-то имена и лозунги на стенах сооружений, не имевших окон.

Мы свернули за угол, и перед нами открылась тихая широкая старая и пустынная улица. Потом направились к высокому зданию со множеством окон и балконов. Оно было, по меньшей мере, восьмиэтажным – обычное городское здание, занимавшее длинный отрезок улицы. Зашли внутрь. Темный коридор привел нас в столовую на первом этаже. Она оказалась просторной и солнечной. Столы сверкали, словно их только что протерли влажной тряпкой.

Никого не было, кроме двух пожилых мужчин, сидевших за столом. Я подумала, что это гостиница или общежитие. Мы съели наш скромный завтрак и вернулись сюда уже только на обед, в два часа пополудни. Поначалу обед показался мне вполне сносным, но я не могла его есть. Тарелки были покрыты слоем жира, к тому же, помешав свой суп ложкой, я обнаружила в нем муху. Я поспешила убедиться, что Мишина еда пригодна, и попросила на кухне, чтобы ему дали чистую тарелку. Он мгновенно поглотил свою порцию, ибо здорово проголодался.

В первый день мы слонялись по городу, ели мороженое, которым нас угощали в лагере, ходили в кино или просто сидели в парке, наблюдая за играми детей. Кинотеатр находился неподалеку от парка, но нам пришлось везти детей через весь город на автобусе к большому фонтану, который использовался как плавательный бассейн. Папа и мама были рады, что я нашла себе занятие вне дома и могу взять с собой Мишу. Еда и аттракционы были бесплатными, на чем мы экономили много денег, особенно благодаря завтраку и обеду. Я была довольна, что могу быть чем-то полезна.

В четыре часа лагерь распускали по домам. В конце первого дня, когда мы с Мишей уже собирались попрощаться с Лизой, она предложила нам проводить ее до дому. Я никогда там раньше не бывала, и это было первым проявлением более тесных уз дружбы между нами. Я не в силах была отказать, хотя и сказала маме, что мы придем домой к 4:30.

«Театр», в котором их поселили, находился на той же стороне проспекта Комитаса, что и парк, в паре кварталов от него. Он напоминал уменьшенную копию классической греческой постройки, с высокими колоннами и широкой лестницей перед входом. Здание было двухэтажное, весьма скромных размеров. Первое, что мне бросилось в глаза, был сверкающий мраморный пол в просторном вестибюле. Большая распахнутая дверь справа вела в зрительный зал с обитыми красным бархатом креслами. Мы свернули налево, и Лиза отворила передо мной дверцу. Впечатление от роскошного театра мгновенно поблекло. Комната оказалась раза в два теснее нашей, подвальной. Я подумала: «Это же четыре метра на два!»

Единственной мебелью были кровать и столик. Остальное было сложено на кустарные полки, развешанные по стенам. В середине комнаты стояла небольшая квадратная электроплитка. Напротив двери находилось оконце, выходившее на улицу.

– Здесь, наверное, была грим-уборная,– сказала Лиза извиняющимся тоном.

В театре на первом и втором этажах проживали пятнадцать семей, в таких же комнатушках, как эта. Но Лизиной семье досталась самая крошечная. Туалет был общим, грязным и тошнотворно вонючим. Здесь же находился единственный кран с водой. Душа не было. Все выкручивались, как могли, чтобы выкупаться. Семья Лизы купалась раз в неделю в общественной бане. На все здание был один телефон в коридоре второго этажа. Я всегда ждала, пока кто-нибудь позовет Лизу к телефону.

Я познакомилась с ее папой. Он был невысокий, щуплый мужчина с тонкими чертами лица, как у Лизы, и печальными армянскими глазами. По профессии инженер, он не мог найти работу в большом городе, поэтому перебивался случайными заработками и даже работал чернорабочим на заводе, таская тяжеленные ящики. Но вид у него был далеко не здоровый.

Я часто водила Мишу в лагерь. Я не хотела, чтобы он возился в грязи с детьми «боша». Ему пришлось по душе играть со своими сверстниками в парке. В дальнем конце парка имелись старомодные аттракционы с каруселями для маленьких детей. Я часто водила его туда и разрешала ему садиться на карусели, но только на те, что внушали доверие. Временами справляться с Мишей было трудновато. Он не слушался меня, потому что не признавал моего авторитета. Но забота о нем преисполняла меня чувством самостоятельности и ответственности.

Лиза была младшим ребенком в семье, и ей было трудно понять, почему я всегда приводила Мишу в парк, особенно, когда это причиняло мне уйму неприятностей. Но я любила Мишу и не хотела оставлять его одного так далеко в Канакере. Иногда он безобразничал сверх меры. Однажды он убежал играть на противоположный конец парка. Я искала его несколько часов, ужасно волнуясь за него. Похищение было исключено, потому что в Армении такого не бывает. Меня беспокоило, что он выбежит на улицу и его задавит машина. Он постоянно сбегал от меня и, чтобы его проучить, я несколько дней не брала его с собой.

ГЛАВА 16

Мы с Лизой сдружились еще больше, проводя вместе много времени. Поначалу я ходила в лагерь, потому что мне нечего было делать. Затем я стала ходить туда, потому что мне нравилось проводить время с Лизой. День, проведенный без нее, казался пустым и скучным. Мы были неразлучны. Все делали вместе и понимали друг друга с полуслова. Когда Миши с нами не было, мы с Лизой гуляли в центре города, ходили в кино. Однажды через ереванских родственников мы даже достали билеты на концерт популярной русской рок-группы. Мы с Лизой бесшабашно могли пуститься в какую-нибудь авантюру, но главное, что мы были вместе.

Климат в Ереване не такой влажный, как в Баку, и поэтому жара легче переносится. Все утро и весь день мы проводили под открытым небом. Когда становилось невыносимо жарко, мы укрывались в тенистых парках и уплетали мороженое, купленное на мелочь, выпрошенную у родителей. А если ни у одной из нас не хватало денег, мы пили холодную воду из знаменитых ереванских фонтанчиков питьевой воды. Мы любили кататься на метро и дико хохотали над приключениями предыдущего дня. Лиза становилась моей жизнью, а я – ее.

Однажды жарким днем в начале июля мы с Лизой сидели под сенью парка в кафе. Мы разговаривали, уже готовые заказать мороженое – редкое угощение и отступное для Миши, чтобы он не проболтался родителям, что мы пошли не в парк, как мы им сказали, а в кино. Я краем глаза приглядывала за Мишей, игравшим в прятки среди деревьев.

Подошла официантка с подносом, на котором были две тарелки и два стакана. Мы изумленно переглянулись с Лизой:

– Мы же еще ничего не заказывали?

– Нет,– прошептала она и хихикнула.

Я не понимала, откуда взялась еда и соки.

– Извините, но мы еще ничего не заказывали. Это не наше.

– Нет,– улыбнулась горбатая седовласая официантка. – Это вас угощают.

Она поставила на стол различную выпечку и дорогие импортные соки, о которых мы и мечтать не могли. Официантка больше ничего не объяснила. Мы оглянулись, чтобы понять, кто это нас одаривает и зачем. Мы пытались перехватить чей-нибудь взгляд, но на нас, кажется, никто не обращал внимания.

Я услышала, как Миша радостно вприпрыжку приближается к нам.

– Где мое мороженое?

– Послушай, мороженое завтра, хорошо?

Я встала, хватая его за теплую ручку.

Мы разом вскочили и ушли из кафе, не проронив ни слова. Я тянула за собой Мишу, который издавал недовольные возгласы. Я обернулась, чтобы взглянуть на наш столик. Соки и пирожные манили, но мы не могли принимать подарки от таинственных незнакомцев. Все это очень подозрительно.

На следующее утро после долгих упрашиваний Миши мы вернулись в то кафе. Сели за тот же столик, но не стали дожидаться, когда подойдет официантка. Я сама подошла к стойке и сделала заказ. Старший официант принял мой заказ. Это был молодой человек двадцати с лишним лет от роду. С черными волосами и пронзительными карими глазами.

Он так улыбнулся мне, что я опустила глаза.

– Вам следовало принять угощение,– неожиданно сказал он.

Его слова заставили меня резко поднять голову

– Так это от вас?

– Да, почему вы даже не попробовали?

Он посмотрел на меня в упор. Его речь была вежливой, но не без укоризны в голосе.

Я стряхнула с себя всяческую робость.

– Мы не нуждаемся в угощении. Если нам что-то нужно, мы сами можем это себе позволить. Но, все равно, спасибо.

– Угощение было для вас и вашего сына.

– Моего сына?

Я оглянулась и увидела Мишу на стуле, играющего с листьями.

– Да, для этого мальчика. Он всегда с вами.

– А!

Я быстро расплатилась за мороженое, и нервно улыбнулась ему. Едва не спотыкаясь, я на удивление быстро, учитывая, что у меня в руках был поднос с мороженым, ложками и салфетками, удалялась от стойки. Когда я вернулась к своему столику, то села спиной к киоску, избегая взглядов старшего официанта.

Подошла Лиза и села за столик.

– Мороженое! Так рано? – спросила она.

– Да. Миша жизни мне не даст, если не получит свое мороженое,– резко ответила я.

– Что стряслось?

Она не могла не заметить мое раздражение.

– Угадай, кто нас угощал вчера? – прошептала я.

– И кто же? – она, улыбаясь, подалась вперед.

– Старший официант,– я издала сдавленный смех, стараясь не очень шуметь.

– Этот симпатичный? – схватила она меня за руку.

– Он самый.

– Не может быть, ты серьезно?

– Да.

Я схватилась за лоб, глядя на Лизу.

– Откуда ты знаешь?

– Сам признался!

– Ладно, не сочиняй! И что он сказал? – трясла она меня за руку.

– Сказал, это мне и моему сыну.

– У тебя есть сын? – вскричал Миша с полным ртом мороженого.

– Ш-ш-ш! Нет, сиди тихо. Нет у меня сына,– засмеялась я, глядя на Лизу, которая прикрыла рот ладонью, чтобы подавить хохот.

– Тогда ладно,– Миша продолжал есть мороженое.

– Он думает, что Миша – мой сын,– прошептала я Лизе. Она посмотрела в сторону киоска.

– Не смотри на него, а то он подумает, что я говорю о нем,– зашептала я.

– Вот умора,– тихо рассмеялась она.

– Разве я выгляжу такой взрослой? – спросила я ее.

– Ты выглядишь старше своих лет. Я старше тебя на год, но все думают, что я моложе тебя.

– На сколько лет я тяну в его глазах?

– Как знать, лет на двадцать.

– Что? – вырвалось у меня.

– Ну, может, восемнадцать,– сказала она.

– О, Боже! – Я была поражена.

– Так вот почему мужчины пялятся на меня в автобусе? – воскликнула я. – Миша, доедай мороженое и пошли отсюда. Нас ждут, чтобы пойти плавать. Идем, Миша, хватит играть ложкой.

Лиза вытерла салфеткой губы.

– Я плавать не буду, а ты? – спросила я ее.

– Я тоже. Это для малышей.

За последующие недели мы лучше познакомились с молодым старшим официантом. Он все время махал рукой и улыбался, как только видел меня. Когда он заговаривал со мной, я всегда отвечала вежливо, соблюдая дистанцию. Однажды, наконец, моя робость прошла и мне стало комфортнее беседовать с ним. Я сказала ему, что Миша вовсе не мой сын, а братишка. Его лицо озарила широкая улыбка.

Мы стали добрыми друзьями. В этом кафе никогда не умолкала иностранная поп-музыка. И когда звучала наша любимая американская песня, он всегда поднимал громкость. Он помогал нам в любой мелочи, особенно, если мне что-нибудь было нужно. Он даже помог папе.

Сигареты, как и все остальное, стали дефицитом. Папа не мог их достать в магазинах. Однажды я сказала ему, что знаю, кто может помочь достать сигареты. Официант был рад удружить мне, когда бы я к нему ни обратилась. Он знал, где что можно достать. Каждую неделю я покупала у него сигареты для папы. В эти трудные времена хорошо было иметь таких знакомых, как он. Иначе в Ереване ничего нельзя было раздобыть. Я преисполнилась чувством собственной значимости от того, что теперь и у меня есть связи.

В середине июля во время обеда в нашем лагере, в столовой, нам встретилась группа симпатичных молодых парней спортивного телосложения. Наведя справки, мы с Лизой выяснили, что они из футбольной команды какого-то отдаленного города в Армении, живут в этом здании и питаются в нашей столовой. Большинству было под двадцать, но они выглядели взрослыми и строгими. Мы с Лизой сторонились их. Иногда они пытались заговорить с нами, но у нас не хватало духу вступать с ними в разговор. К тому же мама Лизы всегда была начеку и не позволила бы нам разговаривать с дерзкими и шумными молодыми парнями. Мы были слишком юны и застенчивы.

Один из них особенно бросался в глаза. Он показался мне на удивление привлекательным. Звали его Ашот. На мгновение он напомнил мне Азима, но повзрослевшего. Нет, Ашот не был похож на Азима. Он был высок ростом и широкоплеч. С мужественным лицом, зелеными глазами и каштановыми волосами. Но он был молчалив и неразговорчив, как Азим. Он пользовался всеобщим уважением. Все его слушались. Он был лидером, капитаном команды и самым привлекательным, в моих глазах, парнем на свете.

Приключения и счастливые моменты того лета затмили собой воспоминания о Баку. Время от времени меня мучили ночные кошмары и слезы, но Баку постепенно терялся во мгле. Казалось, он оставляет меня в покое, а мне некогда по нему горевать. Теперь настало мое время стать счастливой.

Я перестала получать письма от Емели. Азим больше ни разу мне не написал. От Лусине письма стали приходить все реже, а когда я, наконец, получала их, то замечала, что-то неладное в них. Письма были малосодержательными. Она боялась писать о своих чувствах, опасениях и переживаниях. Не приходилось сомневаться, что кто-то читал ее письма на почте в Азербайджане. Ее слова были неестественными, написанными не от души и сердца, а по трезвому расчету, по указке страха.

Моя прежняя вечная дружба с Лусине по сути увядала от жестокой реальности, и я ничего не могла поделать.

Июль подходил к концу, и лагерь закрывался. Я грустила оттого, что больше не увижу Ашота. Я часто ругала себя за то, что жизнь полна сложностей, а я волнуюсь из-за таких глупостей. «Ты слишком инфантильна», – говорила я себе. Мне минуло тринадцать. Пора бы уже в чем-то разобраться. Нужно выкинуть этого Ашота из головы.

Лиза бывает у нас в Канакере, а я – в ее «театре». Я много читаю по вечерам. Папины книги, более двух тысяч томов, остались в Баку, в брошенной квартире. Я корю себя за то, что не прочитала их все! Я беру почитать книги у родственников и друзей моих родителей. Со скуки я начала писать стихи, что удивительно, поскольку всегда недолюбливала поэзию. Может, за то, что нас заставляли заучивать наизусть целые страницы из Пушкина, а потом читать перед всем классом. И вот я сама пишу стихи и никуда не могу от этого деться.

Учебный год начинается 1 сентября. Перспектива проучиться еще один год в этой школе меня вовсе не воодушевляет. Я чувствую себя на год старше, но возвращение в школу меня не радует. Запах новых учебников и старых книг не внушает мне энтузиазма, как раньше. Кроме Лизы, в школе у меня никого нет, но мы сдружились и без школы.

Мне не хочется даже смотреть на лица этих людей. Лиза рядом, и этим она уже меня обнадеживает, как, впрочем, и мое присутствие служит опорой ей. Предметы в этом году трудные, но обычные для седьмого класса: физика, химия, анатомия, геометрия и алгебра. А географичка и на этот раз та же самая мегера.

Армянский язык я буду изучать в группе седьмого класса, но по учебнику второго класса. У меня все еще плохо получается.

18 сентября исполняется год со дня нашего исхода из Баку. Даже не верится, что уже прошел год. Все кажется таким отдаленным, а ведь один год – это не так уж долго. Я привыкла думать, что от Баку остались одни лишь воспоминания да наши с родителями ночные кошмары.

Погода стоит еще теплая. Уроки скучные. Не хочется вставать каждое утро и идти в школу, хотя отношения с одноклассниками налаживаются. С одной стороны, это меня успокаивает, с другой – очень печалит. Я хожу на уроки и стараюсь больше ни на что не обращать внимания.

В конце сентября, когда мы с Лизой пошли в перерыв на обед, мой мир снова рухнул. Лиза поделилась со мной новостями, и от поэтому мне было легче с ними справиться.

– Кое-кто из твоих недоброжелателей настучал учительнице армянского языка, что ты влюблена в турка и поэтому не хочешь говорить по-армянски,– сказала мне Лиза.

– Кто бы это мог быть? – спросила я невозмутимо, чем удивила Лизу.

– Скорее всего, Карине и Ануш.

– А, эти?!

Мною овладевало злобное безразличие.

– Но это еще не все,– продолжала Лиза, опуская глаза.

– Что там еще?

Я взглянула на нее в упор.

– Учительница велела всем девочкам поймать тебя после школы и побить.

Я разразилась нервическим хохотом. Потом смех прекратился, и у меня задрожали руки. Я была разгневана и напугана. Страх делал меня еще злее. Они говорили, что я люблю турков, азербайджанцев, а значит мне нравится ислам. Какая чушь! После того, как мы расстались, все это стало бессмыслицей. Я так горжусь своими корнями и свято чту Армению. Все остальное лишено смысла. Да как они смеют?

Я не знала, как быть. Лизе было неловко из-за того, что она сообщила мне такую новость. Я успокоила ее.

В тот день я добралась до дому в целости-сохранности. Никто на меня не напал и не побил, хотя я очень нервничала всю дорогу.

Дома я поведала о случившемся папе и маме. Папа рассердился, а мама стала во всем винить меня. Мне было не привыкать. Когда она не знала, как поступить, самым простым выходом из положения было свалить всю вину на меня за то, что я веду себя как белая ворона. Папа разбушевался и кричал, что спалит школу, если кто-нибудь тронет меня пальцем. Мама же сказала, что будет лучше, если я сама возьму это дело в свои руки, поскольку я уже взрослая.

Папа вроде бы согласился, но ничего не сказал. Я понимаю, почему они не стали вмешиваться: в этом случае дело приняло бы серьезный оборот с участием взрослых. А если бы за дело взялась только я, то об этом все вскоре забыли бы как о детской шалости. Папа предложил, чтобы я все рассказала классному руководителю. В этом году у нас была новая классная руководительница, потому что прежняя ушла на пенсию. Классным руководителем была учительница истории Армении, которая была в приятельских отношениях с той, что угрожала мне побоями.

Папа сказал, что если ничего не предпримут и будут мне угрожать, тогда я должна передать классруку, что он спалит школу. Я была ошеломлена, но кивнула.

Утром я пошла к классной руководительнице и рассказала об услышанном, присовокупив к этому папины угрозы. После уроков она созвала классное собрание. Все пришли, не понимая, что происходит. Классная руководительница объяснила, с какой целью проводится собрание, и на меня стали глазеть со всех сторон. Я ни на кого не смотрела, а глядела строго перед собой.

Первыми словами классной руководительницы, брошенными мне в лицо, были:

– Учительница армянского языка не могла сказать такую ужасную вещь.

Получалось, что я вру. После короткой паузы она призвала класс относиться ко мне с пониманием. Поднялся крик. Посыпались невыносимые оскорбления, но у меня на лице не дрогнул ни один мускул.

Они вопили мне в лицо, чтобы я убиралась в Азербайджан, если там мне так нравится. Потом они обозвали меня «турецким отродьем», от чего у меня внутри все оборвалось, а учительница даже вздрогнула. Это худшее оскорбление, которое армянин может бросить в лицо другому армянину.

Эти слова обожгли меня. Я задрожала, поднимаясь с места, и заговорила спокойным внятным голосом, чего поначалу никто не заметил, но чем выше поднимался мой голос, тем тише они становились.

– Вы обзываете меня «турком»? Да? И вы смеете так говорить после всего, через что я прошла? За то, что оставалась армянкой и дочерью Армении… Вы смеете называть меня «турецким отродьем» после того, как моя жизнь столько раз подвергалась опасности из-за того, что я армянка и чем я гордилась всегда. Вы смеете мне это говорить? Мне? Так вот, я этого вам не позволю! Не позволю вам обращаться со мной, как обращались азербайджанцы. Я вам не отщепенка какая-нибудь. Я хочу говорить по-армянски. Я хочу быть примерной армянкой, а вы мне только мешаете. Создаете безумные, невыносимые условия! Болтаете, будто у меня азербайджанские замашки. Выставляете в черном свете. Не хотите со мной водиться. А я изо всех сил стараюсь найти себя и свое место в Армении. Может, я и лишилась дома, родных, друзей и родного города, но я не лишилась гордости и сохранила свое «я». Пусть я беженка, но я не позволю вам вытирать об меня ноги! Не вы испытали то, что испытала я из-за того, что я армянка. Не вы жертвовали ради Армении тем, что вам дорого, а я!

Из моих глаз катились слезы. Я заметила их только после того, как перестала говорить. Все в классе умолкли и оцепенели. Я выбежала из класса, грохнув дверью изо всех сил, чтобы окна задребезжали. Я выбежала в коридор, где была вонючая женская уборная. И стояла там, содрогаясь от рыданий, когда пришла Лиза.

Она была со мной, пока я смывала слезы. Когда я вернулась за своими вещами, в классе никого не было, кроме классной руководительницы. Она положила руку мне на плечо и тихо сказала:

– Извини меня.

Я даже не взглянула на нее.

– Я сказала им, чтобы они больше не смели так себя вести с тобой или с кем бы то ни было еще.

В ее голосе звучала искренняя озабоченность, и я поверила ей.

Я поблагодарила ее и вышла вместе с Лизой, которая проводила меня до остановки. Она говорила, а я только слушала.

– Я бы такого не выдержала. Я очень тобой горжусь. Когда ты выбежала в туалет, Алик снова заорал, что ты не хочешь учить армянский. Девочки велели ему заткнуться и сказали, что он сам не хочет учить армянский, поэтому пусть помолчит. Ты знаешь, у него двойка по армянскому? – хихикнула Лиза.

– Так и есть,– улыбнулась я. – Это он не хочет учить армянский, а я хочу!

– Да, я знаю,– сказала она. – Я тоже хочу. Большинство мальчиков и девочек были на твоей стороне и вступились за тебя, когда ты ушла. Это только их шайка-лейка против тебя. А ты знаешь, Янис тоже за тебя.

– Неужели? – удивилась я.

– Именно!

– Он наполовину грек. Наверное, он знает, почем фунт лиха.

– Наверное, но ты ему нравишься.

– Ему все нравятся, Лиза. Он же у нас красавчик,– сказала я.

– Знаю.

После этого столкновения на повышенных тонах больше никто не смел сомневаться в моей способности говорить или читать по-армянски. Никто не смел высказываться о месте моего рождения. Со мной обращались по справедливости, и хотя компания Карине и Ануш ненавидела меня, они больше не решались связываться со мной. Но я была так во всем разочарована, что это уже не имело значения. Я осознавала, что никогда не стану одной из них. Мне суждено вечно отличаться от них, но я теперь совершенно об этом не беспокоилась. Мне по душе быть не такой, как все.

Я стала редко получать письма. Время от времени я писала бабушке, почта шла очень медленно. Иногда я открывала свою адресную книжку и начинала плакать, желая вернуться в Баку. Но такое случалось нечасто. Войне в Карабахе, казалось, не будет конца. Фидаины, или борцы за свободу, сражались против регулярной азербайджанской армии, и, как говорили, успешно. Все фидаины носили бороды, чем отличались от регулярных войск. Они разгуливали по городу, и особенно по Канакеру, бородатые и гордые, вооруженные и смелые.

В ту осень произошли резкие перемены.

Условия жизни в Ереване невыносимы. Есть нечего. Единственные незаблокированные шоссейная и железная дороги проходят через Грузию. Рассказывают, что грузины нападают на колонны с продовольствием для Армении и грабят. Мы окружены со всех сторон.

Однажды мама простояла в очереди шесть часов, чтобы купить полдюжины яиц. Каждый день после школы я иду на «поиски хлеба». В хлебных магазинах пусто, и если прибывает грузовик с хлебом, выстраивается километровая очередь, и на человека отпускают буханку хлеба. Я два-три часа провожу в беготне по хлебным магазинам или выстаиваю очередь, чтобы купить хлеба для семьи. Мои родители каким-то образом умудряются доставать что-то на рынках и базарах на обед, но бывают дни, когда у нас нет ничего, кроме вареной картошки. Когда Миша просит чего-нибудь сладкого, я выжимаю редкий лимон на кусочки сахара, с которым папа пьет чай. Это временное решение проблемы маленького ребенка.

Полки магазинов опустели, а зима обещает быть суровой. Никто не ждет от Нового года ничего хорошего. С наступлением холодов занятия в школе отменены на несколько недель. Отопления нет. Энергоснабжение работает с перебоями, как и транспорт.

Ната интересуется, когда мы собираемся съезжать из нашей подвальной комнаты, так как ее сын Гагик надумал устроить там себе офис. Папа говорит, что и сам не знает, поскольку доступного жилья не найти во всей стране, но он все же ищет.

Надежд на будущее нет. Все на грани нервного срыва. Мы поскребли по сусекам и набрали с миру по нитке на одну-единственную ночь в году, когда мы можем ненадолго отдохнуть от забот. На Новый год у нас была и еда, и электричество, чтобы посмотреть по телевизору праздничную программу. Мы смеемся. Но потом все возвращается в свое привычное отчаянное серое русло.

ЧАСТЬ 4
1991 год

ГЛАВА 17

Новик приехал в Армению праздновать **Новый год с семьей в Джермуке.** Он остановился в Ереване и навестил нас. Он рассказал моим родителям, что Американское посольство ждет нас на собеседование шестого февраля. Значит, может открыться какая-то перспектива. В наш дом вернулись надежда и воодушевление.

Документы, заявления и всякая замысловатая писанина оправдали себя спустя два года. Не все представляют интерес для Американского посольства, а мы представляем. Им захотелось провести с нами собеседование.

В один из таких сумбурных дней я спросила маму:

– Мы собираемся в Америку?

Мое любопытство взбесило ее, и она раскричалась на меня, угрожая побить. Мне понятна ее реакция. Ничего другого ей не пришло в голову. Мой вопрос слишком несвоевременный и прямолинейный. На него трудно ответить. Вот и мама не может. Она набрасывается на меня:

– Откуда я знаю, Аня? Собеседование еще ничего не значит. Они могут нам отказать! Займись лучше чем-нибудь полезным, а не то получишь у меня!

Я перестала задавать ей вопросы и замкнулась в себе, опасаясь ее физической реакции на мои расспросы о собеседовании.

Мне было велено никому ничего не говорить в школе. Опять предрассудки, думала я. Свою тайну я оберегала от всех, кроме Лизы, с которой больше, чем с кем-нибудь на свете хотела поделиться ею.

В конце января школа вновь открылась. Было еще холодно. Всю зиму я вязала для всех свитера из ниток, присланных женой Новика из Джермука. В последнее письмо, полученное от Лусине, вложена фотография нашего класса, вернее, того, что от него осталось. Он поредел наполовину. Уехали все армяне, большинство русских и один-единственный еврей в нашем классе. Лицо Азима изменилось, но все еще узнаваемо. Он повзрослел и вытянулся. Лицо помрачнело. Глаза сверлят объектив фотоаппарата, который его раздражает, а может, его что-то тревожит. В его карих глазах обида и ярость.

Эльдар, мой друг-азербайджанец, стоит рядом с ним. Я рада, что они остались друзьями после всех потрясений, испытанных нами. Черты лица Эльдара по-прежнему привлекательны, только стали взрослее.

Я часами разглядывала фотографию, пытаясь высмотреть в ней что-то скрытое, может быть, упущенное мною. Было больно смотреть на Лусине. Она стояла рядом с Емелей, казалось, она буквально опирается на Емелю. Ее слабая улыбка вызвала у меня воспоминания, которые нельзя загнать в темные уголки памяти. Лусине выглядела такой же, с простыми чертами лица и светло-каштановыми шелковистыми волосами, как я и ожидала. Я помнила, как укладывала ей волосы, и какими шелковыми они были на ощупь и пахли мылом. Как бы далеко она ни находилась от меня, мы оставались близки. Но какими бы близкими подругами мы ни были, она находилась далеко-далеко от меня.

Емеля превратилась в красивую девочку, не похожую на ту беспечную, как мальчишка, особу, с которой я рассталась. Ее прямые русые волосы стали длиннее, а одежда

– женственнее. Глаза такие же огромные, но на поблекшем фото не было видно, какого они цвета. Пришлось вспоминать, какого же цвета у нее глаза. Почему-то это было очень важно, и на это у меня ушло много дней.

Наташа Сергеева стояла рядом с классной руководительницей. Остальные члены ее свиты – все азербайджанцы, окружали ее. Сама же Наташа выглядела уязвимой и грустной. Я заметила, что они единственные, кто носит красные пионерские галстуки. И усмехнулась, испытав гордость за Армению: азербайджанцы все еще находятся под советским влиянием, а Армения от него уже избавилась. Большинство моих одноклассников в Армении не носили даже школьную форму, не говоря уже о красном галстуке! Папа спросил о причине моего хихиканья, и я показала ему фотографию.

– Они все еще под Советской пятой,– сказал он.

В первых числах февраля мы все полетели в Москву на собеседование в посольстве США. Мы снова остановились у тети Эсмы. Ее дочери повзрослели и стали добрее ко мне относиться. Я не могла думать ни о чем, кроме собеседования, которое было назначено на 6 февраля 1991 года.

Новик, его жена и три дочери, моя тетя Нора тоже в Москве. Наш дальний родственник Геннадий, или Гена, подал заявление как член нашей семьи, чтобы тоже поехать в Америку. Он сын папиного двоюродного брата и приходится мне троюродным братом. Ему за двадцать. Он холост, и мы не знаем о нем ровным счетом ничего. Он никогда не просился в нашу компанию, но записался в ка-

честве члена семьи, и теперь мы ничего с этим не можем поделать. Мама далеко не в восторге от этого.

В Москве не очень холодно. Дни перед собеседованием тянутся мучительно долго. У Эсмы я ничем не могу себя занять. Я решила проводить время за чтением. У нее колоссальная библиотека, и я читаю одну книгу за другой. Меня в основном интересует классика. Мои любимые книги – «Собор Парижской Богоматери» и «Сестра Керри». Читаю без остановки, словно соревнуясь сама с собой, подгоняемая постоянной жаждой знаний.

Погруженная в чтение, я даже не заметила, как приблизился день собеседования. Рано утром 6 февраля мама, папа и Гена поехали в посольство США. Приводить Мишу и меня необходимости не было, поскольку мы несовершеннолетние. Новик же взял с собой своих троих дочерей, не желая оставлять их дома одних в небезопасном районе Москвы, где находилась их квартира.

Дочери Эсмы, Маша и Илона, были в школе, а Эсма – на работе. День предстоял долгий. Слоняться по гостиной не имело смысла. Скука и тревожные ощущения нарастали с каждым часом. Миша был занят игрушками. Мы вместе поели. Он не осознавал важности этого дня, чем раздражал меня. Как бы я ни пыталась взять себя в руки, я беспокоилась за исход собеседования. О Баку и речи быть не могло. Жизнь в Ереване была невыносимой, а в ближайшей перспективе еще и бездомной. Решением проблемы была Америка.

К полудню Эсма с дочерьми вернулись домой. Мама обещала позвонить к пяти часам, но не позвонила. Ближе к шести Миша играл в своей комнате и смеялся вместе с Илоной. Эсма готовила ужин. Я сидела в гостиной на большом холодном стуле, зачехленном бархатистой тканью. Я повернула стул к окну и сидела спиной к двери. Стояла тишина. За окном горел уличный фонарь. В темноте я увидела снежинки, которые тысячами вспыхивали в свете фонаря, кружась в медленном танце. Часть окна закрывала старомодная белая кружевная занавеска. Я глядела сквозь занавеску и не замечала, как летит время. В голове носились беспризорные мысли.

Господи Боже, не дай им отказать нам. Боже, что мы будем делать, если нам откажут. Нам ничего не останется в жизни, мы лишимся будущего. Умоляю, сделай так, чтобы они выбрали нас.

Телефонного звонка я не слышала. Я сидела посреди гостиной и молилась, как никогда в жизни. Никогда еще я не была так искренна и готова была молиться не потому, что меня кто-то этому научил, а потому, что никогда еще не чувствовала такой нужды в вере и надежде, как в тот миг.

Эсма окликнула меня. Я обернулась и увидела ее в дверном проеме.

– Мама только что звонила. Просила передать, что вы с Мишей едете в Америку в июле. Вы получили статус беженцев,– улыбнулась она.

– Спасибо,– еле слышно прошептала я.

Она ушла, а я повернулась к окну. Я сидела, уставившись на него несколько секунд, пытаясь собраться с мыслями. Затем все как будто оборвалось, и я горько зарыдала. Не знаю, долго ли я рыдала, но, в конце концов, совсем выбилась из сил. Это, подумала я, радости слезы – доселе неведомое для меня состояние.

Мама и папа вернулись поздно вечером. Они были взволнованы, от их пальто веяло холодом. Я все еще не оправилась от потрясения и, услышав их голоса, не понимала, что они говорят. Через пару минут я пришла в себя и осознала: мы действительно едем в Америку! Я, как и вся моя семья, находилась в крайнем возбуждении. Я, не переставая, задавала вопросы папе, который сидел за кухонным столиком и пытался на них отвечать.

– Мы долго ждали внутри. В коридоре было полно армянских беженцев из Баку и несколько еврейских семей. Присесть было негде. В посольстве все чисто, люди вежливые. Везде камеры наблюдения и сотрудники, которые выглядят очень солидно.

– Папа, как проходило собеседование? Что они спрашивали?

– Они спрашивали то же, что было в анкетах. Вопросы похожие. Один из тех, кто вел собеседование, молодой парень, замечательно говорил по-русски. Он спросил маму, есть ли у нее братья или сестры. И мама ответила: «Одна сестра». Парень заглянул в анкету и смущенно сказал: «Но тут сказано, что у вас один брат!» Мама так нервничала, что забыла, брат у нее или сестра!

Папа хлопнул по колену и расхохотался, глядя на маму. Она смущенно засмеялась в ответ.

– Потом меня спросили, почему мы решили уехать из своей страны и отправиться в Америку,– продолжал папа. – Этот вопрос меня вывел из равновесия. Я громко сказал: а как же нам оставаться в этой стране? Я служил в Советской армии. Я верил, что моя страна встанет на защиту моей семьи. А что сделала для нас эта страна?

Папа все больше распалялся.

– Наша страна только подвергала нас опасностям, и теперь нам некуда идти!

– Потом нас попросили выйти,– сказал папа. – Уже стемнело и сильно похолодало. Никому не хотелось выходить на улицу. Твои сестренки очень устали, бедняжки. Хорошо, что мы вас не взяли.

– Зачем нужно было выходить наружу, папа?

– Они вызывали нас поименно в алфавитном порядке и вручали документы. Сначала они выкликнули нашу фамилию, потом мое имя, Норик. Нам передали документы, в которых говорилось, что нам предоставлен статус беженцев.

– Представляю, какой поднялся радостный крик! – воскликнула я, вскочив и устроившись у папы на коленях.

– Мы не стали поднимать шума, потому что документы Новика еще не были готовы. А когда мы получили его документы, в которых говорилось, что он тоже получил статус беженца, вот тут все возликовали.

Никогда еще я не видела в папиных глазах такого блеска.

– Твой папа, посмотрев на документы Новика, обернулся, и они закричали: «Мы летим, мы летим!»

Мамины щеки стали влажными от слез.

– Потом все засмеялись и запрыгали на снегу,– продолжал рассказывать папа. – Твои сестренки так завизжали, что прохожие оглядывались. Даже пассажиры автобусов и машин счищали изморозь со стекол, чтобы посмотреть, что там творится.

– Мы летим, мы летим! – Миша раскинул свои ручонки, изображая летящие самолетики с помощью игрушечных машинок.

– Они наверняка догадались в своих автобусах, что мы летим в Америку,– сказала я, улыбаясь папе.

– Наверняка, они сначала подумали, что мы свихнулись. А потом, может быть, догадались, в чем дело. Все же знают, что тут находится американское посольство.

Он так крепко поцеловал меня, что его небритые щеки оцарапали мне щеку.

– Когда же вы уезжаете? – весело спросила Эсма.

– 5 июля, если не будет осложнений, или в августе,– сказала мама.

– Да, мы получили официальное разрешение от американского правительства на въезд в США, но сначала советское правительство должно нам дать разрешение на выезд из страны. Нужно дождаться…

По лицу папы пробежала тень.

Как только мы вернулись в Ереван, я сгорала от нетерпения, чтобы рассказать всему классу, что мы едем в Америку, во-первых, от волнения, а во-вторых, чтобы заставить их завидовать. Но мама опять не велела никому ничего говорить.

– Но, мама! – заныла я.

– Нечего-нечего, а то еще всякие завистливые люди сглазят нашу удачу! – сказала она резко.

Ах, как я переживала, что не могу ничего рассказать своей лучшей подруге Лизе! Но через неделю после нашего возвращения предложила ей пойти и сфотографироваться вместе в фотоателье.

Лизина мама подозрительно посмотрела на меня и сказала, улыбнувшись:

– Ты куда-то уезжаешь?

– Да вроде нет.

Спустя несколько недель я уже не могла держать эту новость в тайне и поделилась ею с Лизой. Поначалу она обрадовалась за меня, но потом сникла и погрустнела.

– Почему ты загрустила? Разве ты не рада за меня?

– Конечно, рада,– ответила она,– но что я буду без тебя делать?

– Ну что ты говоришь! У тебя и без меня все будет хорошо.

Мне стало не по себе, и я стала ее успокаивать.

– Я не выживу без тебя в этой школе. Нет, я не шучу. Если бы не ты, они бы давно меня сожрали. Ты мой единственный друг.

– И ты мой единственный друг. Я постараюсь завести новых друзей в Америке, а ты найдешь друзей здесь. Я уверена. К тому же, до лета я не уеду. У нас еще уйма времени.

Мы нашли небольшое обветшалое фотоателье в Канакере. Черно-белые фотографии обошлись очень недорого и получились четкими. Хотя на фото мы обе улыбались, на наших лицах все же проступала печать грусти.

Зима выдалась суровой и уступать место весне не собиралась. Мы нуждались в дровах, которых все не хватало. Камо и Ната выдавали нам дрова порциями, а большую часть оставляли себе. В нашей комнате всегда было холодно.

Мама и Миша продолжали свои рейды за дровами по всему Канакеру. Они возвращались с добычей, найденной на стройплощадках. Вот так мы поддерживали тепло в нашем подвальчике. Мы прожили в этой комнате уже больше года, Папа чинил и красил полы, которые все равно подгнивали, а он латал их снова и снова, заменяя старые доски на новые.

На исходе был уже второй март, встреченный нами в подвале. Мы отметили мой день рождения в тесноте за крошечным столом, на котором было проблематично уместить даже наши четыре тарелки. В этом году торта не было. Мне минуло тринадцать – долгожданное число, но тогда оно ничего не значило для меня.

Мои оценки в школе были в пределах нормы, но ниже, чем в Баку. В Ереване я была средней ученицей, а в Баку – отличницей по всем предметам и очень редко получала «четверки». У меня по всем предметам всегда были «пятерки», а теперь – «четверки», «тройки» и даже «двойки» – самые невероятные для меня оценки. Каждый день приносил огорчения. Я молилась часам, установленным в классах, как божествам, считая каждую секунду. Перспектива Америки придавала сил.

Ожидание Америки истощает мое терпение. В то же время я боюсь думать, что я туда еду. Теперь, когда мои желания (хоть и не все) исполнились, я не знаю, что мне чувствовать. Я хочу с этим покончить.

То, как географичка обращается со мной, становится с каждым разом все невыносимее. Она унижает всех бакинских беженцев при любом удобном случае: когда она начинает что-нибудь вопить про бакинцев, подходит ко мне и Лизе и стоит над нашими головами, глядя на нас в упор. Недавно нам нужно было достать контурные карты для VII класса. Мы с мамой постоянно обходили весь город в поисках предметов первой необходимости и хлеба, так как прилавки повсюду пустовали. На этот раз нам предстояло достать контурные карты для VII класса, но тщетно. Единственное, что удалось найти, это контурные карты для X класса. И, несмотря на то, что учительница велела нам купить контурные карты для VII класса, нам было уже все равно, мы уже выбились из сил. Мы пролистали страницы и убедились, что они мало чем отличаются. Разве что в атласе для X класса напи-

сано «Латинская Америка» вместо «Южной Америки».
Отчаявшись, мы купили атлас для X класса.

– Мама, эта ведьма заставляет нас купить атласы
для VII класса,– предупредила я ее. – И если такого не най-
дем, то в наказание должны начертить карту, оконту-
рить континенты и написать названия всех стран и го-
родов из учебника. Потом мы должны раскрасить горы и
долины. Она меня убьет за это, ты знаешь?

– Знаю,– отвечает она. – Я все знаю про твою ведьму.
Но другой-то карты нет. Она что, не понимает, в каком
тяжелом положении находится ее родная страна?

Когда Мила Михайловна, наша гарпия-географичка,
проверяла мои задания на контурных картах, она не замечала, что на обложке жирным шрифтом оттиснуто «X
класс». И хотя мама советовала мне не беспокоиться, каждый раз, когда наша мегера приближалась к парте, за которой сидели мы с Лизой, проверять наше домашнее задание, у меня начинало сосать под ложечкой. Но удача мне
изменила. Через пару недель после того, как мы приобрели атлас, и я раскрасила его на треть, обложка попалась на
глаза Миле Михайловне.

– Это что такое? – заорала она.

Я машинально вскочила из-за парты, как нас учили в
Баку. После короткой паузы я ответила:

– Атлас.

– Разве я не велела вам достать атлас для VII класса?

– Мы не смогли найти атлас для VII класса. Они все
распроданы, Мила Михайловна,– объяснила я.

Ее глаза яростно метали молнии, а голос не по-женски
громыхал. Какие только нелестные мысли не проносились
в моей голове, пока я стояла и смотрела на классную до-
ску.

Весь класс затаил дыхание.

– Мы не смогли…

Я взглянула на ее морщинистое накрашенное лицо.

– Заткнись! – взревела она. – Выбросишь, а Северную Америку перерисуешь из учебника или из другого атласа, да чтобы по размеру! Потом раскрасишь все долины, реки, озера и горы.

Она стала удаляться.

Внешне спокойная, лишь с легкой дрожью в голосе, я сказала, чтобы всем было слышно:

– К вашему сведению, Северная Америка в атласе для VII класса та же самая, что и в атласе для X класса, так что я не вижу смысла ее перерисовывать.

– Что ты сказала? – прошипела она, оборачиваясь и сверля меня глазами.

Я уже была готова к тому, что она сейчас ударит меня или схватит за волосы, но я не моргнула и не опустила глаз. Мое лицо застыло, а ее лицо менялось каждую секунду.

– Вы слышали, что я сказала,– ответила я.

– Слышала,– возопила она после мгновенного оцепенения, окидывая взором моих одноклассников, которые пытались спрятаться за партами. – А они не слышали! Повтори, чтобы они тоже узнали, какая ты дура!

– Северная Америка в атласе для VII класса – та же самая, что и в атласе для X класса,– сказала я громче, и вдруг засмеялась, и повторила еще громче, чуть не сорвавшись на крик.

Мои легкие раздувал яростный напор вновь обретенной свободы:

– Северная Америка не меняется, в каком бы классе мы ни учились! Северная Америка всегда останется Северной Америкой!

Я задыхалась от ликования. Сердце бешено колотилось при одной только мысли о том, что я вытворяю с этой мучительницей на ее же территории.

Мила Михайловна вытаращила на меня глаза. Воцарилась тишина, а я стояла руки по швам, как солдатик, с высоко поднятой головой.

Внезапно она заговорила, вонзая в меня свой голос, словно пучок ядовитых шипов.

— Теперь ты в моих глазах ничтожество. Я в упор тебя не вижу. Потому что ты жалкая бакинка, грязная беженка!

Она стояла неподвижно, но бросила взгляд на Лизу.

— А ты, чтоб не смела садиться рядом с ней. Она пагубно влияет на всех! Чтобы никто с ней рядом не садился! Слышали!

Не проронив ни слова, Лиза опустила глаза. Весь класс онемел. Я оглянулась и перехватила несколько взглядов, брошенных географичкиными любимчиками. Большинство же посмотрели на меня, потом в свои учебники и атласы для VII класса. Никто не поддержал меня. Я опять осталась в одиночестве. И это только придавало мне сил.

Молчаливая поддержка Лизы витала в воздухе. Этого мне было достаточно. Ни за какую другую парту она не пересела и не собиралась. Она сидела со мной весь учебный год, и мегера больше ни разу к нам не придралась. Наша дружба крепла, и она не решалась испытывать ее на прочность. Наша привязанность была сильнее атмосферы страха, которую она нагнетала на своих уроках.

После этого происшествия в классе со мной стали обращаться, как с ничтожеством, как и обещала Мила Михайловна. Мне задавали дополнительные задания, обвиняли в списывании, во лжи и в лени за то, что я никчемная бакинская дрянь. Она никогда не упускала случая ко мне придраться. А я реагировала на это всего лишь легкой ухмылкой. Мои отметки по ее предмету были высоки, как бы она ни старалась их занизить, потому что я корпела над каждым заданием больше, чем над другими. Это послужило для меня стимулом, чтобы я стала отличницей по всем предметам. Мила Михайловна так никогда и не поставила мне «пятерку».

Как «ничтожеству» мне полагалось оставаться на уровне «четверки».

Все мои помыслы об Америке. Она и пугает меня, и волнует. Ею заняты мои мысли и сердце, и она настораживает меня своей неопределенностью и непредсказуемостью, потому что у меня нет о ней четкого представления. А тем временем по ночам мне снятся бакинские кошмары: я разыскиваю Азима. Мне нужно сказать ему что-то очень важное, но время истекает. Я знаю, что он где-то рядом, очень близко. В пределах моей досягаемости. Бабушка исчезла навсегда. Я уже давно ее не разыскиваю. Это безнадежно. Бабушка переселилась из моих снов, из разрушенного, сожженного города, где я все еще что-то ищу, а нахожу лишь ускользающие от меня воспоминания.

В апреле прошел слушок о том, что во всех русских школах Еревана обучение по всем предметам будет на армянском языке. Новость привела школу в замешательство. А я наблюдаю за всем происходящим со стороны и посмеиваюсь. После поднятой ими шумихи по поводу того, что я не говорю по-армянски, пусть они теперь доказывают свою верность родному языку.

Все просто. Когда они оканчивают русскую школу, они могут поступить в любой российский университет. Но после окончания армянской школы шансов поступить в хороший российский вуз меньше. Хотят они в этом при-

знаваться или нет, Россия их все равно контролирует,
потому что там находятся лучшие универсиметы, а
это в перспективе означает хорошее трудоустройство в
Советском Союзе, включая Армению.

Так что теперь я наблюдаю со стороны за этим пере-
полохом. Сижу, не проронив ни слова, не ухмыляясь, но они
догадываются, что я об этом думаю.

Зато они не догадываются кое о чем очень важном: что
меня все это нисколько не беспокоит. Им невдомек, где я
буду, когда их школы перейдут на обучение на армянском
языке. Вместо того, чтобы беспокоиться об армянском,
мне нужно позаботиться о своем английском. Именно
этим я и занимаюсь. Большую часть своего свободного
времени я провожу за изучением английского. Я выполняю
дополнительные задания и пытаюсь схватывать слова,
сказанные в программе новостей американскими полити-
ками, до того, как их переведут. Я убеждаю родителей
также начать учить английский, хотя у них и так дел
невпроворот.

Новость эта обеспокоила Лизу не меньше остальных
учеников, если не больше. Ее тревожило не только по-
ступление в хороший вуз, но и неважнецкое владение армянским. А теперь, когда я уезжаю, она останется в одиночестве. После того, как новость распространилась, Лиза
сблизилась с популярной группировкой в нашем классе,
начала пропускать уроки, только потому, что они так поступали, и стала вести себя заносчиво, как они.

Ее поведение меня очень волновало. Я всегда оставалась сама собой, хотя у меня и было много друзей. Но у
Лизы в такой ситуации дела пошли плохо.

— Не могу поверить, что ты бегаешь, как собачка, за
Ануш и Карине. Еще недавно они насмехались над тобой

из-за того, что ты бакинка и носишь старье. Где твоя гордость? Где твое самолюбие?

– Тебе легко так говорить. Ты скоро уезжаешь в Америку, а мне предстоит вариться во всем этом до самого окончания школы. Я должна быть готова к тому времени, когда тебя не будет рядом,– сказала она.

– Но…

Я была очень раздражена.

– Я не такая сильная, как ты, Аня,– вдруг вскричала она. – Я не могу переносить все это, как ты. А ты уезжаешь. Я остаюсь совсем одна. Понимаешь, что это значит?

Разговор окончен. Она убегает вся в слезах. Я пытаюсь представить, что было бы, если бы уехала Лиза, а я осталась. Я начинаю понимать ее слезы, но у меня не укладывается в голове, как можно водить дружбу с такими людьми. Я знаю, если бы это случилось со мной, я бы не стала приспосабливаться к другим. Но она – не я. Мы с Лизой очень разные. И я смирилась с тем, что она считает для себя приемлемым, хотя и не была с ней согласна.

Но она удивила меня. После нашей размолвки она все меньше и меньше появлялась в той компании. Они этого даже не заметили, потому что она отдалялась от них постепенно. Благодаря этому у нее не возникло с ними конфликтов, и они оставили ее в покое.

– Откровенно говоря, я верила, что ты, Лизочка, от них отойдешь.

Я поцеловала ее в щеку однажды днем на остановке.

– Спасибо. Но, когда ты уедешь, у меня не останется подруг,– сказала она, глядя куда-то в сторону, занятая своими мыслями.

– У тебя уже есть подруги – Софа, Эмма и Ада,– сказала я. – Они приличные девочки.

Воцарилось молчание. Мы обе погрузились в свои мысли, думая об одном и том же, но по-разному.

Наступил май, и Ереван похорошел. Знойные деньки были не за горами, поэтому мы старались насладиться приятной погодой до того, как нагрянет летняя жара. Мама поехала в Грузию увидеться с бабушкой. Они обе решили, что было бы неплохо, если бабушка приедет в Армению попрощаться с нами. И бабушка приехала. Я не видела ее полтора года. Усталые глаза старили ее, но она была счастлива видеть нас, а мы были рады видеть ее.

Тем временем Новик с семьей уехал из Джермука в Москву в ожидании переезда в Америку. Они приехали в Ереван попрощаться со всей родней. Нора ехала с ними, как всегда. Сестра дяди Толика Алла, которая жила в селе Касах, тоже приехала в Ереван, чтобы оттуда отправиться в Россию к Толику. Они ехали вместе: семья Новика, Нора и Алла – родные брат и сестра, и кузина.

Мы провели вместе один день, чтобы показать бабушке Ереван с окрестностями и провести время с семьей Новика. Нора, Алла, три мои кузины, бабушка и мы четверо поехали осматривать мемориал в память о Геноциде армян. Мы увидели новую спортивную арену, и папа взятым взаймы фотоаппаратом сфотографировал знаменитые фонтаны.

Мы посмотрели на Ереван с окружавших город холмов. Потом поехали в Эчмиадзин и побывали в Кафедральном соборе. Папа все время нас фотографировал. Это было памятное событие, несмотря на то, что фотографии не получились. Встреча с кузинами вызвала много воспоминаний о годах, проведенных на нашей старой квартире. И вот они уезжают в Москву, готовиться к путешествию в Америку.

На следующий день они все уехали. Бабушка провела с нами еще три дня. В последний день мы с Мишей повели ее в наш уже преображенный парк смотреть кино. Кафе работало, и мы угостили бабушку мороженым на деньги, накопленные мною и Мишей по копеечке. Она была решительно против, но мы ее уговорили. Нас обслуживал знакомый официант, который узнал меня и улыбнулся.

На следующий день бабушка уехала. Три дня пролетели мгновенно. Мне нужно было поговорить с ней о стольких вещах, но времени не хватало. Она вкратце рассказала, что изредка видит Емелю и ни разу не видела Лусине. Время от времени в наш двор заходит Азим. Виля живет с бабушкой в маленькой русской деревушке. Место ужасное, и условия жизни мешают бабушке Лиле излечиться от ран, нанесенных азербайджанскими подонками. Виля изменился.

– Вряд ли я перенесу здесь еще одно лето,– время от времени повторяла мама после бабушкиного отъезда.

Мои родители поговаривали о поездке в Москву этим летом, после того, как стало известно, что выездные документы вряд ли будут готовы к июлю. Мама считала, что мне будет на пользу походить в школу в России с кузиной Леной, дочерью дяди Толика, если летом уехать не получится. Ожидание стало обычным образом жизни в нашем доме. Мы ждали вместе и врозь. Каждый нервничал по-своему.

ГЛАВА 18

Каждый справлялся со своей нервозностью **на свой манер.** Мама вымещала ее на мне, физически. Миша избавлялся от навязанного взрослыми стресса, вывалявшись в грязи на дворе. Папа трудился и зарабатывал деньги. Я же обнаружила свой способ снимать напряжение случайно. Моим спасением стало сочинительство. Прежде всего, я писала письма и вела дневник, но этого мне показалось мало. Во время своего короткого пребывания бабушка оставила мне книгу, постепенно изменившую мой взгляд на поэзию. Избранные произведения Анны Ахматовой. Я прочитала несколько стихотворений и после отъезда бабушки поставила ее на полку. Однажды Миша играл во дворе. Папа курил, наблюдая, как Миша играет с соседской собакой. Мама занималась стиркой. Я сидела в комнате. И тут я почувствовала непонятное и неведомое доселе волнение, словно нечто долго накапливалось во мне и требовало выхода. Я пыталась не обращать внимания на этот настойчивый призыв, но это чувство не отпускало меня. Не знаю, что это было, и я попыталась заняться домашними делами, но мысли где-то витали. Я попыталась разобраться в своих чувствах, и внезапно слова как-то сами собой выстроились в логической последовательности, составив предложения. Они обладали самобытным ритмом и временами рифмовались с другими словами.

Это поразило и заинтриговало меня, поскольку я всю жизнь терпеть не могла поэзии. В школе зубрежка стихов – обычное дело. Мы заучивали наизусть целые страницы и декламировали перед всем классом, что пугало и ставило нас в неловкое положение. От поэзии в результате остался неприятный осадок.

Я схватила ручку и записала свои мысли, вычеркивая и переписывая их снова и снова. Получилось несколько страниц, испещренных стихами. Я изумилась. В тот вечер я написала еще несколько страниц, минуты две с восхищением любовалась своим трудом, после чего с наступлением темноты предала его огню в запретном садике Камо. Я не знала, что мне делать с моим новым увлечением, и не имела понятия, как на это отреагируют родители. Я стала читать стихи Ахматовой и поняла, что мой стиль совершенно отличается от ее стиля. Я прочитала произведения других поэтов, и меня поразило, что все они наделены своим стилем. А у меня был свой стиль.

Сочинительство стало моей сокровенной тайной. Прозу я читала всю жизнь. Я читала русских, французских, американских и английских авторов. После того, как на меня накатила волна поэзии, у меня возникла жажда писательства. Я подумывала писать прозу, потихоньку экспериментируя с короткими рассказами. Мои персонажи и места действия всегда оказывались разными. Я писала рассказы о таинственных происшествиях и о дружбе. Некоторые были посвящены историческим событиям или семьям. Я писала самозабвенно и всегда в одиночестве, чтобы скрыться от окружающего мира. Когда все было готово, я, довольная и уставшая, сжигала свои произведения, опасаясь, как бы мои родители не обнаружили их в нашей подвальной комнатушке.

Единственное сочинение, остававшееся со мной,– мой дневник. Я делала в нем записи изредка и прятала дневник за учебниками. А еще я подвергала себя цензуре, на случай, если родители найдут дневник. Но мои стихи и рассказы не пропали. Каждый из них хранился на своей полочке в моей памяти под охраной моего сердца. Однажды в классе, пока учительница не видит, я шепнула Лизе, чтобы она кое-что прочла. Я быстро настрочила одно из моих стихотворений на клочке бумаги, вспоминая каждую строку и каждое слово, и передала ей.

Я выбрала именно это стихотворение, потому что оно было моим первым. Оно было исполнено любви к моему дому, к Баку и нашему двору. Я видела, как Лиза изменилась в лице, читая последние две строки:

Город мой
Навеки ты останешься во мне.
Конечно, с тем,
Что дорого мне было больше света.
Я двор мой помню в тишине
И песню догорающего лета.
И помню небо полное души.
Когда сидели мы в тиши,
Объятые ветвями тута,
Душа была прочнее жгута.
Теперь же жизнь
Калечит нас своею правдой.

Стихи так подействовали на нее, что она прослезилась. В этих строках содержалась горькая правда: наш собственный дом предал нас. Наша Родина предала нас, а наша страна не защитила.

Прижав клочок бумаги к груди, Лиза спросила, можно ли оставить стихи у себя. Я не стала возражать и нехотя согласилась, сгорая от стыда. На следующее утро в школе она сказала мне:

– Надеюсь, ты не рассердишься. Я не могла не показать твои стихи маме!

– Что она о них думает? – спросила я, не испытывая желания выслушивать ответ.

– Ей очень понравилось, Аня. Она считает, что стихи замечательные. Знаешь, тебе удалось выразить словами мои переживания. Я чувствую именно так, но не знаю, как выразить себя,– от волнения Лиза взяла меня за руку.

– Я рада, что тебе понравилось,– улыбнулась я, чувствуя, как мои щеки заливаются краской.

– Ты давала их читать еще кому-нибудь?

– Никому.

– Но почему? Пусть читают. Ты должна писать много стихов.

– Я и пишу, Лиза, только боюсь, что кто-нибудь увидит, поэтому их сжигаю,– прошептала я.

– Зачем ты это делаешь, джана? Вдруг однажды ты сможешь их напечатать и рассказать всему миру, через что ты прошла и что переживаешь сейчас! – сказала Лиза, сжав мою руку обеими ладонями и покачивая ее взад-вперед.

– Однажды, может быть.

Лето запаздывает, но оно явно уже в пути. Вряд ли я выдержу еще один месяц в школе. Нам с Лизой надоело следить за стрелками часов и лицезреть изнуренные лица одноклассников и учителей. Я жду лета всем своим существом. Погода дождливая, от чего каждый день в

школе становится сонным и мрачным. Все нуждаются в отдыхе.

Наконец, настала последняя неделя в школе. Мы вернули свои учебники, и школа закрылась на лето. Опять не было экзаменов. Я не знаю, может, я уже не увижу своих одноклассников. А они даже не догадываются, где я окажусь через несколько месяцев. Но я не собираюсь им говорить, а как хотелось бы! Нужно помалкивать. Глупые предрассудки!

Июнь поначалу прохладный, но вторая неделя уже знойная.

Мама едет в Москву узнать, в каком состоянии находятся наши документы и занимается ли ими Советское правительство. Мы подозреваем, что их отложили в долгий ящик.

Мы с папой считаем, что хорошо бы нам с Мишей провести недельку в семье у дяди Робика, пока мама в отъезде. Он папин двоюродный брат и тоже из Баку. У них в Баку была замечательная просторная квартира, которую они продали задолго до начала беспорядков и купили дом с участком в селе, в часе езды от Еревана. До начала конфликта в этом селе жили азербайджанцы. Они уехали, а их место заняли армяне из Азербайджана, купившие их дома.

Это довольно распространенное явление. Большинство азербайджанцев продают свою землю и дома, получая большие деньги от армян, которые отчаянно хотят вырваться из Баку, как можно скорее. Азербайджанцам ничего не угрожало , и они могли поэтому не спешить, заключая выгодные сделки.

У дяди Робика два сына. Равик женат, у него новорожденный сын. Радик, младший брат, служил в армии, когда начался конфликт, и он сразу приехал в Армению, ни с кем *не попрощавшись в Баку. Они продали все, что у них было, в отличие от нас, и купили этот дом в селе близ Еревана. Это азербайджанское село, что видно по планировке домов.*

Я помнила дядю Робика и его семью по бесчисленным свадьбам и похоронам, на которых бывала наша семья в Баку. Хоть мы не были очень близки, мне нравился дядя Робик. Равик и его жена – оба спокойные и неразговорчивые, а младший Радик, которому двадцать лет, непрерывно развлекает нас множеством анекдотов. Маленький сын Равика Рубенчик – очень милый малыш. Достаточно было мне взять его на руки, и он уже не хотел слезать. Он улыбался каждый раз, когда видел меня. Я брала его на руки, и он прижимался ко мне всем своим полугодовалым тельцем.

Предполагалось, что мы пробудем у дяди Робика недели две. У них большой сад и огород, всевозможные фрукты и овощи. Они держали кур и кроликов, которые развлекали Рубенчика и Мишу. Дом нельзя было назвать очень комфортабельным. Он был явно мусульманским: отхожее место во дворе, с очень резким запахом. Купальни не было. Семья купалась в небольшом сарайчике. Полы и стены были цементные. Они пытались устилать их коврами, но выглядело все это слишком уж по-азербайджански, как и все село.

Когда садилось солнце и вокруг села начинались лягушачьи концерты, мне нравилось стоять за домом посреди сада и смотреть на далекие холмы, где горели огни. За полями и садами на возвышении виднелся Ереван, подмигивающий миллионами огоньков. Казалось, Ереван парит в небе. Красота Армении зачаровывала меня.

В душистой летней ночи я показала Мише мерцающий город. Ему не верилось, что там, на освещенных холмах, находится папа. Его внимание отвлекла скачущая посреди клубничной грядки лягушка. Эти существа словно ходили за ним по пятам, и казалось, они отовсюду сползаются к нему, а он любил притаскивать их в дом попугать женщин.

Днем, когда Равик и Радик не работали, они водили нас гулять за село, в широкое заросшее густой травой поле. Они учили Мишу играть в футбол. Они были хорошими футболистами и играли в команде, которая собиралась по выходным на тренировки. Была бы я на пару лет моложе, я бы тут же включилась в игру, но теперь, в пору моего становления как молодой женщины, мне было неловко, да и вызвало бы осуждение. Я не представляла себя бегающей в летнем платье в поту и в пыли. Приходилось мириться с неудобствами взросления молодой девушки.

Я сидела на краю поля и смеялась, глядя, как Миша пытается подражать своим старшим кузенам. Они искусно владели мячом, а запыхавшийся и взбудораженный Миша бегал вокруг них. Ему было полезно побегать на свежем воздухе. Он был худой и хрупкий. От таких упражнений у него к концу дня разыгрывался аппетит.

Поле находилось неподалеку от дома дяди Або, который приходился братом дяде Робику. После прогулки мы шли к нему домой, и жена дяди Або нас чем-нибудь угощала.

Погода стояла великолепная, и с тех пор, как мы к ним приехали, не выпало ни капли дождя. Папа, как выяснилось, скучал без нас, потому как приехал на неделю раньше срока забрать нас домой. Я не хотела уезжать, чем очень расстроила папу.

– Ты что же, не скучала по собственному отцу, дочь!

Но как бы я ни скучала по нему, мы с Мишей отменно проводили здесь время. Радик был нам за старшего брата, он всячески балагурил и развлекал нас. Рубенчик был нам за младшего брата, и мне нравилось о нем заботиться. Сад же просто очаровал меня, и я с удовольствием ухаживала за ним, что стало моим новым увлечением. Здесь произрастали всевозможные фрукты, овощи и ягоды, которые можно было срывать и есть. Но папа все-таки настоял, и мы уехали.

Только спустя несколько недель я узнала причину нашего возвращения, краем уха услышав, что рассказывает папа маме. И пришла в ужас. Амалия, жена Робика, интересовалась, не выдадут ли меня за Радика. Подобное предложение вызвало у папы отвращение, во-первых, потому, что я приходилась Радику кузиной, а во-вторых, потому, что мне было всего тринадцать.

Перед отъездом мне подарили фотографию Рубенчика, и мы оба прослезились друг у друга в объятиях. Папа сказал, что мы будем приезжать каждую неделю, и я воодушевилась.

Лето становилось все жарче и жарче. Я смотрела за Мишей, который целыми днями носился по улицам и приходил домой грязный. Я готовила, убирала дом, и Миша впервые покорно слушался меня, осознавая, что теперь я замещаю маму. Мама звонила нам, а мы – ей. Она все время волновалась за нас и расспрашивала, как мы без нее обходимся. Папа каждый раз успокаивал ее. Она сообщила, что возвращается после 20 июня.

Я убирала, приводила Мишу в порядок, готовила, стирала, и у меня ни на что больше не оставалось сил, и желания куда-либо ходить тоже не было. Поэтому я ушла с головой в чтение и сочинительство в нашем подвале.

Несколько раз я обещала Лизе пойти с ней в кино, но так и не смогла вырваться.

Она позвонила мне в середине июня сказать, что лагерь снова открывается. Перспектива снова увидеть Ашота так взволновала меня, что поездки к дяде Робику сразу вылетели у меня из головы, к немалому удовольствию папы. Вместо этого я стряпала и убирала дом с удвоенной энергией, чтобы выполнить все домашние обязанности и пойти в лагерь.

24 июня Лиза, Миша и я отправились в кино. Лагерь еще не открылся. Фильм мне не понравился, зато я с радостью встретилась с Лизой после долгой разлуки. На следующий день она приехала к нам в Канакер. Она помогла мне приготовить обед. Мы долго болтали, пока Миша бегал по двору, а папа был на работе. Когда обед был готов, мы позвали Мишу и все вместе пообедали. Он снова убежал играть, а мы сидели и болтали до вечера. Лиза обняла меня, поцеловала и уехала домой до наступления темноты.

В конце июня я получила письмо от бабушки. Она вкратце рассказывала мне о событиях в нашем квартале, не называя имен и тому подобное на случай, если кто-то вскрывает письма на почте. Она писала, что Тунзала все еще хочет, чтобы я приехала на лето. Я подумала: «До чего же бездумными могут быть люди. Она что, хочет, чтобы меня убили? Да, наверное».

Мама прилетела 28 июня. Она устала и перенервничала. Наши документы, которые должны были подготовить, оказались отложенными в долгий ящик, и никто к ним не прикасался.

– Бог знает, когда мы уедем,– сокрушалась она. – Теперь, наконец, они занимаются нашими документами после стольких проволочек – целых четыре месяца!

В начале июля наш сосед Варо и его молодая жена Рузанна пригласили нас прокатиться за город. У них была машина, а мы не могли упустить такого чудесного случая в такое беспокойное для нас время. Они сделали нам сюрприз, сказав, что собираются на озеро Севан. Мы ужасно обрадовались, потому что никогда не бывали на Севане – самом большом озере Армении. Остальные соседи, родственники Камо Вова и Лиля с двумя детьми решили присоединиться к нам. Натина семейка готова была лопнуть от злости из-за того, что нас пригласили в такую замечательную поездку.

Взрослые пошли на рынок и в складчину купили множество фруктов и овощей, которые в это жаркое время года имелись в изобилии. Они также раздобыли мясо для шашлыка, который по тем временам был деликатесом. Наша семья поехала в машине Варо, а Вова и Лиля поехали на своей. До места добирались несколько часов, но время летело очень быстро. Папа и мама разговаривали с Варо и его женой и смеялись, а мы с Мишей не могли оторвать глаз от пейзажа. Варо был единственным папиным другом в Канакере. Он был армянином, родом из Грузии. Они жили напротив дома Наты, в подвальном этаже тетиного дома. Варо было за сорок, его молодой жене Рузанне восемнадцать. Они любили друг друга, но их семьи этот брак не одобряли.

Холодное и величественное озеро Севан находится в кратере древнего вулкана. Дно озера устлано круглыми пористыми белыми вулканическими камнями, вызывающими необыкновенные ощущения, когда ставишь на них ступню. Севан был светло-голубым, как и обрамлявшие его горы. Вода была прозрачная до самого дна. В нескольких метрах от берега мы нашли место, поросшее пышной зеленью. Хотя пляж был общий, какие-то сомнительные личности требовали денег у отдыхающих.

Один из таких вымогателей подошел и к нам, когда мама с Рузанной стелили одеяло на траву, чтобы мы могли сесть. Все занервничали, а папа – самый большой и рослый среди нас, отошел с рэкетиром в сторонку и о чем-то тихо беседовал. Мы наблюдали за папой и этим субъектом, а они разговаривали о чем-то и улыбались. Потом незнакомец удалился, помахав нам рукой на прощание. Папа подошел с довольной ухмылкой.

– Что случилось? – спросил Варо.

– Он хотел денег. Я сказал ему, что мы едем в Америку и это наш прощальный пикник на Родине. Ему стало совестно требовать с нас что-либо,– тихо сказал папа, оборачиваясь, чтобы убедиться, что человек ушел.

– Норик, какой ты находчивый! – сказала с улыбкой Лиля.

– Это не выдумка,– сказал папа, улыбаясь в ответ.

Все удивленно посмотрели на папу, и посыпались расспросы.

– Норик, а если все сорвется? Ты все сглазишь! – разнервничалась наша суеверная мама.

– Заладила ты со своими дурными приметами! Я не собирался ничего платить за пару часов, проведенных на общественном пляже! К тому же, раз мы так долго ждем, значит и так что-то не ладится. Да, мы едем в Америку! А теперь давайте есть и веселиться!

Мы провели там весь день, поглощая шашлык, фрукты и овощи, плавая в озере, беседуя и играя. Даже не хотелось уезжать из этого прекрасного места, но солнце над холодным синим озером садилось, и пришлось собираться в путь. Я взяла со дна озера пару камушков на память.

Как только мы приехали домой, на нас навалилась усталость. Мы так сильно обгорели на солнце, что больно было лежать, и мы не сразу смогли уснуть. Но не важно, насколько мы утомились и почернели: нам не забыть нашего чудесного путешествия на волшебный Севан.

Я мрачнею и замыкаюсь в себе от беспокойства и ожидающей нас неопределенности. В дни моих хлопот по дому, забот о Мише и нелегких раздумий об Америке я все больше отдаляюсь от Лизы. Временами она напоминает мне беззаботную и юную Емелю. Во многих отношениях я чувствую себя взрослее нее, хотя она на год и два месяца старше меня.

Меня очень интересуют политические события в союзных республиках, отношения между СССР и США, война в Карабахе, английский язык и домашнее хозяйство. Лиза ничем подобным не интересуется. Ее занимают голливудские звезды, индийские фильмы и мальчики. Иногда я завидую ей, потому что и мне хотелось бы увлекаться подобными вещами. Но у меня не получается. Я испытываю угрызения совести из-за того, что я смотрю американские фильмы вместо заседаний армянского парламента. Меня занимает то, что будет иметь значение в будущей моей жизни. И большая часть того, о чем мечтают мои сверстницы, мне представляется бессмысленной потерей времени, источником неловкости и раздражения. Поэтому я пытаюсь выбросить все это из головы.

Но как только у меня появляется минутка, свободная от забот, я звоню Лизе. Маме пришлась по душе идея вернуться в июле в лагерь. Этим летом Лизина мама не нуждается в нашей помощи, так что мы можем делать то, что нам заблагорассудится. Правила лагеря на нас не распространяются, и мы участвуем в лагерной жизни только тогда, когда нам хочется.

Первое, что мы сделали и что поначалу было для меня неприемлемо, это пошли в столовую посмотреть, нет ли там футболистов (и, особенно, Ашота), но там до второй половины июля царили тишина и безлюдье. Наши футболисты уехали, и мы проводили полуденные часы в прохладе тенистого парка. Здесь одна женщина учила девочек-беженок вязать крючком. Это занятие показалось мне таким же приятным, как вязание. Мы ходили в кино, гуляли по улицам, заглядывали во все переулки большого города. В Армении мне ничего не угрожало. Я чувствовала себя здесь в полной безопасности. Мы с Лизой считали, что ни один армянин не причинит зла другому, особенно девочке. Поэтому мы беззаботно бродили летними днями, как и все наши тринадцати-четырнадцатилетние сверстники. Я наслаждалась каждой минутой этого времяпровождения, ибо знала, что скоро уеду и что это мое последнее лето в стране предков, на очередной родине, которой ни я, ни моя семья, кажется, не были нужны.

Бабушка прислала мне письмецо с адресом Вили. Я выразила ему свои глубочайшие и искренние соболезнования по поводу кончины его мамы и свое сочувствие по поводу условий, в которых он теперь живет. Я перечитала свое письмо несколько раз, чтобы в нем не оказалось ничего обидного, и попросила, чтобы мама тоже прочитала и дала свое добро. Но он так и не ответил на него.

Однажды утром, не найдя, чем бы еще заняться дома, я взяла какую-то мелочь с книжной полки и одела Мишу для похода в парк. Миша пришел в неописуемый восторг, потому что я почти ни разу не сводила его в парк тем летом. Он пообещал прилично себя вести, а я предупредила его, что не собираюсь гоняться за ним по всему парку. Я пригрозила, что если он попытается сбежать, то я больше никогда не пойду с ним в парк. Так как ему очень хотелось туда попасть, он пообещал, что не станет убегать. Но стоило только ему увидеть детей своего возраста на широких просторах парка, он вырвал свою руку из моей и сбежал. Я лишь развела руками руки и промолчала. На моем лице все еще лежала печать гнева, когда ко мне подошла Лиза.

– Знаешь? – спросила она.

– Откуда мне знать с утра пораньше. Ну, что там?

– Они вернулись,– лукаво улыбнулась она.

– И Главный Футболист с ними?

– Да, и Ашот,– ответила она.

Я разыскала Мишу и сказала, что мы уходим. Он захныкал, но я смерила его гневным взглядом, и он замолчал. Мы отправились в центр города – поглазеть на заграничные товары, поступившие в Армению из разных стран. Большинство были американского производства, что было новым явлением для союзной республики – импортные вещи были роскошью в СССР. У нас разбегались глаза, но мы и мечтать не могли о том, чтобы что-то купить, даже пакетик американской жвачки. Все было так заманчиво!

– Купи мне это! – закричал Миша.

Я засмеялась.

– Куплю в Америке, если мы туда попадем,– вздохнула я.

– Когда? – заныл Миша.

– Да, кстати, когда вы едете? – полюбопытствовала Лиза.

– Когда рак на горе свистнет. Не знаю. Может, никогда.

– Не волнуйся. Вы туда поедете.

– Поедем, как же! Оказывается, наши документы положили под сукно. Так что они будут готовы только в конце сентября,– сказала я, шагая по оживленной ереванской улице, волоча за собой Мишу.

– Я буду по тебе ужасно скучать!

Лиза вдруг остановилась и посмотрела мне в глаза.

– Знаю. Я тоже,– не останавливаясь, сказала я со вздохом.

– Хочу американскую игрушку,– ныл Миша.

– Я тоже хочу, Миша, но что поделаешь?

Я начинала нервничать.

– Постой-постой! Скоро твой день рождения. Наверняка, мама с папой придумали для тебя что-то интересное.

Я посмотрела на Лизу и шепнула ей:

– Меня так не баловали!

Лиза улыбнулась, наклоняясь:

– Миша, я по тебе тоже буду скучать. А ты по мне будешь?

Она посмотрела в Мишины глаза, вопросительно улыбаясь.

– Да,– ответил он, схватив ее руку своей ладошкой.

Так мы ходили, как нам показалось, часами. Лиза и я держали Мишу за руки, а он топал между нами.

Мы вернулись в парк на автобусе в обеденное время. Воспитатели пересчитали детей и построили парами, чтобы перейти на другую сторону улицы.

Инга, Лизина мама увидела нас.

– Привет, Аня-джан, привет, Мишка. Проголодались?

Мишины глаза оживились.

– Да. Можно мне мороженое? – воскликнул он.

– Нет! – сказала я. – Сначала ты поешь настоящей еды, а то не видать тебе днем каруселей.

Я воспитывала Мишу, а в это время в мыслях у меня был только Ашот. Я не проголодалась, поэтому после того, как я устроила Мишу в столовой, я вышла в коридор. Там было пусто и темно. Из светлой столовой в темноту вышла Лиза.

– Утром они были здесь,– сказала она. – Может, у них тренировка затянулась?

– Может,– сказала я мечтательно, но разочарованно.

С противоположного конца коридора донесся какой-то шум. Я знала, что это за шум, и пошла в столовую за Мишей. Он съел почти всю свою порцию, и я изрекла дежурную фразу о том, что горжусь им. Пока я говорила и вытирала ему рот и лицо, до меня донесся шум входящих людей. Я посмотрела на Лизу, стоявшую на противоположном конце зала, и она отвернулась, улыбаясь.

Игроки входили по одному. Большинство лиц было мне знакомо. Ашот окинул зал своим отрешенным взглядом и обернулся к игроку у себя за спиной. Я отвернулась, краснея и притворяясь, будто не вижу его. Он что-то сказал ему по-армянски, кивнув в мою сторону.

– Я знаю эту девочку. Ее зовут Анна.

Ашот редко с кем разговаривал. Я подумала, что он из Азербайджана, хотя ничто не указывало на это, разве что его глаза, всегда печальные и задумчивые. Но поскольку его армянская речь была безупречна, я засомневалась. Я знала наверняка, что вся остальная команда точно из Армении. Они говорили по-русски с сильным акцентом. Ашот говорил по-русски лучше остальных, но и у него был явный армянский акцент. Для меня он был загадкой. Но для меня не имело значения, откуда он родом.

И утром, и днем в лагере царила скука. Малышня развлекалась играми, плаванием и бесплатным кино. А у меня лето пропадало впустую. Я должна была что-то предпринять. После всего сказанного и сделанного я осознавала, что хожу в лагерь из-за Ашота. Я ждала его часами и злилась на себя за то, что ежедневно прихожу сюда из-за него, а он всего лишь бросает на меня таинственные и бессмысленные взгляды. Папа всегда говорил, что время нужно использовать с умом. Я должна была проявить силу воли и заняться чем-то более осмысленным, чем убивать время в лагере.

К разочарованию Миши, я стала ходить туда все реже. Но даже за домашними хлопотами и чтением я не могла выбросить из головы Ашота и Америку.

Однажды в полдень позвонила Лиза и уговорила меня вернуться. Она рассказала, что вчера Ашот и его голубоглазый игрок пригласили ее в кафе на территории парка. Они разговаривали, смеялись, и Ашот прождал меня целый час. Она сказала, что команда скоро уедет, и мне нужно вернуться в лагерь.

Я пошла туда на следующий день без Миши, который убегал на тот конец парка, а у меня и без него голова шла кругом.

Дожидаясь завтрака, я беспокойно ходила взад-вперед между деревьями. Мои мысли прервало громкое приветствие официанта из кафе, который помахал мне рукой и заставил меня изобразить на лице улыбку. На меня смотрела Лиза, сидевшая на зеленой скамейке у розовых кустов.

– Возьми себя в руки,– сказала она.

– Послушай, я не понимаю, что со мной происходит,– говорю я в замешательстве. – Я же еду в Америку, так на что мне этот Ашот, так?

– Нет, не так.

– Почему? Почему мне хочется с ним попрощаться?

– Ты со многими не попрощалась. Может, поэтому.

– О ком ты говоришь?

– Сама знаешь, о ком. Во-первых, ты выбежала из класса и толком не попрощалась с Лусине. Потом ты не попрощалась с Емелей. Точнее, это была ссора на прощание. И не попрощалась с Азимом. Тебе нужно попрощаться с Ашотом.

– Может, ты права. Знаешь, я всегда сравниваю его с Азимом.

– Пойдем. Они готовы.

Во время завтрака в столовой было пусто. «Все пропало»,– думала я. Мы прогуливались по ереванским улицам, чтобы провести время, и заглядывали в каждый магазин, чтобы отвлечься от мыслей об Ашоте.

– Ты, наверное, увидишь их на следующее лето,– сказала я Лизе.

– Возможно, а может, и нет. Они такие непредсказуемые.

В обеденное время мы пришли на пятнадцать минут раньше. Ждали в коридоре, пока придет младшая группа. Когда подали обед, мы не вошли в столовую.

– Девочки, есть не хотите? – спросила тетя Инга.

– Нет, не очень,– сказали мы, чтобы она не могла продолжить расспросы.

Мы слышали, как открываются-закрываются двери, чей-то смех и разговоры. Мы знали, что это футболисты.

– Мне так грустно,– сказала я, глядя на Лизу. – Мне всегда приходится говорить людям это ужасное слово. Как ты думаешь, это когда-нибудь кончится?

– Не знаю, Аня. Я уверена, в Америке у тебя все будет в порядке, но вот он идет. Я ухожу.

Я подпирала стену в коридоре, по которому он медленно приближался ко мне, заложив руки в карманы и повернув голову в сторону. Его взгляд был сосредоточен на его обуви, словно он рассматривает что-то очень важное. Я догадывалась, что его мысли блуждают где-то далеко.

Он остановился прямо передо мной, продолжая разглядывать свои ботинки. Я могла часами неотрывно смотреть на него, пытаясь заглянуть ему в лицо, и раньше никогда не видела его так близко.

– Привет,– сказала я, не ожидая, что мой голос прозвучит так слабо.

Он меня услышал.

– Ты знаешь, что у тебя приятный голос? – сказал он вдруг, взглянув на меня, а потом снова на свои ботинки.

– Мой голос?

– Да.

– Мне никто еще этого не говорил. Спасибо.

Его слова меня смутили.

– Ты ни разу не пришла на нашу игру,– сказал он.

– Знаю. Мне очень жаль. Мы не знали, где вы играете.

– Сегодня вечером мы уезжаем из Еревана,– сказал он тихо.

– А когда вернетесь?

Я пыталась заглянуть в его глаза, но тщетно.

– Может, на следующее лето, а может, нет. Зависит от того, где будет проходить чемпионат.

Я не знала, что еще сказать, и смотрела в сторону, прижавшись к холодной гладкой стене. Наступило долгое молчание. Когда я снова взглянула на него, он смотрел на меня в упор. Мне стало тепло, и, почувствовав себя уютно, я широко улыбнулась.

– Ты ведь будешь здесь? – спросил он, а я боялась отвечать.

– Я уезжаю в Америку в сентябре,– сказала я.

Он опустил глаза, а потом поднял, чтобы снова посмотреть на меня.

– В Америку?

– Да, в Америку.

Он сделал шаг назад, к стене и закрыл глаза. Я воспользовалась случаем, чтобы получше рассмотреть его. Он меня не видел. Он был юн, но выглядел взрослым, словно ему довелось многое пережить.

– Навсегда? – спросил он, не открывая глаз.

– Да.

Он вынул руки из карманов и нервно запустил их в свою темную шевелюру. Потом шагнул ко мне.

– Америка – это здорово,– сказал он.

Потом он коснулся ладонью моей щеки и поцеловал меня в висок. Помедлив, он повернулся и зашагал по длинному прохладному коридору, а я смотрела ему вслед в последний раз.

ГЛАВА 19

Остаток июля и весь август я занималась хозяйством, погруженная в свои мысли. Свет дают всего на несколько часов в сутки, и я, между делом, пока готовлю в коридоре еду и кипячу воду на электроплитке, смотрю по телевизору заседание советского парламента. Эти захватывающие дух дебаты зачаровывают меня своим «черным» юмором: взрослые государственные мужи, делегаты со всего СССР устраивают перебранки, как малые дети. Когда им не хочется кого-то слушать, как правило, делегатов от Армении, они выключают микрофон. Посреди крика и гвалта они еще и умудряются отпускать шуточки по поводу чужих галстуков и акцентов. Я смеюсь и злюсь одновременно, наблюдая за этим балаганом, отчего еще яростнее натираю подгнившие полы. И такие люди решают нашу судьбу!

В Москве с нашими документами ясности нет. Все взвинчены и обеспокоены проволочками. Август на исходе, а новостей нет. Жизнь идет своим чередом, нам нужно укладывать вещи, переезжать и заниматься прочими делами, которые невозможно решить в Ереване. Сдвигов нет. Напряжение нарастает. Нам сказали, что мы едем в Америку, так почему же мы все еще здесь? Какая-то бессмыслица.

Мама поехала в Грузию встретиться с бабушкой, которая снова привезла из Баку какие-то вещи, которые мы повезем в Америку.

День 19 августа ничем не отличался от остальных. Пришла Лиза, и мы вместе варим обед. После обеда идем на другой конец Канакера, добыть что-нибудь на десерт. На краю тротуара старый киоск. В нем восседает тучная женщина и продает мороженое. Я давно не пробовала мороженого, и цены изумили нас с Лизой. Всего несколько месяцев назад сто грамм мороженого стоили 60 копеек, а сейчас – больше двух рублей. Лиза смотрит на меня, подняв брови.

– Я знаю. С ума сойти! – отвечаю я на ее взгляд.

Происходят быстрые перемены, и я это ощущаю. В августе все изменилось. После того, как мы принесли Мише немного мороженого, Лиза и я говорим о замаячавшей на горизонте школе. Я рассказываю ей, что если мы до этого времени не уедем в Америку, то в VIII класс я пойду в Ереване. Она уходит до наступления темноты. Мы живем далеко от центра, и ей не хочется опаздывать на свой автобус.

День 19 августа оказался необычным. Как всегда, в 10 часов вечера мы смотрели программу новостей «Время». Дикторы вели себя скованно и напряженно. «Опять что-то стряслось»? – подумала я. Мы с папой не верили своим глазам.

– Михаил Сергеевич Горбачев,– вещал диктор,– не способен исполнять обязанности Президента СССР по состоянию здоровья.

– Все это очень подозрительно!

Папа вскочил со стула, теребя свою щетину большущей ладонью правой руки.

На следующий день, 20 августа, в назначенное время не вышла в эфир недавно учрежденная новостная программа, которую вели энергичные молодые журналисты, настоящие репортеры, представлявшие новую волну в журналистике и пользовавшиеся нашим доверием. Наверное, и они были подконтрольны государству, но не в такой степени, как «Время». Телеведущие Миткова и Киселев честно и открыто говорили обо всем, в том числе о Западе. Программа «Время» такого не передавала. Я каждый день с нетерпением ждала их репортажей.

Когда папа пришел с работы, я рассказала ему, что мою любимую передачу отменили. Он сказал:

– Ну, значит, дело действительно плохо. Горбачева, наверное, убили.

Мама вернулась из Грузии. Она была напугана и издергана. Никто не знал, что происходит в Москве. Этого нам только не хватало – из-за нестабильности в государстве наши шансы на выезд могли оказаться под угрозой.

На следующий день в эфир не вышла ни одна программа новостей. Но народ привык к отсутствию информации, имея другие источники и способы добычи новостей. Мы не были исключением. Из разговоров и из других новостных программ мы, как и весь СССР, выяснили, что Горбачев находился в краткосрочном отпуске на Черном море, где члены его правительства похитили и изолировали его с семьей на государственной даче. Они представляли военное и партийное руководство. Теперь страной управлял Государственный комитет по чрезвычайному положению (ГКЧП).

Когда в Москве люди осознали, что дело плохо и что под угрозой судьба реформ и будущее России, то все заволновались. Как и мы. Многие вышли на улицы протестовать. Борис Ельцин, лидер России, выступил в Парламенте Российской Федерации, который военные еще не успели захватить. Он стал новым лидером на пути к свободе. Он стал героем, и люди пошли за ним и за его идеями. В такую пору людям обязательно нужен был свой герой.

Все были прикованы к экранам телевизоров, потому что короткие программы новостей возобновились. Военные выслали войска, которые запрудили улицы Москвы. Вдоль главных улиц выстроились танки. Так как протестующие не уходили, был отдан приказ их устрашить. Выполняя приказ, танкисты направили пушки на демонстрантов, но на них это, похоже, не произвело никакого впечатления.

Затем было приказано атаковать и захватить «Белый дом» – Парламент Российской Федерации. Толпы людей ринулись на защиту резиденции своего лидера. Они окружили здание, разбив вокруг него лагерь. Они распевали песни, греясь у костров, и ждали развязки противостояния.

Танки попытались прорваться к Белому дому сквозь толпу. Чтобы задержать танки, было перевернуто множество автобусов. Нашлись смельчаки, которые прыгали на танки, чтобы их остановить. Некоторые преграждали им дорогу. Трое русских парней были раздавлены насмерть.

ГКЧП также нацелился на Останкинский телецентр. Но ему не удалось захватить ни Белый дом, ни Останкино. Ельцин и его соратники успешно пресекли обе попытки. В конце концов, путчисты были арестованы, а кто-то застрелился. Спасенные Ельциным и Российским парламентом Горбачев и его семья остались живы и невредимы. Программа «Время» помалкивала, зато свободная программа Митковой и Киселева транслировала все подробности противостояния.

Нам показали возвращение Горбачева с Черного моря после попытки военных и коммунистов свергнуть его, чтобы захватить контроль над страной. Он спускался по трапу своего лайнера уставший, без костюма и галстука, постаревший и обеспокоенный безопасностью жены, дочери и внучки.

19, 20 и 21 августа обозначили конец короткого правления Горбачева в СССР. Моя страна полностью разваливалась.

Почти неделю российские телеканалы транслируют церемонию общенационального траура по трем погибшим русским парням. Поднялась вся Российская Федерация. Только об этом и говорят. Такие переживания из-за трех человек раздражают многих армян, особенно бакинцев. Их, конечно, жалко. Но ведь столько ни в чем не повинных армян было убито в Сумгаите, Баку, Кировабаде и Карабахе. Хоть кто-нибудь пошевелил пальцем, чтобы остановить эти злодейства? Никто. Советское правительство замалчивает эти факты. А теперь, когда погибли трое русских парней, их оплакивают, как героев, которые сложили головы за свои убеждения!

В Армении я ощущаю вполне понятное недовольство. Хотя теперь я умиротворена. Вся наша семья и родня сомневались, что нам удастся уехать в эти ужасные дни. Но в свете недавних событий в Москве, как мне представляется, перемены не за горами. Я постоянно думаю об этом и хочу, чтобы что-то получилось. Во мне зреет уверенность в том, что эти перемены к лучшему. Интуиция подсказывает мне, что они близки.

Занятия в школе начались 2 сентября. Мы по-прежнему в Ереване. Ожидание великих перемен делает меня уравновешенной и терпеливой. Теперь я учусь в VIII классе. Русский сектор школы, к моей величайшей радости, не упразднили, во всяком случае, пока. В этом году многих старых учителей заменили новые. У нас новая учительни-

ца русского языка и литературы, новые учителя физики и анатомии. Учитель рисования, которого заменяла мама, когда он ушел воевать в Нагорный Карабах, вернулся. С ним произошло что-то нехорошее. По слухам, он был ранен, но мы замечаем за ним какие-то странности. Он приносит в класс и задает нам рисовать большую ступню на подставке. Он все время велит нам изображать эту ступню различными художественными средствами. Я побаиваюсь его, но и сочувствую ему. Интересно, что случилось с ним такое? 21 сентября 1991 года Армения провозгласила свою независимость – народ проголосовал за выход из состава СССР. Я преисполнена гордости за свою древнюю родину.

Мои оценки стали улучшаться. Жизнь остается такой же, как раньше, но на душе светло и легко! Миша пошел в первый класс русского сектора. Обожаю по утрам водить его в школу. Глядя на него в его маленьком классе, я чувствую себя повзрослевшей.

Октябрь выдался холодный и дождливый. Дожди напомнили мне о Баку, но теперь мои воспоминания похожи скорее на эмоциональные всплески из давнишних сновидений и не привязаны к конкретным событиям.

Как я ни силилась представить себя в этой стране свободы, небоскребов и ломящихся от продуктов магазинов, Америка оставалась для меня нереальной. Я старалась побольше узнать о жизни в Америке во время новостных программ. История, география и политика этой таинственной страны были вполне знакомы мне, но общие сведения о жизни и людях оставались непостижимыми для меня и всех, кто жил в нашей стране.

Мы часто звонили Новику в Москву, чтобы узнать о судьбе нашей заявки – нет ли каких-нтбудь сдвигов?

Изменений не было, как и новостей, вопреки политическим переменам и распаду СССР. Его семья тоже находилась в постоянном ожидании.

С 1 по 10 ноября были осенние каникулы. Меня радовал перерыв в каждодневных занятиях, хотя этот год мне нравился больше тех, что я проучилась в ереванской школе. Я грустно улыбалась сама себе, когда была в классе, потому что теперь, когда, наконец-то, освоилась здесь, мне предстояло опять куда-то уезжать. Несмотря на то, что меня еще не полностью признали, я приобрела новых друзей и стала лучше говорить по-армянски. Единственным поводом для обиды и раздражения в тот год было сочинение, заданное учительницей русского языка и литературы.

Она недавно пришла в школу, и ее звали Нара Жановна. Перед каникулами она задала нам написать сочинение на тему «Моя Армения». Его нужно было сдать после каникул. В своем дневнике в день, когда было задано это сочинение, я записала:

«Как я буду писать это сочинение? Я не знаю той Армении, о которой идет речь. Как я могу писать о ней, не чувствуя ее своей? И это не «моя» Армения. Даже если я приживусь в ней когда-нибудь, она никогда не станет «моей», потому что я совсем недавно оказалась здесь и скоро уезжаю».

После каникул мы с Мишей пошли в школу. Погода стояла холодная и слякотная. Миша крепко держался за мою руку и уснул в автобусе. Я тихонько его разбудила, когда мы прибыли на нашу остановку. Мы приехали задолго до занятий. Я проводила его до крыла, где учились начальные классы. Двери оказались заперты, но подслеповатая пожилая техничка увидела нас изнутри. Она нас знала и впустила. Миша уже окончательно проснулся, и я попросила техничку проводить Мишу до его класса; она не возражала.

Я повесила его пальто, шапку и вытерла его мокрое лицо носовым платочком, который он всегда носил в кармашке.

– Все хорошо, джана?

– Да, а где все? – спросил он испуганно.

– Скоро соберутся. Мне нужно бежать.

– До свидания, Аня. Ты заберешь меня сегодня из школы? – спросил он, сидя за своей партой и болтая ножками.

– Нет, джана, у тебя всего четыре урока, а у меня семь. Мама тебя заберет.

– Да, я забыл,– промямлил он, зевая.

– Ну, пока. Я опаздываю. Веди себя хорошо! – сказала я на бегу уже из коридора.

– Пока!

Дела с нашими документами в Москве продвигались медленно. Ничего определенного не известно, но мы знаем, что для ускорения процесса требуется наше присутствие, чтобы напоминать стареющим чиновникам умирающей страны о своем существовании. 13 ноября папа неожиданно сообщил мне, что купил четыре билета на поезд до Москвы. Нам предстояло уезжать 26 ноября. Билеты оказались очень дорогими, так как цены резко подскочили. Мысль об отъезде взволновала меня. Мы уезжали навсегда. Мое пребывание в Армении подходило к концу.

Опять нужно сниматься с места и куда-то переезжать. А перспетивы переезда туманны. Как это знакомо! Но на этот раз я знала наверняка, что мы уезжаем и что будущее, наконец, повернется к нам своей обнадеживающей стороной. Иначе быть не должно! Мы не собирались возвращаться, и это было единственное, что мы знали точно.

15 ноября я отказалась сдавать и зачитывать свое сочинение перед всем классом. Все что-нибудь да написали. После многочасового созерцания чистого листа бумаги во время каникул я поняла, что мне нечего написать о «Моей Армении», потому это не соответствовало бы действительности. Я не хотела писать неправду!

Нара Жановна вызвала меня. По школьной привычке, выработанной в Баку, я встала. Она попросила меня выйти к доске и прочитать свое сочинение вслух.

– Я ничего не написала,– сказала я, глядя ей прямо в глаза.

Я пыталась быть честной, а не заносчивой. Она медленно подошла ко мне. Даже на высоких каблуках она была ниже меня ростом, но ее решительный взгляд и модная одежда меня подавляли. В классе у нее не было любимчиков, за что я ее уважала, так же, как Аиду Оганесовну.

Я знала, что Нара Жановна не станет, кричать, ругаться и оскорблять, как Мила Михайловна. Она была лучше и умнее. Но я знала, что столкновение неизбежно. Она остановилась передо мной и поинтересовалась:

– Тебе помешал заголовок?

Я сразу догадалась, куда она клонит. Она знала, что я из Баку.

– Нет, Нара Жановна, я просто не смогла написать.

– Почему ты не смогла написать?

Она скрестила руки на груди.

Я не ответила.

– Ну если тебе трудно написать «Моя Армения», напиши, что легко.

Ее взгляд было трудно выдержать, но я не отводила свои полные слез глаза от нее. Я знала, что она имеет в виду. Я смогла прочитать это в ее глазах. «Она хотела, чтобы я сказала «Мой Азербайджан»,– думала я. Неужели она думает, что я такая глупая? Не существует ничего такого, что можно было бы назвать «Моим Азербайджаном». Нигде не существовало ничего моего.

Она повторила:

– Что ты можешь написать, Аня?

– Что будет задано,– тихо ответила я, удивляясь тому, что эта пытка меня очень расстраивает.

В классе воцарилась тишина. Она вернулась к своему столу, а я ждала, что мне сейчас влепят «двойку» или даже «кол», если вообще его когда-нибудь кому-нибудь ставили. Но она удивила меня, не поставив мне ничего. Вместо этого мне было велено рассказать о Грибоедове. Я рассказала и получила «четверку». Я не рассчитывала на «пятерку», потому что она все еще тяжело переживала из-за моего отношения к ее заданию.

Мое же отношение явилось эмоциональной реакцией на все случаи проявления нетерпимости к бакинским беженцам. Очень часто в продуктовых очередях нам кричали, чтобы мы убирались туда, откуда мы пришли, и не ели их хлеб. Эти выпады почти всегда звучали по-армянски, а я уже владела им настолько, чтобы огрызаться в ответ, и могла постоять за себя и за маму. Я была не робкого десятка и часто грубила. Нам нужно было что-то есть! Женщины вели себя хуже всех, вечно приставали к нам, когда мы пытались себе что-нибудь купить, а не получить даром. Нет, у меня не было прав на эту Армению! Она была не моя.

Учительница никогда не упоминала об этом происшествии. Если бы на ее месте оказалась Мила Михайловна, скандалу не было бы конца и краю. Нара Жановна была педагогом, а не злобствующим квази-патриотом. Она была строга ко мне, как и ко всем остальным в классе. Она преподавала русский язык, к которому никто больше не относился всерьез, но она не позволяла так думать. С самого начала Нара Жановна дала всем понять, что ее предмет так же важен, как все остальные.

После урока, по дороге в другой кабинет, я разговаривала с Лизой в коридоре:

– Я хотела написать о красоте озера Севан. Я получила от той поездки такой же духовный подъем, как от Эчмиадзина.

– Почему же ты не написала про Севан?

– Потому что Севан не мой, как бы мне этого ни хотелось. Они никогда нас не признают. Я навсегда останусь для них бакинкой.

– Я боюсь,– грустно сказала Лиза.

– Не бойся. Ты выше этого. Люби Армению, как я,– сказала я. – Но не забывай, откуда ты и как сюда попала.

– Такое разве забудешь?

– Ты всегда будешь смотреть на Армению с одного ракурса,– сказала я. – А я буду смотреть на Армению с совершенно другого.

– Что ты хочешь сказать?

– 26-го числа мы уезжаем.

– Куда? В Америку? – ее глаза загорелись.

– Пока нет. Сперва в Москву. Там видно будет.

– 26 ноября! И двух недель не осталось!

Ее волнение за меня чуть поубавилось, но лицо оставалось грустным.

– Знаю. Папа купил билеты несколько дней назад.

Наступило тягостное молчание. Мы стояли перед дверью в класс, а шумные и резвящиеся дети толкали нас, то слева, то справа. Ни одна из нас не знала, что сказать.

В оставшиеся две недели нас волновала только укладка вещей. Мы паковали вещи в коробки, чемоданы и сумки. Мы везли в Америку только самое необходимое.

Наконец, мама разрешила мне сказать в школе, что я уезжаю в Америку. Мамины суеверия развеялись, как только папа купил билеты. Все стало обретать реальные очертания. Я не скрывала своего волнения и желания уехать, отчего Лизе становилось грустно. Она сказала мне, что ей больно слышать о моем отъезде, и я перестала говорить с ней об этом.

Аида Оганесовна радовалась за нас.

– Хорошо, что ты едешь в Америку. Наконец, ты и твоя семья заживете спокойной оседлой жизнью.

Когда Мила Михайловна узнала о том, что мы едем в Америку, я расслышала ее слова, обращенные к одному из учеников нашего класса:

– Ты только посмотри на этих неудачников из Баку. Они едут в Америку, а добропорядочные граждане вроде нас остаются здесь.

А передо мной она рассыпалась в комплиментах и поздравлениях, сопровождаемых отличными оценками за мою работу в школе. Всем захотелось завести себе друзей в Америке. Я вносила адреса друзей в записную книжку, но единственной учительницей, чей адрес мне хотелось иметь у себя, была Аида Оганесовна.

Мальчишки, которые обычно дразнили меня бакинкой, превратились в предупредительных джентльменов, просивших, чтобы я писала им и отправляла посылки из Америки. Девочки из группировки Карине и Ануш по секрету признавались мне, что будут скучать без меня. А

Карине и Ануш только высокомерно глазели на меня или завистливо посмеивались.

Глядя на них, я думаю: «Скоро у меня будут такие же красивые обновы и вещи, как у вас. Скоро я буду есть то же, что и вы. У меня будет нормальная ванная и ежедневный душ, а не раз в неделю. Скоро у меня будет много друзей и развлечений, как у вас, но самое важное, у меня будет свобода, о какой вы и не мечтали!»

И вдруг мне стало их всех жаль. Они не осознавали, что происходит и какая тяжелая жизнь их ожидает в будущем. Может, Ануш и Карине будет легче, ведь они хорошенькие и из состоятельных семей, а как же остальные? Им придется выживать в холодные зимы без света и тепла, в очередях за хлебом, с пустыми холодильниками. Им придется воевать в Нагорном Карабахе, чтобы после войны их независимость стала полноценной.

Я оставляю все и не хочу с ними больше конфликтовать. Мне не хочется радоваться своему отъезду и тому, что они остаются. Я из тех, кому повезло. «Бог нам это дал, и Он же может это отобрать у нас в любой миг»,– думала я. Так что весь день после этого я держала свою радость и волнение при себе. А день 26 ноября приближался.

Последнюю неделю в Ереване мы провели в разъездах по городу и его окрестностям, прощаясь с родней, которой трудно было проводить нас на вокзале. 23 числа мы поехали навестить дядю Арама, брата бабушки Тамары близ Эчмиадзина. Мы зажгли 11 свечей в Кафедральном соборе – по одной за каждого отъезжающего. Мы пообедали в доме у Арама, а вечером поехали к тете Эмме, хотя она собиралась нас провожать 26 числа.

25 ноября мама отправила меня в школу в последний раз попрощаться со всеми. Я уже сдала свои учебники и несколько дней не ходила в школу, помогая маме собирать вещи, но я обещала Лизе и другим друзьям прийти перед отъездом.

Когда я в то утро пришла в школу, была перемена, и все стояли в коридоре у окна. Алик, высокий темноволосый и неглупый парень, который терпеть меня не мог, обернулся и сказал, оскалив зубы:

– Я думал, ты уже в Америке! Ты зачем сюда явилась?

– И с чего это я думала, что ты умный, когда ты дурак? – огрызнулась я и прошла мимо, пытаясь разыскать Лизу, а он так и остолбенел от неожиданности.

Она увидела меня с противоположного конца коридора и, когда я подбежала к ней, сказала:

– А я уже забеспокоилась, что ты не придешь.

– Как я могла не прийти, Лиза!

– Побудь со мной несколько часов, чтобы мы вместе пошли домой. Ладно? – улыбнулась она.

– Обещаю не исчезать, как в Баку.

И мы рассмеялись.

Я села за парту рядом с Лизой, хотя это место не было закреплено за мной. Учительница химии знала, что я уезжаю, и разрешила мне пообщаться напоследок с Лизой. На мне не было школьной формы, и в классе я чувствовала себя неловко. Я начала нервничать. Ситуация была слишком уж знакомая и… непонятная. Я поделилась с Лизой своими ощущениями:

– Какой же этот Алик злыдень. Не понимаю, за что он меня ненавидит. Я ему ничего плохого не сделала.

– А пошел он к черту! – Лиза обернулась, чтобы посмотреть на него.

– Я здесь последний день. Он мог бы вести себя приличнее,– прошептала я. – Наверное, приличие не для него прописано. Я надеюсь, ему не будет хватать перепалок со мною.

Теперь я старалась не улыбаться, потому что он смотрел прямо на нас.

– Да, ему будет не хватать тебя, но кое-кто еще будет по тебе скучать, помимо Алика, причем искренне,– прошептала Лиза.

– Это кто же, уж не Карине ли с Ануш? – сказала я язвительно, тихо посмеиваясь.

– Нет! Я! Обязательно приезжай из Америки навестить меня.

– Постараюсь. Извини, я забыла принести тебе что-нибудь на память.

– Это лишнее. Я всегда тебя буду помнить. Я никогда тебя не забуду,– Лиза обняла меня. – Ты моя лучшая подруга. И всегда останешься ею.

– Ты тоже. Даже если у меня будет миллион друзей в Америке, ты всегда останешься моей лучшей подругой.

Потекли слезы. Весь класс обернулся и смотрел на нас. Когда мы это заметили, то вытерли глаза, и все еще плача, улыбнулись друг другу.

До остановки шли молча. Я думала об Аиде Оганесовне, которая обняла меня и поцеловала в коридоре. Ее слова запали мне в память, и я думала, что эта прекрасная, волевая, исключительно добрая женщина будет служить мне примером для подражания, когда я вырасту.

Меня потрясли ее слезы, и я не смогла высказать то, что было у меня на душе. Аида Оганесовна плакала из-за того, что я уезжаю! Она рыдала из-за того, что какая-то там второсортная бакинка уезжает! Класс был потрясен еще больше.

Когда мы с Лизой дошли до остановки, она сказала:

– Ну, вот, это твоя последняя поездка на двадцать седьмом.

– Да. Странное ощущение.

– Жаль, что из-за уроков не смогу проводить тебя,– неожиданно сказала Лиза.

– Не переживай. Просто вспомни обо мне завтра в 9 утра, когда будет отходить поезд,– попросила я.

Автобус прибыл, и мы сели. Мест для сидения не было, и мы всю дорогу простояли. Лизина остановка была следующая. Я пыталась подобрать нужные слова, но не могла. Оставалось лишь обнять ее. Мы стояли, обнявшись, пока автобус не остановился. Она стала спускаться по ступенькам и обернулась, чтобы взглянуть на меня.

– Я позвоню тебе из Москвы,– пообещала я.

Лиза не ответила и вышла из автобуса. Она стояла на тротуаре с удрученным лицом и махала вслед автобусу.

Когда она исчезла из виду, затерявшись в толпе, я вздохнула. Я видела Ереван в последний раз из окон уже родного двадцать седьмого автобуса.

Шагая вверх по канакерской улице, я искала глазами серо-зеленые горы по ту сторону долины. Утопающий в белой дымке Арарат в это время года не виден. Но я попрощалась и с ним.

Я пришла домой в тот момент, когда все уже было готово к отъезду. Маме нужно было помочь с какими-то незначительными мелочами, после чего мы рано легли спать.

Дальний родственник Гена, ехавший с нами в Америку в качестве члена семьи, присоединился к нам в нашей поездке в Москву вместе с сестрой дяди Толика

Аллой, которая проживала в Армении. Она хотела навестить своего брата. Моя семья занимала одно купе. А Гена и Алла ехали в соседнем купе. Мы покидали Армению... Мне было стыдно радоваться, но я все равно была счастлива.

Рано утром мы уложили наши вещи в машины Варо и соседа Вовы. Тетя Варо, которая жила напротив, плакала, как будто мы были родней, но ее слезы были искренними. Она привыкла к нам и хорошо чувствовала себя в нашей компании.

А вот слезы Наты и Камо вызывали сомнения. Наверное, они были рады избавиться от нас. В то утро я не испытывала обиды ни к ним, ни к кому-либо еще. «Господь все видит!»,- думала я.

Мы прибыли на вокзал вовремя. Разгрузив машины, мы увидели наших родственников и знакомых. Они помогли нам донести вещи до платформы. Меня удивило количество провожавших нас людей.

Пришли дядя Рудольф с женой. За два года, что мы прожили в Ереване, сводный брат папы – Рудольф ни разу не пришел навестить нас в нашем грязном подвале. Он стеснялся нашего образа жизни и, как мы полагали, стеснялся якшаться со своими родственниками -беженцами. А может, он опасался, что мы доставим ему лишние хлопоты. Всего лишь раз мы побывали в его роскошной квартире за эти два года. Справляли день рождения Тиграна, и всех гостей рассадили в гостиной, нашей же семье место нашлось лишь на кухне, словно мы были какими-то ущербными людьми. Папа, помня, как щедро он принимал семью Рудольфа в Баку, был уязвлен до глубины души.

Но теперь, когда мы уезжали в Америку, Рудольфу уже нечего было стесняться. Он был тут как тут. Пришли

Эмма с дочерью и многие другие. Некоторым не верилось, что мы сможем уехать в Америку. Теперь же они поверили, и меня это забавляло.

После того, как подали состав, начались объятия и поцелуи. Мы занесли свой багаж внутрь. Дядя Рудольф прослезился. До него вдруг дошло, что все происходит в действительности. Может, он ощущал угрызения совести. Я раньше не видела его в слезах, что весьма удивило не только меня, но и моих родителей. Жена дяди Рудольфа обняла меня и сказала папе:

– Пришли ее погостить к нам, когда ей исполнится шестнадцать.

В душном вагонном коридоре было не протолкнуться. У меня словно ком застрял в горле, но я не могла плакать. Слишком много треволнений. Все происходило слишком стремительно. Мысли разбегались. Я не могла сосредоточиться на чем-то одном, на каком-нибудь лице.

После третьего круга объятий и поцелуев прозвучала команда закрыть все двери – поезд должен тронуться. Родственники хлынули наружу, мы махали друг другу на прощание из окон, касаясь друг друга руками. Поезд покатился, а мы все еще махали нашим близким из окна, пока они не скрылись из виду. Поезд уже выехал за пределы станции, когда я вышла из купе в коридор. Передо мной проплывали отрывочные виды Еревана. Я поймала себя на том, что мне будет его не хватать.

Поезд быстро проходит мимо городов Армении. Я вижу множество сел и городов, разрушенных землетрясением 1988 года. Некоторые участки больших городов еще не расчищены от завалов, хотя после землетрясения уже прошло три года. К вечеру мы покинем пределы Армении.

Грузия не очень отличается от Армении, во всяком случае, в первые часы. Я вижу горы, села и апельсиновые деревья. Темнеет. Через два с половиной дня мы прибудем в Москву.

Я сплю на верхней полке. Миша недоволен этим обстоятельством, но мама говорит, что он может упасть оттуда во сне. Перестук колес завораживает и напоминает о Баку, когда поезда проходили из порта мимо нашего двора. Я смотрю на проплывающую мимо Грузию и засыпаю.

Второй и третий дни в поезде утомляют. Мы пытаемся проводить время за рассказами и анекдотами, но остановки надоедают. Поезд опоздал на одиннадцать часов из-за конфликта с властями Грузии. Мы сделали остановку в нескольких черноморских курортных городах, папа накупил апельсинов и мандаринов.

Поезд огибал береговую линию моря, а папа тем временем мечтательно смотрел в коридоре вагона в окно.

– Посмотрите на море, дети. Вы впервые за два года видите морской берег. Вы скучали по морю? Как знать, когда еще мы увидим море.

Все молчат. Несколько пассажиров услышали папины слова и посмотрели на нас. Я забеспокоилась. «Теперь-то они поймут, что мы бакинцы, и наговорят нам кучу гадостей». Но они только заулыбались и повернули головы к морю.

К концу второго дня мы проехали Грузию, Абхазию и оказались на Украине. На третий день мы прибыли в Россию и вот уже скоро будем в Москве, куда мы и приехали 29 ноября.

Ноябрь и декабрь мы проживем у Эсмы и там же встретим Новый год с ее дочерьми. Нас ждет Новый год! За декабрь месяц мои родители, Новик и его жена обошли с нами все государственные учреждения в Москве, давая взятки и убеждая чиновников дать разрешение нам на выезд из страны. В каждом учреждении нас ждут очереди. Присутствие детей не производит на них никакого впечатления. Они ненасытны. Мои родители снова суют им деньги, но нам вечно дают от ворот поворот.

Папа звонит дядю Рудику – просит задействовать свои связи в Москве. Дядя Рудик обращается к Армену Джигарханяну, с которым ходил в школу. Папа звонит ему однажды вечером, и знаменитый советский актер соглашается встретиться с папой, чтобы как-то повлиять на ход дела. Это меня забавляет, и я вспоминаю, как Тунзала и Гюльнара осуждали Джигарханяна за то, что он армянин.

– Представляю, как они разинули бы рты, узнав, что я собираюсь с ним встретиться,– ухмыляюсь я про себя.

На той же неделе мы встречаем Джигарханяна у театра в центре Москвы. Папа велит нам стоять на противоположной стороне улицы. Мы стоим на снегу, ярко освещенном фонарями, и наблюдаем. В назначенный час Джигарханян выходит из родного театра под руку с двумя русскими красавицами в роскошных шубах. Папа завязывает с ним недолгую беседу. Джигарханян кивает и уходит. Папа пересекает улицу и говорит нам, что дело, скорее всего, выгорит.

ЧАСТЬ **5**

1992 год

глава 20

«**М**ы едем в Америку! Мы едем в Америку! Мы уезжаем!**»** – твержу я про себя, еще не совсем осознавая истинный смысл происходящего. Сбываются мои самые несбыточные мечты. Цель, которая долгое время оставалась недосягаемой фантазией, обретает очертания и осязаемость. В моих мыслях перемешиваются волнение, восторг и чувство неопределенности оттого, что не знаешь, что тебя ждет впереди.

После бесчисленных часов хождения по пятам за чиновниками и дачи им взяток нам дали зеленый свет: мы вылетаем из Москвы 30 января 1992 года. Армен Джигарханян и его связи, кажется, ничем не помогли. Если бы не настойчивость моих родителей, дяди и тети, то никуда бы мы не поехали.

Когда я думала об Америке, мне становилось не по себе, а в голове прошлое, настоящее и будущее толпились со своими вопросами:

Куда все подевалось? Где моя размеренная жизнь? Все стремительно улетучилось, а теперь, невероятно, но факт – мы едем в Америку. Но как я могу покинуть свою Родину? Может, я изменяю ей? Может, я бегу с тонущего корабля, как говорит папа, в то время, как нужно приложить усилия, чтобы заделать пробоину? Может, я изменница? Эгоистка?

Весь месяц до отъезда я спорила и убеждала себя. Единственным утешением в тот холодный январь 1992 года было то обстоятельство, что не мне пришлось принимать окончательное решение, его уже сделали за меня. Мы едем!

Чтобы отвлечься от внутреннего разлада, я запоем читала, глотая одну книгу за другой. Эсма изумлялась, с какой скоростью я прочитываю старые толстые издания классиков из ее большой библиотеки. Это было сродни чувству голода, которое я испытывала иногда в Ереване – каждая книга утоляла этот голод, но в итоге у меня разыгрывался еще больший аппетит. Я нуждалась в чтении, потому что книги, их содержание и дух казались единственными осязаемыми вещами, которые я могла взять с собой в Америку. До отъезда я старалась загрузить свою память, как можно, большим количеством страниц печатного текста на русском языке.

Дни сменялись один за другим, приближая меня к чуду. Москва промерзла и побелела. Снег не способен замедлить стремительную жизнь улиц. Город становился оживленнее на неподвижном морозном воздухе. В переполненных автобусах, метро и магазинах сновали люди в пальто и меховых шапках, звучала русская речь. Город продолжал жить в политической и экономической неразберихе. Ни плохая погода, распад страны не могли никого остановить. На долю России выпали свои катастрофы, войны и колоссальные перемены. Я неожиданно прониклась уважением к ней. Москва – древний, мудрый и, несомненно, сильный город. Она вошла в мою жизнь благодаря ежегодным поездкам и родственным связям, и воспоминания о ней я тоже возьму с собой в Америку. Я буду по ней скучать.

Теперь, когда родственники убедились в нашей решимости уехать в Америку, возросло количество телефонных звонков. Даже те, кто посмеивались над нашей надеждой, что нас выберут, поздравляли нас, обескураженные и изумленные. Подобная реакция меня возмущала.

«С какой стати вы думаете, что мы не заслуживаем того, чтобы нас выбрали? Как вы смеете сомневаться в том, что мы этого достойны? Как вы смеете полагать, что мы должны провести остаток своей жизни в грязном подвале? Как вы смеете думать, что мы хуже вас? Как вы смеете?»

Эти слова всегда были готовы сорваться с моих уст, но меня сдерживало чувство стыда за подобное свое состояние. Ведь они-то оставались тут, а мы уезжали строить лучшую жизнь.

В Американском посольстве нам раздали брошюры с объяснением основ американского образа жизни. Мы называли ее «белой книжкой» по той простой причине, что она была в белой обложке. Она была на русском языке, и в ней кратко описывалась жизнь в Америке. В ней также излагались обязательства спонсоров, обычно церквей, которые брали на себя обеспечение таких беженцев, как мы, в первые месяцы пребывания в США. В брошюрке также объяснялось, что спонсоры не обязаны помогать нам, но делают это по доброте душевной. Мои родители решили, что найдут работу, неважно какую.

– Я буду работать где угодно,– сказала мама. – Я не брезгую никакой работой.

Папа сказал, что не хочет, чтобы спонсоры о нем заботились.

– В первые месяцы придется туго. Нам будет нужна помощь, но после – ни в коем случае,– сказал он.

Эти разговоры превращали Америку в реальную страну, и мне нравился такой настрой взрослых. Все были взволнованы, и я представляла, как мы будем свободно жить, подобно любой другой американской семье, упорным трудом зарабатывая себе на будущее.

Но все это пока оставалось в будущем. А тем временем нашей главной заботой было найти чемоданы подходящего размера, поскольку в инструкциях из посольства указывалось, что багаж должен быть определенных габаритов. Каждый член семьи мог взять с собой чемодан заданных размеров. Найти в Москве просто чемодан было трудно, а уж указанных размеров – почти невозможно. Задание, найти их – для нас и семьи Новика, было возложено на маму, потому что она знала Москву как свои пять пальцев. На поиски ушла неделя, и она разыскала мастерскую, которая взялась сшить эти большие чемоданы на заказ. Мы немедленно их заказали.

Как только большие сумки, именуемые «баулами», были готовы, мы приступили к укладке вещей. Времени оставалось немного. Мама укладывала наши вещи на квартире у Новика. Старые обиды между женой Новика и Норой, с одной стороны, и мамой, с другой, на время улеглись, поскольку они были очень воодушевлены суетой приготовлений. Я хотела помочь маме, но она не хотела, чтобы мы с Мишей путались под ногами. Она боялась, что ее отвлекут, и она что-нибудь забудет или затеряет.

– Вы поможете мне, если перестанете мне помогать,– часто говорила она.

Я или смотрю телевизор, или читаю, Миша играет с пятилетней Тамарой. Мы со старшими кузинами обычно сидим дома, потому что холодно, и к тому же в этом районе Москвы молоденьким девушкам вроде нас небезопасно ходить без сопровождения.

Было решено, что в одиночку мы выходить из дому не будем, особенно после того, как какие-то темные личности угрожали мне и моим младшим кузинам в очереди за хлебом, маслом и мясом.

– Нечего есть наш хлеб. Убирайтесь туда, откуда пришли, черные ублюдки! – вопил кто-то.

Мы простояли в очереди три часа и поэтому не собираемся никуда уходить. Старушки и внушительных размеров мужики косятся на нас. Но нам нужна еда. Ходят слухи, что на всех не хватит, и очередь начинает волноваться и поднимает крик:

– Эй, азербайджанки! Валите отсюдова! Нечего жрать наш хлеб!

– Мы три часа в очереди простояли со всеми вместе! – отвечаю я в слезах.

– Ну и что! Все равно валите! Это не ваше!

Я хмурюсь и отворачиваюсь. Мы не двигаемся с места и, в конце концов, покупаем наш хлеб, масло и суповой набор. Мы в ужасе бежим домой и рассказываем родителям.

Повсюду граффити с руганью в адрес граждан всех южных союзных республик: «Бей кавказскую сволочь!» Нас обзывают «черными». Для россиян мы все на одно лицо. Каждый день мы сталкиваемся с ненавистью по отношению к нам, армянам. Мне почти четырнадцать, но выгляжу я на все шестнадцать или семнадцать. Я замечаю, как реагируют на меня парни и даже взрослые мужчины в общественных местах. И хотя я встречала такое же внимание к себе и в Ереване, здесь оно вызывает беспокойство у папы. Просто там его не было рядом. Теперь же он обеспокоен. Я это замечаю, по тому, как он ограждает меня

в оживленных местах. Однажды вечером, когда мы возвра-
щались домой к Эсме, ко мне в автобусе подошел парень:

– Эй, чернявая красавица, пойдем со мной!

Папа хватает его за воротник и хриплым голосом обе-
щает прикончить, отчего у того глаза лезут на лоб от
ужаса. Отныне я хожу, потупив глаза, и не смотрю на не-
знакомцев.

Последний раз, когда я говорила с бабушкой по телефо-
ну, я пообещала писать ей. Я не знала, что она собирает-
ся приехать в Москву проводить нас. Я до сих пор не по-
нимаю, почему она хочет остаться, вместо того чтобы
ехать с нами. Мама давно пытается уговорить ее, но ба-
бушка не хочет покидать свою родину, сына и его семью.

Я все еще слышу, как Миша спрашивает:

– Мама, почему мы не можем взять с нами бабушку?

А мама отвечает:

– Мы не вписали ее имя в анкету, джана.

– А почему не вписали? – не отстает Миша.

– Она не захотела уезжать,– вздыхает мама.

– Неужели она останется в Баку одна!

– Она хочет остаться там с дядей Сашей.

Я вмешиваюсь в разговор и восклицаю:

– Но ведь он не в Баку, а в Ростове! Он не будет о ней
заботиться.

– Мы не можем заставить бабушку уехать, Аня! –
вздыхает мама.

С тех пор, как я написала Емеле письмо из Еревана и
получила от нее ответ, прошло много времени. Снова писать ей не имело смысла. Я даже не знала, в Баку ли она
еще находится, или исчезла в хаосе распадающейся империи.

Я решила написать Лизе и Азиму. Они оба очень разные, но письма, адресованные им, получились одинаковыми. В письмах к Лизе я извинялась за отъезд и за то, что сердилась на нее. Я писала, что скучаю по ней и что она моя лучшая подруга и останется ею, даже если больше не увижусь с ней. В письмах к Азиму, которые я писала через бабушку, я обещала ему, что никогда его не забуду и однажды приеду в Баку в качестве американской гражданки и увижу его. Так будет для меня безопаснее. Я просила его отвечать на мои письма из Америки.

Я отправляла эти письма, не будучи в полной уверенности, что они дойдут до Азима и Лизы, а их ответы – до меня.

15 января меня осенило, что в суматохе я забыла, что накануне был день рождения Лизы. Теперь она взрослая, думала я. Через год она получит паспорт – официальный документ. Я так взволнованно рассказывала об этом маме, что она спросила:

– Хочешь позвонить Лизе?

– А можно?

– Только недолго, а то дорого стоит.

Мы были у дяди Новика. Я позвонила. Как обычно, у них было шумно и людно. Пришлось запереться на кухне, чтобы набрать номер Лизы с ереванским кодом. Ответил какой-то сердитый голос. Я вспомнила, что телефон на втором этаже театра, а Лиза жила на первом.

– Лизу можно?

– Да, подожди. Лиза! К телефону!

Через минуту я услышала знакомый голос:

– Алло!

– Лиза, *джана*, как ты поживаешь?

– Это ты, Аня? О, как я рада снова тебя слышать! Откуда ты звонишь? Из Америки?

– Еще нет. Мы в Москве. Уезжаем тридцатого числа!

Я кричала, потому что связь была плохая.

– Как скоро, Аня!

– Всего две недели. Я отправила тебе письмо. Да, и хотела поздравить с днем рождения. Извини, что с опозданием на день.

– Спасибо, джана. Я думала о тебе сегодня. Я думаю о тебе каждый день, Аня… ты меня слышишь?

– Да-да, говори!

– Ты даже не представляешь, как я по тебе скучаю. Но я даже в некотором роде рада, что ты уехала.

– Почему?

– Потому что,– ее голос дрогнул,– потому что у нас четыре дня подряд не было света и очень холодно. Минус 9. И еще похолодает.

– Вы греетесь? – заплакала я.

Она не ответила.

– Лиза?

– Ты знаешь, что случилось с нашим парком? – вдруг спросила она.

– Что?

– Все деревья срубили, чтобы греться и готовить еду. Все деревья в парках и на улицах вырубили.

Я заплакала.

– Неужели все так плохо? – прошептала я в надежде, что она меня не слышит, но она слышала.

– И даже хуже. Мы не знаем, как нам быть. Есть почти нечего.

– Прости меня.

– За что? Это ведь не твоя вина… и уже не твоя печаль.

– Нет, это моя печаль, Лиза. Как ты не понимаешь, что я сейчас переживаю?

– Прости. Я не то хотела сказать.

– Школу закрыли?

– Да, в первых числах декабря, прямо после твоего отъезда.

– И автобусы, наверное, не ходят,– вздохнула я.

– Столько снегу навалило, что даже если бы было горючее, они не смогли бы сдвинуться с места. Город вымирает. Люди умирают от голода и холода. Блокада не только с азербайджанской и турецкой стороны, но и на грузинской границе.

– Что, и Грузия туда же?

– Да, они любят держать нос по ветру.

– Знаю,– сказала я.

На том конце провода стало тихо. Потом она вдруг сказала:

– Будешь мне писать?

– Ну, конечно! В следующий раз ты получишь от меня письмо уже из Америки!

– Отлично! Спасибо. Поцелуй за меня Мишу.

– Может, я еще раз тебе позвоню, но не могу обещать! – сказала я.

– Понимаю. Спасибо, что позвонила,– заплакала Лиза.

– Джана! Я тебя люблю. Не плачь только.

– Не буду, обещаю… передавай приветы родителям.

– Я тебя люблю!

– Я тоже. Пока!

Во время нашего пребывания у Эсмы папа запасал продукты на всех нас, что было недешево, но в Москве с питанием было лучше, чем в Ереване. Если имелись деньги и связи, пропитание можно было добыть. Эсма была очень благодарна. Она была матерью-одиночкой и была озабочена тем, как прокормить своих детей и всех нас. Но папа заверил ее, что ей не о чем беспокоиться.

Мы не могли взять с собой в Америку заработанные с таким трудом деньги, во всяком случае, не все. Каждому разрешалось взять по 50 долларов. Так что на семью приходилось всего 200 долларов. Нам также не разрешалось брать с собой все свои ювелирные украшения. Можно было иметь при себе только определенное количество граммов золота, а бриллиантов не больше, чем на 0,75 карат.

Ювелирных украшений у нас почти не было. Но у мамы было обручальное кольцо, подаренное папой в 1977 году. Тогда оно стоило около 200 рублей, а сейчас – 40.000 рублей. В нем был бриллиант в 0,71 карат, и мои родители не беспокоились на этот счет. Мы были уверены, что его можно будет взять с собой в Америку без проблем. Кольцо было красивое, а камень крупный. Мама бережно хранила его, как память о молодости и любви к папе. Она говорила, что денежная ценность кольца не так важна. Некоторые родственники сомневались, что нам разрешат взять его с собой. Они рассказывали, что многим приходилось глотать свои кольца, чтобы провести их через таможню.

Мои родители возражали:

– Мы не хотим делать ничего подобного. Это незаконно. А если нас на этом поймают? Тогда все пропало. Мы лишимся последнего шанса уехать в Америку. Они нас вообще никуда не выпустят. Мы все сделаем по закону, чтобы им не к чему было придраться.

Дальний родственник Гена летел с нами, и его золотая цепь засчитывалась как наша. Папа спросил Гену, что он собирается взять с собой, и тот показал золотую цепочку, которая осталась от его мамы. Мы были уверены, что с ювелирными украшениями у нас проблем не будет.

Шли дни. Мы укладывали вещи и ждали. Я поняла, что скучаю по Еревану.

– Хорошо там, где нас нет,– говорил папа.

Да, но всего несколько месяцев назад я видеть не могла ереванские улицы. А теперь меня туда тянуло. Я испытывала противоречивые чувства и злилась на себя за это. Мне следует собраться с мыслями, говорила я себе, понять, что со мной происходит. Разве мне не хотелось поехать в Америку? Больше всего на свете! Это уж я знала наверняка.

С тех пор, как мы приехали из Еревана в Москву, кошмары не мучили меня. Я ждала их в любой момент. Однажды ночью 16 числа мне приснился первый кошмар. Когда я проснулась с сильным сердцебиением и собралась с мыслями, то удивилась: мне снился не разрушенный и сожженный Баку, а моя бакинская школа.

В моем сне я стояла в ожидании чего-то на верхней площадке старой мраморной лестницы. Свет из широкого окна за спиной – белее снега. Я вижу свое отражение под ногами и жду. Отсюда мне видна вся лестница. Я все вижу. Вдруг, откуда ни возьмись, меня хватает какая-то сила, трясет и бросает с лестницы. Боль невыносимая. Все стихло. И только мои косточки гремят по ступенькам, как в страшной замедленной съемке. Какая-то вопящая тишина в ушах. Я скатываюсь вниз. Смотрю вверх в отчаянии, и вижу себя в окружении всех своих бакинских одноклассников и учительницы английского языка. У них злые глаза. Даже Лусине и Емеля, кажется, молчаливо осуждают меня. Моя учительница английского языка, мамина добрая приятельница, уперев руки в бока, укоризнен-

но качает головой. Я встаю на ноги, и начинается перепалка. Я пытаюсь оправдаться, что это не моя вина.

– Нет, всегда твоя вина! – монотонно твердят они.

– Я всего лишь хотела снова увидеть наш сад,– взмолилась я.

Затем меня обволакивает тьма и холод.

Я встаю и беру другое одеяло. Все болит. Потом я засыпаю. На следующее утро я сажусь писать письмо своей бывшей учительнице английского языка, которая так сердилась на меня во сне. Но, начав писать, отказываюсь от этой затеи. За два года я написала ей из Еревана столько писем, а она ни на одно не ответила. Я поняла: она азербайджанка и боится писать в Армению. Она – в прошлом, думаю я, и сейчас не время ее беспокоить. Вместо того чтобы писать, я тихо выплакалась, и мне полегчало.

ГЛАВА 21

21 числа мы поехали в город Наро-Фоминск в Московской области. Там теперь проживал дядя Толик со своей семьей в трехкомнатной квартире. Они переехали туда из Ржева. У них гостила тетя Алла. Мы поехали попроща1ться с мамой Толика тетей Марией и всей их семьей. Толик собирался провожать нас в аэропорту. Тетя Алла собиралась ехать с ним. Но мои кузины и тетя Мария не могли к ним присоединиться. Было восемнадцать градусов мороза.

На одном из московских вокзалов мы сели на электричку. Через час мы прибыли на место и оказались посреди тесного леса и чистого снега. Воздух был прозрачен и неподвижен. Мы спустились с платформы и осмотрелись. Вокруг одни деревья. Папа, наконец, разглядел тропинку, уходящую в густой ельник.

– Наверное, туда,– предположил он.

Мы шли по лесу. Я обморозила нос и щеки. Коленки ныли. Мы выбрались из лесу на дорогу и пошли по колее, оставленной грузовиком. Через полчаса справа на лесной поляне мы увидели четыре здания. Видимо, здесь лес был вырублен. Это были жилые пятиэтажки.

– Мне холодно,– захныкал Миша. – Я устал.

– Через пару минут согреемся,– сказала мама.

– Через пару часов,– пробормотал папа.

Казалось, от домов в открытом поле нас отделяют многие километры. Мы пересекли это пространство по дороге. Машины и автобусы накатали скользкую колею, и я всячески удерживала равновесие, чтобы не упасть. Меня не устраивала никак перспектива перелома ноги незадолго до отъезда, но все же так идти было лучше, чем по сугробам метровой глубины.

Пар от нашего дыхания замерзал прямо у нас на лицах. Стояла звенящая тишина, и казалось, что воздух потрескивает. На фоне заснеженных полей ельник казался черным. От белизны снега болели глаза. На мне были юбка и рейтузы. Колени онемели, а нос побаливал. Но идти оставалось немного.

В Москве мы пытались найти пальто для Миши. Он уже вырос из своего старого пальто, купленного мамой в Баку два года назад. Миша носил это пальто в Ереване. Теперь, когда ему исполнилось семь лет, его руки стали длиннее рукавов, а само пальто было тонковато для крепких морозов. Мы обошли весь город и даже расспросили друзей и родственников, но пальто так и не нашли. Мама напялила на него всякой одежды, но ему все равно было холодно. Мне хотелось укрыть его под своим пальто, но он был слишком большим.

Распахнулась дверь, и Лена не сразу узнала нас. Мне не верилось, что мы виделись два года назад. В Баку мы встречались каждую субботу-воскресенье. Она оставалась такой же веселой Леной, круглолицей и улыбчивой. Волосы стали длиннее, лицо повзрослело.

Вошел папа и обнял ее. Она все еще пребывала в потрясении после того, как папа расцеловал ее в мягкие щеки, а он уже топотал по дому, громогласно всех приветствуя. Я вошла последней, плетясь в хвосте, и только тогда она пришла в себя от изумления.

– Аня, *джана*, дай же я тебя поцелую! – сказала она с распростертыми объятиями, как только я появилась в дверях.

Я ощутила дуновение теплого воздуха и прикосновение ее горячих губ на своей щеке.

Весь день мы провели с семьей Толика. Тетя Мария непрерывно вспоминала Баку, и ее глаза увлажнялись. О чем бы ни заходила речь, она упоминала своего брата – моего дедушку. Тетя Люба, жена Толика, все время твердила, как им не хватает нас. Пока Люба, мама и тетя Мария готовили обед, Толик с папой говорили в гостиной о наших планах в Америке. Лена отвела меня в спальню, принадлежавшую ей и ее сестре Алине, где мы сели поболтать. Я ненадолго вышла оттуда в туалет и услышала обрывок разговора Толика и папы.

– Когда Новик и я в то лето, четыре года назад, брали анкеты, тебе тоже нужно было их заполнить вместе с нами. Толик, почему ты не стал этого делать? – спросил папа. – Теперь ты веришь, что это все не понарошку?

– Норик, брат, как я мог рисковать нашей стабильностью здесь? У меня была квартира, хорошая работа. Там у меня была персональная машина с шофером. Мы уехали за год до вас. Что у тебя было, когда ты уезжал? Ничего. Тебе нечего было терять .

– А сейчас? Разве ты не знал, что все это только временно, что у тебя будут на работе проблемы, потому что ты армянин? Я не удивлюсь, если тебя уволят здесь по той же причине, что и там.

– Но ты не боишься,– продолжал Толик,– что с тобой и твоей семьей в неведомой стране может произойти столько непредсказуемых вещей? Ты едешь туда с пустыми руками! Ты не владеешь языком! И кто знает, что с вами там может случиться!

– Да, Толик, но что толку голодать в промерзлом подвале в Канакере, оторванными от внешнего мира, и ждать светлого будущего. Америка протягивает нам руку в тот момент, когда никто не хочет нам помочь, даже наша родина. Ты прав. Страшно. Это огромная ответственность, и я сделаю все возможное и невозможное, чтобы обеспечить моим детям достойную жизнь.

Толик ничего не ответил. У него все было стабильно. Он был инженером на птицефабрике, где выращивали огромных кур, которые несли огромные яйца. Кур откармливали в небольших контейнерах, которые не позволяли им двигаться. Они жирели и несли яйца с двумя-тремя желтками. Это были особенные куры. Мы называли их «мутантами». У Толика дома куры и яйца ели каждый день, поскольку он занимал ответственную должность. Они очень гордились, что могут есть курятину каждый день в то время, как в Москве она считается деликатесом.

Женщины нажарили на обед курятины и картошки с закусками. Было очень вкусно, но, хотя я не пробовала курятины много месяцев, мне было невыносимо думать, что они питаются ею ежедневно.

Мы пробыли у них до вечера. Взрослые много часов просидели в гостиной, чаевничая и вспоминая старые добрые времена. Тарелки были еще на столе. Папа рассказывал Толику и его домочадцам, как мы готовимся к отъезду. Мария внимательно слушает, покачивая седой головой в косынке, и приговаривает:

– Вот до чего мы дожили! Что они с нами сделали! Все разбежались – кто куда. Мой Норик летит за океан. Что бы сказал мой брат Егише, если бы дожил до этого дня и увидел, что стало с нашей семьей?

– Тетя Мария, может, и хорошо, что Егише и Тамара, Царство им небесное, не увидели того, что случилось в

Баку,– говорила мама, а тетя Алла кивала ей в знак согласия.

Бабушка Тамара наблюдает за нашим чаепитием, думала я, и, что бы ни случилось с нами, она защищает нас с небес.

Настала пора расставаться. Лена умоляла меня остаться с ней на несколько дней до отъезда в Америку. Я не хотела там оставаться. Там царила атмосфера ностальгии и тоски. Как бы я ни любила тетю Марию, ее рассказы о былых временах в Баку наводили большую тоску. Толик попросил Лену успокоиться.

– Может,– сказал он. – Я возьму тебя с Алиной попрощаться с Аней и Мишей до их отъезда.

– Правда, папа? – улыбнулась она.

Нам нужно было поторапливаться, чтобы успеть на электричку. Так что прощание было относительно коротким по сравнению с обычным армянским. Но мы все же простояли в дверях минут пятнадцать, болтая, смеясь и плача.

Мы спустились и зашагали к лесу. Несколько раз мы оборачивались и видели тетю Марию на балконе. Она махала нам рукой, стоя на балконе в своем пестром платье, похожем на экзотическое полотнище, развевающееся на фоне серого снежного неба.

– Да что, она с ума сошла! Мороз, а она без пальто! – воскликнула мама.

Мы помахали ей в ответ и возобновили наше движение. Я снова оглянулась.

– Мама, она все еще там,– сказала я.

Мария по-прежнему стояла на балконе и махала нам рукой. Мы пересекли замерзшее поле, и теперь дома стали совсем маленькими. Но мы все равно видели балкон и тетю Марию, пожилую женщину с волосами, заплетенными в косы, спрятанными под косынкой. Мы видели ее платье. Я все время оборачивалась и плакала. Слезы обжигали мне щеки, когда я их смахивала. Через несколько минут она скрылась из виду, когда мы свернули в густой лес.

«Пожалуй, я вижу ее в последний раз»,– подумала я. Когда мы дошли до развилки обледеневшей дороги у трех старых елей, стоявших в отдалении от лесного массива, мы пошли по правой тропинке и оказались в лабиринте заснеженных кустарников и деревьев. О таких лесах я читала в русских народных сказках и былинах. Все молчали. Тишину нарушал скрип снега под нашими ногами, и я представила себя в одной из таких сказок.

Снег и ели, неподвижный воздух, потрескивание веток, таинственные звуки и кусачий мороз… Это Россия. Мы шли полчаса. Мои бедра, колени и пальцы ног ныли от холода. Электричка запаздывала. Станция состояла из будки, в которой сидел станционный служащий в тепле и уюте. Мы стояли снаружи. Несколько закованных в лед скамеек никак не располагали для сидения на них. Поезд опаздывал больше, чем на час, и не было никаких признаков его прибытия.

Я уже не чувствовала своих ног. Колени онемели, и только тогда я призналась в этом маме.

– Я же сказала тебе надеть теплые брюки,– упрекнула она меня.

– Мама, я же не знала, что поезд опоздает! – сказала я раздраженно.

– Тебе следовало знать, что с такой погодой не шутят. Шевели ногами, походи и попрыгай.

Я не хотела скакать как ненормальная перед незнакомыми людьми, но холод был уже невыносим. Ничего не помогало, а только становилось хуже. Папа заметил мои слезы, потому что я не хотела опять жаловаться. Папа пошел к билетерше, что сидела в теплой будке, и сказал, что готов почистить снег вокруг ее кассы, если она впустит меня и Мишу погреться.

Поезда проходили в обоих направлениях. Как только папа расчистил снег, к нашему превеликому удовольствию подошла электричка. Мы с трудом нашли места для сидения для всех нас. Как только уселись, мы с Мишей уснули по левую и правую руку от мамы, положив головы ей на плечи. Когда я проснулась, то почувствовала, что поезд замедляет ход, приближаясь к Москве. Потом я чувствую резкую боль в ногах. Когда я добралась до дому и посмотрела на свои ноги, они были почерневшие и посиневшие, словно меня поколотили. В некотором смысле так и было. Меня отлупил русский Дедушка Мороз.

Бабушка приезжает в Москву 27 января. Я в восторге, но в то же время в отчаянии, потому что она не поедет с нами. Морозные дни тянутся скучно и медленно. Синяки на моих ногах больше не болят, но начинают краснеть. Мама и папа сердятся на меня за легкомыслие, за то, что я оделась не по погоде. Поэтому мне велено сидеть дома до того вечера, когда мы поедем в аэропорт.

Нам сообщили, что нас определили в город Бисмарк, штат Северная Дакота. Я перерыла все энциклопедии, но единственный Бисмарк, которого я нашла, оказался германским канцлером. Нам сказали, что Бисмарк – столица штата Северная Дакота, небольшой город по сравнению с Ереваном или Баку, не говоря уже о Москве.

– Хорошо, что город маленький,– сказала мама.– Нам сейчас нужен мир и покой.

Новости из посольства меняются день ото дня. Теперь нам говорят, что нас прикрепили к церкви в городке Фарго, который мы не можем найти на нашей карте Америки. Звучит еще диковиннее, чем Бисмарк. Я уже привыкла к мысли, что мы поедем в Бисмарк, и мне не хочется в Фарго, хотя мы ничего не знаем ни про тот, ни про этот город. Но это Америка, и я рада поехать куда угодно в ее пределах. Сегодня я записала в своем дневнике:

«Осталось пять дней. Смотрю и не верю своим глазам. Слушаю и не верю своим ушам. Не верю своим мыслям. Все так странно».

Бабушка прибыла 27-го числа. Мы встречали ее на железнодорожном вокзале. В тот день весь снег растаял, и воздух не щипал лицо. Никто не ожидал такой оттепели посреди зимы. Когда поезд остановился, я сказала себе, что это не обычный поезд, а поезд, в котором находится бабушка. Я хотела подойти поближе к двери, чтобы ощутить запах бакинского воздуха, выходящего изнутри. Мысль была безумной и ребяческой, но я не могла заставить себя не думать о воздухе Баку и о тепле, попадающем в мои легкие.

Я моментально вернулась в реальность, когда увидела в окнах вагона азербайджанцев. Инстинктивно я сделала шаг назад и опустила голову, чтобы они не заметили моих армянских глаз. Я видела, что они кишмя кишат в этом поезде, сидят, стоят, ходят, дышат, заслоняют бабушку. Она должна немедленно оттуда выбраться, пока я не закричала, чтобы они отцепились от нее.

– Что с тобой, Аня? – мама коснулась моего плеча.

Я глазела на окна, пытаясь высмотреть в них бабушку.

– Пусть она оттуда скорее выйдет, мама! Когда же она оттуда выйдет, мама!

Меня трясло. Папа взял меня за руку и отвел в сторону.

– Все в порядке, джана. Она возьмет свои вещи и выйдет,– сказал он.

Я продолжаю всматриваться в грязные закопченные окна поезда. Как только поезд остановился, из вагона стали выходить какие-то азербайджанцы. Мимо нас прошли их надменно ухмыляющиеся рожи. Я знала, что они знают, кто мы такие. Возникла напряженность. Я отвернулась от рельсов и от поезда. Когда я обернулась, она уже стояла перед нами со своим скромным старомодным чемоданом. Я возненавидела азербайджанцев, помешавших первой увидеть бабушку. Меня снова затрясло.

Мы заговорили и стали удаляться, а папа вошел в вагон забрать остальной багаж бабушки, состоявший из вещей, привезенных для нас. Я смотрела на нее, все еще пребывая в оцепенении. Потом мои губы расплылись в улыбке, а она обняла и поцеловала меня. Но я была так далеко от нее. Я изменилась. Я повзрослела. Узнает ли она во мне ту прежнюю, тихую, замкнутую и задумчивую девочку? Я уже не была той озорной хихикающей девочкой. Узнает ли она о моей борьбе за то, чтобы стать, как все, «спуститься с небес на землю», как велит мама? Узнает ли, сможет ли?

Улыбка у меня получилась глуповатая. В своих мыслях я осуждала себя за свой эгоизм. Вот моя бабушка, а вот я еду в Америку. Пройдут годы, прежде чем я снова ее увижу. Я заставила себя пойти и снова обнять ее. Но и после этого я ощутила между нами такую же отдаленность и не могла смириться с нею. Я думала, что не позволю этому случиться. Я должна заново познакомиться с этой женщиной, которая, можно сказать, вырастила меня.

В Москве бабушка остановилась у Зои и Игоря, который приходился маме двоюродным братом. Его жена Зоя не могла возражать против того, что бабушка будет жить у них, как раньше она была против нашего у них пребывания. Она считала нас «армянским отребьем», как выразился однажды ее восьмилетний сынок, мой кузен, когда мы гостили у них. Бабушка у них только ночевала. Дневное время она проводила с нами у Эсмы. Я видела, как преображается и молодеет ее лицо, когда она играла и смеялась с Мишей. Я наблюдала за ними с противоположного конца комнаты, вспоминая то время, когда мне было столько же лет, сколько ему, а вся моя жизнь была наполнена солнцем, садом и смехом. Потом мои мысли запутались. Я не могла понять, почему мне так трудно с ней сблизиться. Мне было стыдно за эту отчужденность. Глядя, как Миша расстраивается, проигрывая бабушке, я на нее рассердилась. По моим щекам покатились слезы, и я тихо вышла, чтобы их никто не заметил. Отлегло. Вскоре мои чувства к бабушке потеплели, и мы часами разговаривали.

28 января мы поехали к Новику. В нашу честь затеяли внушительный шашлык. Дядя Толик, папины друзья Юра, Карен, Христофор и многие другие заполнили малогабаритную квартирку громкими шутками и дружелюбными улыбками. Толик приехал с женой, Леной и Алиной, как обещал.

После обеда и чаепития мужчины затеяли игру в карты и закурили, как это обычно делается в Баку. Женщины либо смотрели телевизор, либо разговаривали, а дети бегали и играли. Всех тяготила мысль о предстоящем расставании в конце вечера. После вечеринки наша семья отправилась домой. Уезжать не хотелось, но был уже второй час ночи. А 29-го числа предстоял день окончательного укладывания вещей. Нужно было отдохнуть физически и морально. Тяжело прощаться. Но в тот момент все казалось обыденным. Мы прощались с ними по привычке, ожидая увидеться на выходные, как многие годы до этого. Окончательность и бесповоротность этого прощания еще не осознавалась нами.

Я помогала маме паковать последние семейные реликвии вроде фотографий и маминого хрусталя, который она возила за собой повсюду, независимо от обстоятельств. Она решительно настроилась, во что бы то ни стало увезти хрусталь в Америку. Кто-кто, а мама умела паковать вещи. У нее был аккуратный и практичный подход: «Ничего нельзя оставлять. Мы и так все потеряли».

И все должно было дойти до места назначения в целости и сохранности. Можно было не сомневаться.

Мама не разрешила бабушке помогать.

– Тебе нужен отдых, мама,– твердила она.

И бабушка проводила время за играми и чтением с Мишей. Ей нравилось играть со своим единственным внуком Мишей, но в ее глазах я видела боль. Казалось, ее тяготит мысль о том, что она не едет с нами. Но все равно она ничего не могла поделать. Слишком поздно.

Ожидание. Ожидание тридцатого числа. Ожидание стало таким привычным, что для меня оно в порядке вещей. Но на этот раз я теряю терпение. Нет сил больше ждать!

Чтобы отвлечься от мыслей об Америке, я читаю и перечитываю письма, привезенные бабушкой от Лусине и Тунзалы. Письмо от Лусине полно боли; это крик о помощи, очень непохожий на Лусине. Она пишет о том, как больно быть армянкой. Она пишет о том, как она страдает, живя в Баку. Ее дух и национальная гордость сломлены. Остался только стыд и страх. «Я устала прятаться»,– пишет она, и письмо злит меня и вызывает во мне жалость. Почему она все еще там?

Перечитав это письмо, я приступаю к другому, совершенно отличающемуся по содержанию посланию, но из того же города. Тунзала пишет, что мы должны приехать в Баку из Америки как туристы. Меня обуревает ярость. Да как они смеют писать мне такое! Тунзала, которая больше всего мечтала о том, чтобы мы сгинули, теперь хочет, чтобы мы приехали как туристы. Родина, родина! Родина-изменница! Я покидаю тебя навсегда и никогда не вернусь. Никогда! Твой народ получил, что хотел. Чего им еще надо? Мы оставили там свои мечты, свое будущее, дома, кладбища и кровь. Ничего больше мы им не отдадим.

Я пишу язвительное ответное письмо, которое удивляет меня, когда я его перечитываю. Оно не слезливое и не жалостливое, как можно было ожидать. Оно пышет гневом. Оно – прощальное презрительное послание, брошенное в лицо всем азербайджанцам, которых олицетворяет Тунзала.

После того, как я покончила с этим, я сделала глубокий вдох и принялась отвечать Лусине. Письмо получилось такое, будто оно последнее, адресованное ей. Мне больно так поступать с нами обеими, но мы не сможем поддерживать связь, если она будет скрываться, переезжать с места на место и менять имена, как сейчас. Так что я передала ей свои горячие приветы и попросила поцеловать от моего имени Емелю. Мне нужно попрощаться, а не то прошлое будет неотвязно преследовать меня и в Америке. Мне нужно начинать с нуля на американской земле, с нулевого уровня боли.

Теперь дошла очередь до Азима. Я уже не переписываю письма, если где-то допущу ошибку. Теперь ручка скользит по бумаге уверенно и меня не волнует грамматика и синтаксис. Почувствует ли Азим мою боль в этих предложениях? Что-то подсказывает мне, что почувствует, но время меняет людей. К тому же, он давно не пишет мне. Так что вполне возможно, что истинный смысл моих слов не дойдет до него. Но я пишу, и меня захлестывают воспоминания; я пишу, тоскуя по своему детству.

За один-единственный день все останется позади. За один день моя жизнь в корне изменится, и мои легкие задышат совершенно другим воздухом. Какое- то время там все будет чужое, но я привыкну так же, как я привыкала ко многим загадочным явлениям. Человек - любопытное создание, ко всему привыкает, если нужно. Значит, так тому и быть!

Бабушка смотрит на стопку писем, написанных мной почти за два часа.

- Скажи Тунзале, я никогда не приеду в Баку, даже туристом,- говорю я сурово. - А это для Азима.-
- Я ему передам,- грустно улыбается бабушка.

Настало двадцать девятое января. Мама с раннего утра у Новика занималась оргвопросами. Я у Эсмы укладывала свои вещи, в том числе, конспекты из книги об английском языке, принадлежащей Эсме.

- Папа, а как мы все это повезем в аэропорт? - спросила я прежде, чем он поехал к Новику.
- Христофор раздобыл для нас автобус.
- Целый автобус!
- Да. В него мы уместимся вместе с багажом.
- Как здорово, папа! У нас никогда не было своего автобуса.
- Раньше мы в такие ситуации не попадали,- улыбается он.

Он уехал, и я начала ходить взад-вперед. Я не знаю, плакать мне или смеяться, потом разозлилась на себя за свою слабость и глупость и приказала себе взять себя в руки. Я вытерла лицо и опять стала ходить из угла в угол по гостиной.

День тянулся ужасно долго. Папа и мама пришли домой вечером. Было решено, что днем тридцатого мы поедем к Новику и оттуда все, включая провожающих, отправятся на автобусе в аэропорт.

Перед сном дочки Эсмы пришли к нам в спальню в ночнушках и встали в дверях.

– Мы пришли попрощаться, потому что не увидим вас завтра. Нам рано вставать в школу,– сказала Маша.

– Обязательно увидимся,– сказала мама.

– Да, я проснусь пораньше и попрощаюсь с вами,– улыбнулась я.

– Нет, вам нужен отдых перед долгой дорогой,– сказала Эсма, выходя из своей спальни.

– Тогда давайте прощаться сейчас,– сказала Илона.

Все выстроились в коридоре между комнатами и стали по очереди обнимать нас. Мы тоже их обнимали и целовали. Мне было неловко. Эти девочки проявили теплое чувство не только к моей семье, но и ко мне, хотя все эти годы они посматривали на меня свысока. Теперь вся моя неприязнь к ним улетучилась, словно ее и не было.

– Пиши девочкам, Аня,– попросила Эсма, когда они ушли спать.

– Но раньше они ни разу не ответили ни на одно мое письмо,– улыбнулась я.

– Ничего, теперь ответят. Ведь ты будешь писать из Америки.

Мама, хорошо знающая мой нрав, быстро повернулась ко мне и сказала:

– Давайте отдыхать. Завтра нам лететь в Америку,– сказала она в темноте, словно пытаясь воодушевить себя.

Она натянула на себя одеяло и уснула.

Я долго не могла уснуть. Мысли путались в голове. Я говорила себе, что в последний раз засыпаю в своей стране. Но как я ни пыталась, мне не удалось придать важность этой ночи, она ничем не отличалась от остальных.

– Завтра, завтра, завтра придет быстрее, чем ты уснешь,– говорила я себе, а мое сердце билось все быстрее при мысли об этом завтрашнем чудесном утре.

Я спала и не видела снов.

Все утро мама лихорадочно пыталась нас призвать к порядку. Мы поели и после полудня уехали из опустевшей Эсминой квартиры. Прибыв к Новику, мы обнаружили у него уйму народу. Негде было ни встать, ни сесть. Света и Нора только готовились. Пришли Толик и Люба с Кареном, папиным лучшим другом, и Христофором, который благодаря своим связям организовал автобус. Посреди маленькой гостиной стоял Гена с двумя девицами, которые так и висли на нем.

Мы с кузинами хихикали на кухне, поглядывая на Гену:

– У него сразу две подружки.

– Нечего детям путаться под ногами,– нервно подал голос папа, просунув голову на кухню.

Я усадила Мишу и младшую кузину с нами. Бабушка с мамой застегивали змейку на чемодане с маминым хрусталем, который она получала в подарок или привозила из поездок в Чехословакию или из других мест. Она упаковала все так, что ничто на свете не смогло бы их разбить. Только потом мы узрели отпечатки подошв на чемоданах, так что половина маминого хрусталя была разбита таможенниками, которые нарочно пинали их ногами и прыгали на них, уничтожая последние добрые воспоминания о нашей стране.

Одежда, обувь и несколько книг были упакованы. Это все, что осталось от двух тысяч книг, которые папа начал собирать еще в двадцать лет. Ему пришлось все бросить в Баку. Там были старинные книги XVII века и классика, которую наша семья читала и перечитывала десятилетиями. Все пропало.

Семейные фотографии тоже были уложены в чемоданы. Они были нашим сокровищем, заменить которое не могло ничто на свете. К 5 часам вечера дети проголодались, и мы их покормили. Они сидели на низкой кушетке на кухне и быстро поедали свои бутерброды. Я вдруг вспомнила тот день, когда я сидела на той же кушетке, разговаривая с Лизой по телефону. Я вскочила и побежала на кухню.

– Аня, куда ты? – вскричал Миша, но я была слишком взволнована, чтобы отвечать.

– Можно, я позвоню Лизе? – умоляла я маму.

– Что?

Она была слишком занята, чтобы обращать на меня внимание.

– Я говорю, можно мне позвонить Лизе?

– Аня,– Новик услышал меня и крикнул с того угла комнаты. – Я столько заплатил этому пьянице за квартиру, что ему вполне хватит. Звони.

– Спасибо, спасибо!

Я побежала на кухню.

– Дети, мне нужно позвонить. Выйдите на минутку.

Дети выбежали, все еще прожевывая свои бутерброды. Когда кухня опустела, я достала записную книжку из черной сумочки, набитой вещами, напоминавшими мне все, что я оставляла здесь, хотя Лизин телефон я знала наизусть. Я набрала номер и попросила ее позвать. Ее голос в трубке звучал удивленно.

– .Лиза, Лиза, ты меня слышишь?

– Да, Аня, это ты?

– Да, Лиза, я скоро лечу в Америку.

– Как скоро, джана?

– Прямо сейчас. Сейчас, Лиза!

– То есть как, сейчас? – закричала она.

– Я еле тебя слышу. Я вылетаю через несколько часов,– кричала я в трубку.

Лиза молчала.

– Я напишу тебе из Америки.

– Да.

– Джана, я люблю тебя. Я просто хотела с тобой попрощаться. Как я хочу тебя обнять!

Ее молчание было исполнено обиды и печали. Мне не следовало звонить.

– Хорошо,– нарушила она молчание,– передавай мои наилучшие пожелания своей маме,– сказала она.

– Передам. Пожелай мне удачи. Завтра я буду в Америке. Не забывай меня, Лиза!

– Как я могу?!

– До свидания!

В шесть часов вечера нам велели выйти из кухни.

– Дети! Автобус пришел! Готовьтесь!

Я надела пальто и сапоги и помогла одеться маленьким. К четверти седьмого чемоданы были спущены к автобусу. Квартира выглядела опустевшей. Все оделись. Провожающие спустились вниз, оставив нас – всю семью Аствацатуровых – в квартире. Они ненадолго оставили нас одних. В Америку ехали одиннадцать человек – две семьи, объединенные одной судьбой, оставляя позади все мелкие разногласия и ссоры. И Гена – дальний родственник, но все же Аствацатуров, был принят нами, несмотря на то, что мы почти ничего не знали о нем.

Теперь все одиннадцать человек готовились начать новую жизнь в большой великой стране, открывающей для новых поколений Аствацатуровых дверь в свободную жизнь. Провожающие оставили нас наедине по старинной традиции. Как старший брат и глава семейства Аствацатуровых папа велел нам опустить сумки на пол и молча присесть на них. Каждый член семьи тихо нашел себе место и сел. Перед каждым долгим и ответственным путешествием по обычаю нужно было присесть на дорожку. Нам нужно было, чтобы наше путешествие прошло благополучно. Мы, не проронив ни слова, посидели с полминуты. Потом папа сказал нам, чтобы мы встали и спустились к автобусу. Новик запер двери, и мы вышли из пустой квартиры, спускаясь по грязной лестничной клетке старого московского дома.

ГЛАВА 22

Ыло темно. Внезапное потепление вызвало таяние снегов. В полотне дороги отражались огни. Тротуары и улицы утопали в грязи и слякоти. Движение было не очень оживленным. Автобус, похожий на продолговатый черный брус, стоял прямо у подъезда. Мы с папой поднялись в автобус, в котором уже сидели другие люди. В темноте я услышала, как папа спрашивает, все ли на месте. Я поискала, с кем бы сесть, но все уже сидели рядом с кем-то. Мне не досталось попутчика. От этого я вдруг огорчилась. Что же это, все обо мне забыли? Я нашла свободное место справа в четвертом ряду.

Это лишнее огорчение только усугубило мое и без того мрачное настроение, от которого захотелось плакать. Темноту разогнали красные, желтые и зеленые блики и сполохи светофоров на мокром асфальте. Автобус мчался по мокрым московским улицам, мимо людей, торопящихся кто куда по грязным тротуарам. Горящие разноцветными огнями магазины и рестораны демонстрировали сквозь запотевшие витрины свой товар и посетителей

Позади нас и под нами все было серо. Серость царила повсюду. Автобус мчался сквозь серость, унося нас от серости. Недобрые, холодные, страшащие улицы Москвы пролетали мимо нас, оставаясь позади. Сквозь шум мотора я слышала смех и разговоры вокруг себя. Бабушка сидела с Мишей. Другие сидели с кем-то еще. И я слышала их разговоры, глядя на проносящуюся мимо серость. Мне очень хотелось, чтобы кто-то сел рядом со мной и поговорил со мной, чтобы развеять мои серые печальные мысли. Но я осталась наедине со своими переживаниями.

Прощай, серость! Может, ты моя истинная родная среда, но я не останусь с тобой, как бы ни было тяжело с тобой расставаться. Серость остается в моем прошлом.

Улицы Москвы проносились мимо меня, попадая через мое зрение в хранилище моей памяти.

– Этой стране до тебя дела нет, Аня, не плачь по ней,– повторяла я про себя, но слезы текли безостановочно.

Холодный влажный воздух заставлял людей придерживать свои шапки и бежать. Я смотрела на пожилых женщин в старых пальто, тянущих свои тяжелые сумки и пытающихся изо всех сил перелезть через горы раскисшего снега. Мое мрачное настроение только усугублялось толкотней и окриками на московских улицах. Как я радовалась, что я одна еду сквозь эту суматоху наедине со своими мыслями. Я была рада, что никто не видит моих борений с этой серой тоской, от которой я пытаюсь спастись.

Вдруг вызывающая, кричащая тоска канула в черную безмолвную бездну. Это мы выехали за пределы Москвы. Эта перемена вида за окном изменила и настроение в автобусе. Теперь все оказались погруженными в полную темноту. На несколько мгновений каждый из нас оказался наедине со своими мыслями. Казалось, все погрузились в сон. Разговоры и смех прекратились. Воздух казался был соткан из мыслей. Даже маленький Миша почувствовал торжественность тишины и притих, что было ему несвойственно. Был слышен только шум двигателя. Время от времени мимо нас проносилась встречная машина и освещала салон автобуса. За моим окном стояла такая темень, что не было видно ни деревьев, ни полей. Но я знала, что там лес, столь простертый в средней полосе России.

Тоскливые мысли сменились раздумьями перед неизвестностью. Как мы будем жить в этой незнакомой далекой стране? Как будем выживать? Как будем добиваться успеха? Примут ли, признают ли они нас? По щекам текли соленые слезы. Страх перед будущим словно пытался сковать мою волю...

Автобус остановился перед зданием аэропорта «Шереметьево» около 8 часов вечера. Я с сумкой спрыгнула на грязный асфальт. Едва только мои подошвы коснулись мокрой поверхности, я поскользнулась; папины сильные руки подхватили меня и не дали упасть. Мокрый снег доходил до щиколоток.

Я стояла около мамы, которая несла две сумки, оглядываясь в поисках папы.

– Наверное, они пошли за багажными тележками,– предположила я.

Мы стояли напротив стеклянного фасада аэропорта. Там, где мы стояли, было темно. Из-за стекла на мостовую лился яркий свет. Папа, Новик и Толик вынырнули из толпы справа от нас, толкая и увлекая за собой две тяжеленные стальные тележки с высокими бортами. Они были старые, черные и скрипучие. Мы загрузили наш багаж в одну из них, а вещи Новика – в другую. Багаж обвязали ремнями, и кто-то сказал:

– Ну, что, готовы?

– Поехали,– сказал папа. – Дети, держитесь вместе.

Он толкал тележку, расчищая, как всегда, нам путь. Стеклянные двери распахнулись, и Миша застыл на месте, разинув рот. Автоматические двери, это чудо техники, простые советские граждане видели только в американских фильмах. Мы оказались в залитом светом пространстве, и волшебные двери захлопнулись за нашей спиной.

Я глянула вверх. «Шереметьево» – аэропорт, откуда вылетали за границу, был самым большим из виденных мною. Он был веь белый. Потолки были очень высокие. Завороженная, я смотрела на размеры этого волшебного сооружения из сновидений. Слух вернулся ко мне, когда папа сказал:

– За мной.

Мы пытались держаться вместе посреди толпы, которая стремилась вперед.

Мамины глаза покраснели и устали. В них не было ничего, кроме тревоги. Я держалась поближе к ней. Мы пересекли обширный вестибюль, пробираясь сквозь толпу. Наши мужчины велели нам постоять у стены, пока они выяснят, где стойка регистрации для армянских беженцев. Они вернулись через несколько минут.

– Это не здесь,– сообщил Новик.

Пришлось толкать тележки на противоположный конец аэропорта. Одной рукой я несла сумку, другой держалась за мамин локоть. При ближайшем рассмотрении я с удивлением обнаружила, что «Шереметьево» не представляет из себя ничего особенного, как мне сначала показалось. Этот аэропорт не отличался от остальных советских аэропортов. Полы утопали в слякоти и грязи, занесенной людьми с улицы. Было скользко. Я огляделась вокруг, пока мы пересекали главный вестибюль. По углам на старых газетах спали люди. Их рейсы задерживались. И как везде, стояли очереди, царила толкотня, суета и нервозность.

Я прислушивалась к голосам прохожих. Аэропорт полон людей разных национальностей. Я узнавала иностранцев по их одежде, поведению и, особенно, по выражению их лиц, которое отличалось от наших. Их лица улыбались, даже если их губы были сомкнуты. Их глаза не были утомленными. Они излучали жизнь и энергию и не были измученными, как наши.

Новик и папа выяснили, что нам нужно пройти таможню на втором этаже здания. Я была рада тому обстоятельству, что для наших тележек нашлись лифты. Иначе поднять наши пожитки было бы невозможно, считала я. Таможня находилась по левую руку. Мы увидели десятки тележек вроде наших. Повсюду были люди, такие же, как мы, усталые, опустошенные, но предупредительные. Там стояли армянские беженцы из Азербайджана, евреи и люди, вылетавшие в Америку по делам.

Там было темно, но я видела свет, пробивавшийся с противоположной стороны таможни. Свет проникал из-за высокого стального забора.

«Они загородились так, словно опасаются, что люди наводнят Америку, как дикари,– подумала я. – Впрочем, если дать им волю, они так и сделают».

Ограда была очень далеко от нас. Мы двинулись по направлению к толпе. Наши мужчины нашли хвост очереди и подогнали тележки вслед за последней стоящей в очереди семьей. Нам не было видно, что там за забором. Толпа была очень плотная и далеко от света. Только Миша и моя младшая кузина Тамара были слишком возбуждены, чтобы вести себя тихо. Они повсюду носились и играли в прятки между тележками. По левую руку были какие-то скамейки и сидения, но свободных мест не оказалось. Я думала, что скоро кто-то уйдет, и мы сможем сидеть по очереди. Стоять пока было не трудно. Мы выстояли тысячи очередей, а самолет вылетал около часа ночи, а сейчас было 9:30 вечера. Справимся, думала я.

К 10:30 Миша и Тамара устали от беготни. Им надоели игры. Стоять им тоже не хотелось. Пятилетняя Тамара закапризничала и непрерывно зевала. Она жаловалась, что у нее болят ножки. Сиденья были по-прежнему заняты, и никто не собирался вставать или даже привстать на секунду. Все понимали, что безвозвратно потеряют свое место.

Никто, даже молодые здоровые мужчины, способные стоять на ногах дольше любого из нас, не хотел уступить место малышам. Я начала злиться. Все думали только о себе. Полы были слишком влажными, чтобы можно было на них сесть. К 11 часам папа и Новик спустили с тележек несколько сумок с небьющимися вещами на мокрый пол, прямо рядом с колесами тележки, чтобы дети могли улечься на них и поспать. Миша и Тамара уселись на сдвинутые сумки. Они оба вздохнули с облегчением, усаживаясь на сумки, легли и попытались уснуть, но шум и свет мешали им, к тому же сумки были жесткими и неудобными для сна. Тамара заплакала, и Новик взял ее на руки, а она всхлипывала:

– Папа, я хочу домой.

У меня чуть не остановилось сердце.

– Мы скоро будем дома. Нужно только немного потерпеть,– отвечал Новик, покачивая ее и поглаживая ей спину.

К полуночи ни длина очереди, ни скорость ее продвижения не изменились. Мы стояли на том же месте, что и два часа назад. На прохождение каждой группы беженцев через таможню требовалось столько времени, что я начала подозревать, что продвижение к ограде займет гораздо больше времени, чем ожидалось.

«Так мы еще чего доброго опоздаем на рейс!» – думала я.

Все кресла заняты. Полы были по-прежнему мокрыми. Мы стояли больше четырех часов. В час ночи очередь все еще не сдвинулась с места. Нам объявили, что наш самолет уже перегружен и не может взять на борт больше пассажиров. Значит, нам придется ждать следующего. Наши ноющие ноги давали нам понять, что они больше не в силах держать нас. Нора предложила пройтись по аэропорту и поискать место для сидения, раз уж нельзя найти ничего поблизости от ворот. Мои кузины, Нора и я отправились на поиски, оставив маму, бабушку и остальных. Я очень переживала за бабушку. Она не жаловалась, но мы знали, что она очень утомлена.

Аэропорт был битком набит пассажирами, и все места в вестибюле были тоже заняты. Полы повсюду были мокрые, и надежды дать отдых нашим ногам не было. Вдруг мы увидели белую лестницу на третий этаж. Ступени были широкие и, самое важное, не замызганы грязью.

– Давайте присядем здесь! – воскликнула моя маленькая кузина.

Как только мы сели, то поняли, что наши ступни болели сильнее, чем нам казалось, когда мы были на ногах. Мы сдвинулись к краю лестницы, чтобы никому не мешать. По лестнице бежала группа пассажиров, и мы прислонились к перилам, чтобы дать им пройти. Наши ноги почувствовали себя лучше, и нас не интересовало, нравится это кому-то или нет. Наше настроение поднялось, и мы начали шутить и говорить об Америке. Мы задавались вопросом, будем ли мы здесь через несколько часов или уже будем лететь к месту назначения.

Утомленные, но в хорошем настроении, мы просидели минут десять, когда нам на глаза попались какие-то молодые мужчины, поднимавшиеся по лестнице. Их было четверо. Как только они скрылись из виду, Нора мрачно сказала:

– Они азербайджанцы.

Мы уставились на нее.

– Откуда ты знаешь? Они могут быть кем угодно,– сказала я, не собираясь снова подниматься.

– Нет-нет. Я же видела их морды. К тому же, они говорили по-азербайджански.

– Они ухмылялись и нагло глазели на нас,– сказала моя младшая кузина.

– Думаешь, они догадываются, кто мы? – спросила я.

– Как знать? – ответила Нора.

Через три минуты те же парни спустились по лестнице. Проходя мимо нас, они замедлили шаг и сказали что-то друг другу по-азербайджански, хихикая и глядя на нас сверху вниз.

– Не смотри на них,– шепнула мне Нора.

Я не шевелилась, глядя в мраморный пол. Мои мышцы напряглись, и я была готова ко всему. Их лица выражали спесь и высокомерие.

– Я боюсь,– прошептала я, когда они скрылись в толпе.

Они, очевидно, догадывались, кто мы. Вопрос в том, посмеют ли они что-то предпринять, зная, что мы уезжаем навсегда. Нора считала, что молодым девушкам и беззащитной женщине опасно бродить по аэропорту, где азербайджанцы могут пырнуть ножом или нанести другие увечья в этой многотысячной толпе. Мы слишком далеко от своих, чтобы позвать на помощь.

– Давайте уйдем отсюда,– сказала она, вставая.

– Мы и десяти минут не посидели. Что же, нам уходить из-за какой-то азербайджанской сволочи? – пробормотала моя младшая кузина.

Мы зашагали к таможне. Наши ноги гудели пуще прежнего. Невыносимая, резкая боль подсказала мне, что я должна думать только об ограде и свете, который пробивался сквозь нее. Когда мы подошли к очереди, мама подтвердила, что нам придется дожидаться следующего самолета.

Все были подавлены, ибо это означало, что ждать придется еще очень долго. Была половина второго ночи. Некоторые друзья и родственники попрощались с нами и уехали, но самые близкие люди остались. Когда подготовят второй самолет? Никто не знал. Оставалось только ждать. Папа и мама тоже устали физически и морально. Бабушка, которой было 69 лет и у которой были проблемы со здоровьем, стояла на ногах пять часов. Она устала больше всех, но не жаловалась, а терпеливо ждала вместе со всеми.

Очередь продвигалась медленно, но верно. Теперь ограда была отчетливо видна, и то, что за ней, тоже. Обширное пространство за оградой было ярко освещено. Потолок был выше, чем над нами. Мы стали смутно различать фигуры людей в советской форме, которые распаковывали багаж беженцев, изучали их ювелирные украшения и заполняли документы.

Группа, стоявшая впереди нас, пришла в возбуждение. Мы приближались. Было уже три часа ночи. Мы простояли шесть часов. Боль была невообразимая. Такой я еще не испытывала.

Полусонные дети хныкали. Тележки ползли. Мы стояли у ограды. Половина четвертого. Мы стоим семь часов. Родственники взбудоражены, и Толик обнимает и целует детей, в том числе и меня. Я всем телом испытала нервное потрясение. Это было странное ощущение, и мне показалось, что сейчас что-то взорвется. Плач, крик, смех не улягутся. Я почувствовала, что всю семью обуяла паника. Мы проходили сквозь ворота.

– Держитесь вместе, держитесь вместе! – крикнул кто-то из наших.

Наконец, ограда позади нас.

Стойки таможенного досмотра выстроились в ряд, и за каждой по два таможенника. Мы подошли к одной стойке, семья Новика к другой, за нами. Здесь свет был ярче, чем по ту сторону ограды. Люди прижимались к ограде и смотрели на нас из-за нее. Мне было неловко, что на меня жадно глазеют сотни людей. Я знала, что они переживают, страстно желая оказаться по эту сторону ограды, где светила надежда.

Служащий за стойкой, молодой парень, выглядел не старше восемнадцати лет. Он и его напарник в зеленой советской форме по одному досмотрели наш багаж. Аккуратно уложенные вещи и одежда были небрежно брошены обратно в сумки и чемоданы. Они не довольствовались рентгеном. Им нужно было все перерыть собственноручно. Служащий за стойкой, молча и безразлично, просмотрел наши паспорта и прочие документы. Родня любовно смотрела на нас из-за ограды, плакала и смеялась. Я оборачивалась на них, глядя влево; мне хотелось и плакать, и смеяться.

Когда служащий покончил с документами, подошла очередь ювелирных украшений. Мама достала все, что у нее было из сумочки, и выложила перед ним.

– А это? – служащий показал на мои сережки в виде бабочек.

– Аня, сними их и передай ему,– сказала мама.

Дрожащими пальцами я поспешно сняла их.

Гена вытащил свои ювелирные украшения из внутреннего кармана пиджака. Он открыл небольшой мешочек и извлек оттуда свое золото. Папа не мог поверить своим глазам. Он прошептал:

– Гена, а я думал, у тебя всего лишь тоненькие золотые цепочки!

Гена смерил папу суровым взглядом и посмотрел на массивную золотую цепь. Она была такая толстая, что служащий за стойкой изумленно поднял брови. Потом он еще раз взглянул на драгоценности, и неожиданно сказал папе, что мамино бриллиантовое обручальное кольцо превышает лимит в 0,75 карат.

– Оно в 0,71 карат. У меня и документы на него есть,– вежливо сказал папа.

– Оно в 0,75 карат, и вы не можете его взять с собой.

– Послушайте, вот же документы на него!

Служащий на них даже не взглянул, а Гена стоял в сторонке и посмеивался.

– Пройдемте,– холодно сказал таможенник папе.

Они пересекли освещенный зал и вошли в маленькую белую дверь в углу. Они пробыли там десять минут, и мама начала нервничать. Новик с семьей уже прошли таможню.

Папа и строгий таможенник вернулись.

– Они говорят, что это 0,75. У них там ювелир сидит, чтобы доказать мою неправоту.

– Что теперь с ним делать? – огорчилась и испугалась мама.

– Ты не можешь его взять. Они говорят, что это советская собственность, и она должна остаться в стране,– вздохнул папа.

– Отдайте родственникам,– сказал таможенник.

Папа побежал к воротам и передал кольцо Толику.

– Сохрани до следующей встречи.

– Что? Они не дали вам его провезти?

– Нет. Мы, наверное, никогда его не увидим.

– Увидите! – заверил Толик папу.

– Они не пропустили его из-за огромной цепи Гены.

– Не волнуйся, Норик. Езжай спокойно!

– Хорошо, брат, будь здоров. Мы тебя любим! – сказал папа и вернулся к стойке.

– Проходите, – махнул рукой злобный таможенник. – Нет, стойте! Что это? – он ткнул в мою черную сумочку и потребовал: – Показывай!

Дрожащими руками я протянула ему сумочку, в которой лежали кое-какие мои вещи. Для всех, кроме меня, они были барахлом, но они символизировали мое остававшееся позади детство. А самой ценной вещью была старая куколка, которой играла в детстве еще мама, а потом я.

Таможенник перевернул сумочку верх дном и вытряхнул все содержимое на стойку до последней мелочи. Кукла оказалась сверху образовавшейся кучки, которую таможенник бесцеремонно разворошил. Мне стало очень неловко. Я сердито посмотрела на таможенника, а потом осознала, что сотни людей глазеют на вещицы, высыпанные на стойку. Мне было стыдно, что меня увидят с куклой. Я молила Бога, чтобы никто не высмеял меня. А потом мне стало все равно.

Он затолкал все обратно в сумочку и сказал:

– Можете идти! Все чисто!

– Можно попрощаться с родственниками? – попросила его мама. – Аня, Миша, вы не попрощались с бабушкой.

– Поторапливайтесь,– пробурчал он.

Я побежала с Мишей к ограде и обняла бабушку. Она прижала нас к себе, и мне было стыдно, что я не могу плакать. Бабушка не могла говорить. Она ничего не сказала, но ее глаза были красноречивее слов. Мы обняли и поцеловали остальных родственников, затем прошли сквозь свои стойки. Какой-то служащий провел нас через маленькую коричневую дверь, но для нас это был вход на таможню Соединенных Штатов Америки.

Рядом с дверью полы были грязными, а ноги так ужасно болели, что из глаз катились слезы. Я обернулась и увидела сотни людей за своей спиной. Наши родственники махали нам, а мы махали им в ответ, стоя в очереди перед этой замечательной дверью. Я плакала, меня опять затрясло.

– Вот оно, свершилось,– шептала я.

Нора улыбнулась:

– Ты почему плачешь, джана? Из-за того, что забрали кольцо или потому, что мы уезжаем?

– Я не знаю, что со мной,– пробормотала я.

Она обняла меня одной рукой и прижала к себе. Мы приближались к двери. Маши! Маши! Прощай, Родина. Прощай. Как я тебя люблю и как ненавижу! Прощай. Теперь ты уже никогда не причинишь нам боли. Прощай, я так счастлива и в то же время так зла на тебя. Очень трудно тебя простить.

– Бабушка, до свиданья, до свиданья,– шептала я.

Даже если бы я закричала, она бы меня не услышала. Я помахала рукой. Я была как в тумане, спотыкалась, мои ноги мне изменили. Скользкий грязный пол напоминал мне, что мы еще на этой стороне. Мы проходили сквозь ту дверь. Мои родственники за оградой уменьшились в размерах, и слезы застили мне глаза. У меня не осталось сил громко плакать. Я была в замешательстве, но слезы катились у всех. Я не была одинока, и сквозь дверь просачивался свет.

Вот мы и по ту сторону двери. Мои родственники скрылись из виду. Кажется, воздух стал другим. Во мне и вокруг меня восстановился покой. Здесь моя родина не причинит уже мне зла. Прощай, прощай! Теперь я готова к встрече с тобой, Америка. Я почти дома.

СЛОВА ПРИЗНАТЕЛЬНОСТИ

Книгу «Изгнание. В никуда» трудно было писать в 14 лет, равно как и готовить к изданию двадцать лет спустя. За эти годы учителя, профессора и наставники вели меня к ней. Здесь я хочу отметить тех людей, которые вдохновили меня и сделали возможным издание этой книги.

В первую очередь я упомяну свою бабушку по материнской линии Людмилу Кашееву, которая призывала меня читать, писать и вести хронику пережитых нами событий, потому что, как она говорила, «когда-нибудь все забудется, ты не имеешь права забывать». Я благодарна ей за ее прозорливость, любовь и постоянное присутствие в моей жизни.

Я благодарю господина Джона Д. Уолла, моего учителя английского языка в средней школе, в городе Уопетон, штат Северная Дакота. Без его советов, поддержки и воодушевления я никогда бы не закончила эту книгу.

Я признательна доктору Сандре Дональдсон из университета Северной Дакоты, которая меня учила, наставляла и давала ценные советы в жизни.

Я хочу поблагодарить господина Татула Соненц-Папазяна за то, что он взвалил на себя тяжкий груз редактирования этой книги и помог изложить сюжет во всей сложности языка, сохранив при этом голос и переживания ребенка.

Я благодарю господина Арама Оганяна за блестящий и тонкий перевод с английского языка.

И наконец, я благодарю своего замечательного мужа Джона за его любовь, участие, доброту и терпение. Ты и наши дети заменяете мне весь мир!

Анна Аствацатрян-Теркотт

Изгнание. В Никуда

Редактор русского издания: *Карен Захарян*
Технический редактор: *Артур Арутюнян*
Корректор: *Ольга Потоцкая*
Компьютерная верстка: *Ашот Даллакян*

На первой странице обложки:
чеканка работы Норика Аствацатрова, отца автора книги

Сдано в набор: 15.12.2015. Подписано в печать: 09.08.2016.
Формат 60x84/16. Печать офсетная. Усл. печ. л. 19.
Гарнитура Minion pro 12
Тираж: 500

Издательство ДЕ-ФАКТО
РА, Ереван, Аршакуняц 2а
Тел.: (37410545799) . Эл. почта: info@defacto.am
Отпечатано в типографии «Кет»

Ереван, 2016

Аня Аствацатурова. Ереван, февраль 1991 г.

Свадьба родителей: Норика и Ирины Аствацатуровых. Баку, 29 апреля 1977 г.

Мама и папа. Баку, август 1977 г.

Аня, детсад. Баку, 1981 г.

Аня с кузинами, Новый год. Баку, январь 1982 г.

Аня с мамой в Москве. Лето 1981 г.

Аня, Москва. Август 1982 г.

Аня с папой. Баку, май 1982 г.

Аня с мамой. Баку, март 1983 г.

Первоклассница. Баку, декабрь 1984 г.

Аня и кузина Лена. Баку, июль 1984 г.

Папа, Аня и мама (ожидает Мишу). Баку, июль 1984 г.

Мама, папа, бабушка Люда, Аня и Миша. Баку, сентябрь 1984 г.

Аня и Миша. Баку, февраль 1986 г.

Аня и мама. Баку, лето 1986 г.

Аня, Миша, мама. Баку, ноябрь 1988 г.

Аня и Миша. Баку, июль 1987 г.

Аня и Миша. Баку, август 1988 г.

Аня и Лиза. Ереван, февраль 1991 г.